U0043480

●一九一一年七月，孫中山在舊金山與中華革命軍籌餉局成員合影。

●武昌起義後，北洋軍向革命軍反撲，砲轟漢口，城內中彈起火。

●一九一一年十一月十五日，各省都督府代表聯合會在上海成立，商討組織政府。

●上海南京路上，五色旗迎風招展，慶祝民國成立。

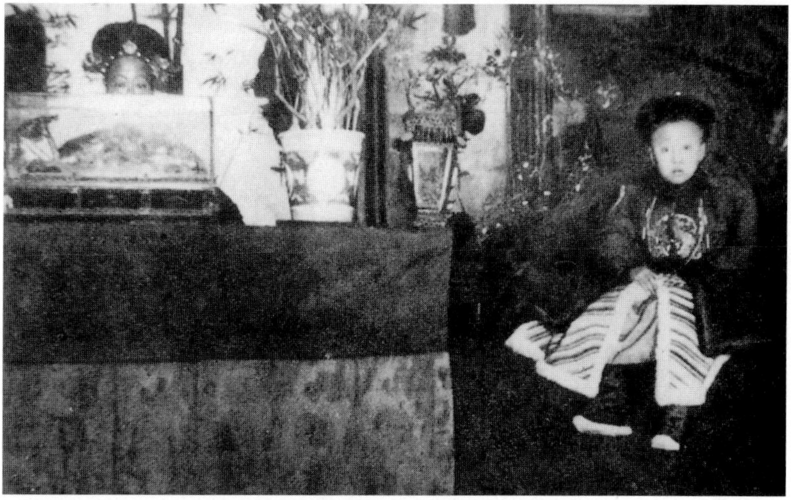

●退位前夕的宣統皇帝溥儀與隆裕太后葉赫那拉氏。

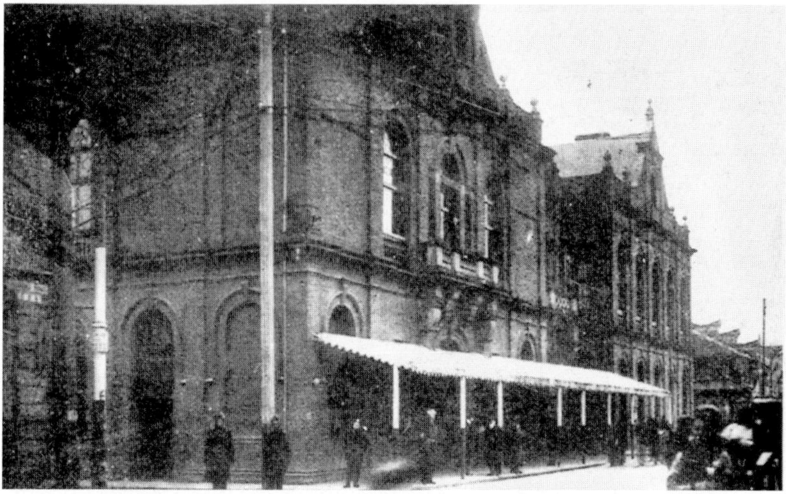

●上海公共租界市政廳是滿清政府和革命黨人進行南北議和的談判會場。

●臨時大總統袁世凱與各國駐華使節合影。

●莫理循（後右二）任袁世凱的政治顧問時，與有賀長雄（前）、韋羅貝（後左一）等外籍顧問合影。

●遇刺後的宋教仁。

即送

應先生 啓

趙緘

密碼送請

檢收以後有電直寄

國務院趙可也

桂馨兄鑒 鈞手啓

●上海租界巡捕房搜出的趙秉鈞致應桂馨函，內有聯絡通訊密碼。

●一九一三年四月八日，中華民國第一屆國會在北京開幕。

●一九一五年十二月十二日，袁世凱宣佈改國號為中華帝國，以次年為洪憲元年。圖為袁世凱稱帝後在天壇祭天。

●袁世凱死後，中國在一群軍閥的支配之下，靡日而寧。圖為北京政府官員合影，前排居中者為黎元洪，左為段祺瑞。

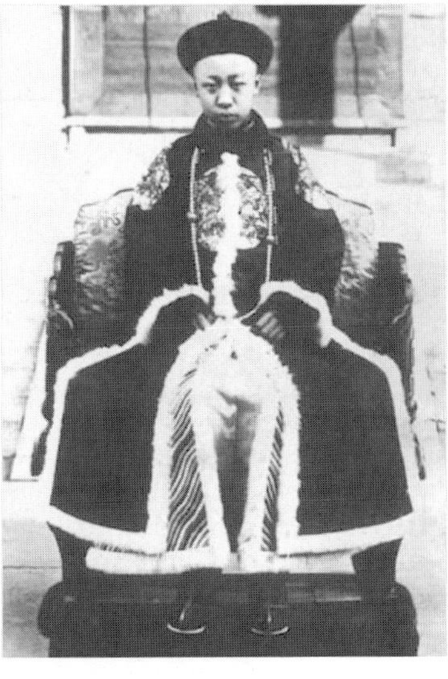

●復辟時溥儀朝服像。

●一九一七年七月，段祺瑞的討逆軍包圍北京。

●北京古觀象臺上的天文儀器，在八國聯軍時被掠走，德皇威廉二世拒絕將之歸還中國。

●第一次世界大戰時，歐洲戰場上的華工隊。

●一九一九年二月二十日，南北和平會議在上海舉行。

●一九一三年四月，袁世凱違法與英、法、德、日、俄五國銀行團訂立「善後大借款」合同。衆議院於五月一日決議予以否認。

●威爾遜總統正式宣佈美國政府退出六國銀行團，終結「金元外交」政策。

●蒙古王公率衛隊通過北京的街道。

●中方代表陳籙（前排右二）在恰克圖會議上與俄方、蒙方代表合影。

●一九一四年十一月七日，日軍乘第一次世界大戰爆發之機，藉口對德宣戰，出兵侵佔青島。圖為進攻青島的日本砲兵陣地。

●一九一五年一月十八日，日本政府向袁世凱提出苛刻的二十一條要求。圖為《二十一條》中日文約本。

●一九一五年五月二十五日，《二十一條》簽字時中日代表合影。左起（中方）外交次長曹汝霖、總長陸徵祥、祕書施履本；（日方）參贊小幡酉吉、駐華公使日置益、書記官參贊高尾亨。

●一九一九年在法國凡爾賽宮舉行的巴黎和會。

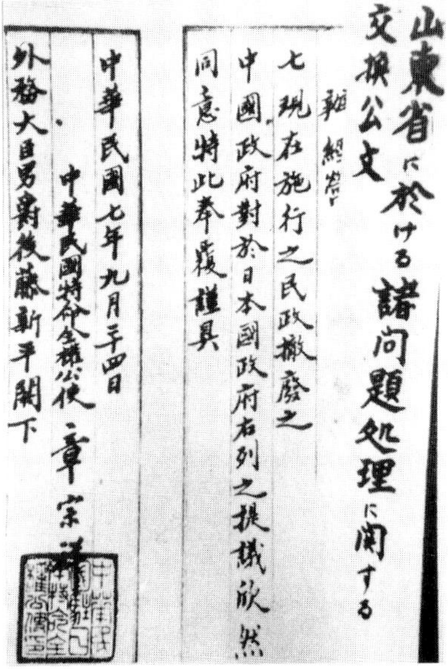
山東省に於ける諸問題処理に関する
交換公文

辦經營

七 現在施行之民政撤廢之
中國政府對於日本國政府右列之提議欣然
同意特此奉覆謹具

中華民國七年九月二十四日
中華民國特命全權公使 章宗祥
外務大臣男爵後藤新平閣下

●《山東問題換文》包括「膠濟鐵路歸中、日兩國合辦經營」等七項要求，中國駐日公使章宗祥竟答以「欣然同意」。日本據此攘奪了山東權益。

●一九一九年五月四日，北京學生在街頭散發傳單，抗議巴黎和會的決定。

●一九二一年，出席華盛頓會議的中國代表團出發時合影。

●華盛頓會議中，中國代表團向列強要求廢止治外法權。圖為民國時期上海租界會審公廨審理案件的情形。華洋之間的糾葛，外國領事館或使館得參與會審、陪審或聽訴。

●外國郵政及外國駐軍，皆侵犯中國主權及領土完整。圖上為上海租界裡的美國郵車，當時美國在華郵局僅有一個。圖下為上海的英國僑民在外灘舉行閱兵儀式，以慶祝英王加冕。

親切的、活潑的、趣味的、致用的

實用歷史叢書

遠流出版公司

⊙本書中文繁體字版由當代中國出版社授權

共和十年（上）

《紐約時報》民初觀察記（1911-1921）

編　　者——鄭曦原
譯　　者——蔣書婉、劉知海、李方惠
主　　編——游奇惠
責任編輯——陳穗錚
發 行 人——王榮文
出版發行——遠流出版事業股份有限公司
臺北市10084南昌路2段81號6樓
電話／2392-6899 傳真／2392-6658
郵撥／0189456-1
法律顧問——董安丹律師
著作權顧問——蕭雄淋律師
2011年11月1日　初版一刷
行政院新聞局局版臺業字第1295號
售價新台幣420元（缺頁或破損的書，請寄回更換）
有著作權・侵害必究　Printed in Taiwan
ISBN　978-957-32-6875-8（套號）
ISBN　978-957-32-6873-4（上冊）
YLib 遠流博識網
http://www.ylib.com　　E-mail:ylib@ylib.com

實用歷史叢書

共和十年（上）

《紐約時報》民初觀察記（1911-1921）

《實用歷史叢書》

出版緣起

王榮文

．歷史就是大個案

《實用歷史叢書》的基本概念，就是想把人類歷史當做一個（或無數個）大個案來看待。

本來，「個案研究方法」的精神，正是因為相信「智慧不可歸納條陳」，所以要學習者親自接近事實，自行尋找「經驗的教訓」。

經驗到底是教訓還是限制？歷史究竟是啟蒙還是成見？——或者說，歷史經驗有什麼用？可不可用？——一直也就是聚訟紛紜的大疑問，但在我們的「個案」概念下，叢書名稱中的「歷史」，與蘭克（Ranke）名言「歷史學家除了描寫事實『一如其發生之情況』外，再無其他目標」中所指的史學研究活動，大抵是不相涉的。在這裡，我們更接近於把歷史當做人間社會情境體悟的材料，或者說，我們把歷史（或某一組歷史陳述）當做「媒介」。

·從過去了解現在

為什麼要這樣做？因為我們對一切歷史情境（milieu）感到好奇，我們想浸淫在某個時代的思考環境來體會另一個人的限制與突破，因而對現時世界有一種新的想像。

通過了解歷史人物的處境與方案，我們找到了另一種智力上的樂趣，也許化做通俗的例子我們可以問：「如果拿破崙擔任遠東百貨公司總經理，他會怎麼做？」或「如果諸葛亮主持自立報系，他會和兩大報紙持哪一種和與戰的關係？」

從過去了解現在，我們並不真正尋找「重複的歷史」，我們也不尋找絕對的或相對的情境近似性。「歷史個案」的概念，比較接近情境的演練，因為一個成熟的思考者預先暴露在眾多的「經驗」裡，自行發展出一組對應的策略，因而就有了「教育」的功能。

·從現在了解過去

就像費夫爾（L. Febvre）說的，歷史其實是根據活人的需要向死人索求答案，在歷史理解中，現在與過去一向是糾纏不清的。

在這一個圍城之日，史家陳寅恪在倉皇逃死之際，取一巾箱坊本《建炎以來繫年要錄》，抱持誦讀，讀到汴京圍困屈降諸卷，淪城之日，謠言與烽火同時流竄；陳氏取當日身歷目睹之事與史實印證，不覺汗流浹背，覺得生平讀史從無如此親切有味之快感。

觀察並分析我們「現在的景觀」，正是提供我們一種了解過去的視野。歷史做為一種智性活動，也在這裡得到新的可能和活力。

如果我們在新的現時經驗中，取得新的了解過去的基礎，像一位作家寫《商用廿五史》，用企業組織的經驗，重新理解每一個朝代「經營組織」（即朝廷）的任務、使命、環境與對策，竟然就呈現一個新的景觀，證明這條路另有強大的生命力。

我們刻意選擇了《實用歷史叢書》的路，正是因為我們感覺到它的潛力。我們知道，標新並不見得有力量，然而立異卻不見得沒收穫；刻意塑造一個「求異」之路，就是想移動認知的軸心，給我們自己一些異端的空間，因而使歷史閱讀活動增添了親切的、活潑的、趣味的、致用的「新歷史之旅」。

你是一個歷史的嗜讀者或思索者嗎？你是一位專業的或業餘的歷史家嗎？你願意給自己一個偏離正軌的樂趣嗎？請走入這個叢書開放的大門。

前言

鄭曉原

辛亥年八月十八，寒露。次日，是公元一九一一年十月十日。那時，我的外曾祖父住在四川資州的蔡家場上，他是川中袍哥的頭面人物。鄉場上沒有報紙。袍哥的聯絡，靠的是把寫好字的竹板倒進江裡，隨流而下，把一條河的袍哥都通知到，這叫「水電報」。

鄉村中國沒有公曆，老百姓不知道這天將成為中國歷史的新紀元。武昌舉事在長江下游，水電報送不上來。所以，外曾祖父並不知道武昌城裡發生了什麼事。但兩個月前，各路袍哥會聚資州，召開羅泉井會議，一致約定全川一起暴動，二十萬人會攻成都，引發清廷驚恐，急派重臣端方率軍離鄂，進川鎮壓，由此為武昌起義創造了條件；半個月前，榮縣首先宣佈獨立，在全國成立第一個反清軍政權。一個月後，會黨在資州殺掉端方，砍斷清室擎天一柱。

外曾祖父和袍哥兄弟們折騰的這些事，後來被史家稱為「辛亥革命」。羅泉井會議、榮縣獨立和殺端方，是四川革命的三部曲。他們也因此成為「民國元勳」。每位新上任的專員、縣長，都要先到蔡家場「拜碼頭」，想來與此有關。

武昌槍聲過後，長江洪水氾濫，十萬人淹死，十萬人餓死。

中國歷史上第一個華夏政權以治水而興，歷朝歷代也以整頓河工為維護民生第一政要。然而，每逢天下大亂，河工崩壞，百姓遭殃。這是研究革命的學者和風騷文人們最容易忽略的事。所謂史家，總是更關心帝王將相的風花雪月，而不大理會億萬百姓的生生死死。

初創的民國充滿童真，一切幼稚可笑的計劃都想寫進這張白紙。從東京、紐約回來的少數人可能有憲政、共和的思想，懷裡揣著幾幅國家未來模糊不清的藍圖；但是，外曾祖父和袍哥兄弟們並不懂民主、憲政、共和，也搞不清他們鬧騰的「革命」與朱元璋、洪秀全有什麼區別，除了「反清復明」的光榮夢想外，他們並無更多政治理想。事態的發展把許多幻夢都打得粉碎，民主、憲政、共和，等等，不過是血色汪洋中的點點水泡。

縱使袁世凱有曹阿瞞的權謀，孫中山有華盛頓的胸懷，段祺瑞有「三造共和」的奇功，凡此種種，皆不能改變中國財政一貧如洗的窘境，不能改變東亞病夫仍被帝國主義虎狼環伺的歷史宿命，不能改變億萬百姓仍然深陷赤貧的殘酷現實。號稱「亞洲第一個共和國」的議會，堪稱政治荒誕劇，一幕接一幕，令人眼花撩亂。

秋瑾軒亭口喋血，宋教仁上海飲彈，蔡鍔將軍雲南討袁，無不大義凜然，義薄雲天。中國人為民主流血，為共和捐軀，可謂前仆後繼。但是，懸掛列強軍旗的砲艦依然在我們的面前耀武揚威，坐擁十幾個姨太太的督軍老爺們依然威風八面。

近代中國的獨立、自強、解放運動，無法逃脫帝國主義列強的包圍和干涉，無法逃脫千年文化傳統的制約和束縛，無法逃脫世界經濟運動對中國民生發展的限制和規定，這是我們了解和衡量民國初年政治、經濟、社會發展脈絡的三把鐵尺。

自從盤古開天地，三皇五帝到如今，中國第一次建立了共和制度，提出了「主權歸民、主權在民」的政治理念，這是開天闢地的大事情。中國人民終於在沒有皇帝的天空下如風一般自由地行走，「人人平等」也成為天地人間的公理，這是多麼令人珍惜、令人感佩。

不管存在多大阻礙，不管付出多大犧牲，為了保國權、促憲政、興實業，為了喚醒沉睡千年的四萬萬同胞，弱小的革命黨人躍身而起，付出了全部幻想、激情和努力。創立民國的十年，是艱苦卓絕的十年，也是今天的人們最容易忘記的十年。適逢開創共和百年之際，我們追根溯源，力圖從《紐約時報》的廢紙堆爬梳出國民進步的線索，重拾迷失的記憶，重續光榮的夢想。

今天的資州，早已改名叫資中，而且也沒有叫蔡家場的地方了，那裡已改稱「龍江鎮」。市鎮上還存有一排殘留的老屋，昏暗的屋簷下有幾束荒草斜伸出來。微風吹過，迎面送來紅橘的清香。隱隱幾聲歎息，輕輕的，掩沒在市聲鼎沸中。諸多過客，行旅匆匆，誰還記得當年的羅泉井會議？誰還記得那些熱血沸騰的「民國元勳」？

久違的先輩們，願你們的靈魂在遙遠的星空獲得安息。

二〇一一年七月四日於雅典

目錄

談錄／《恰克圖條約》簽字／中國從歐洲戰爭中獲益／中國有能力處理好自己的事情／美國遠東事務專家談中日條約／成千上萬華工運往歐洲／中國即將加入協約國／中國對德、奧兩國宣戰／大戰將激發中國巨大潛力／協約國同意民國延遲還債／德皇威廉二世掠奪中國財物／蘇俄抗議中國庇護白俄殘部／顧維鈞解釋中國參戰原因／中日在巴黎和會上爆發爭端／中國學生強烈抗議巴黎和會決定／日使稱中國收回山東沒有法律依據／中國學生割指抗議巴黎和約／蘇俄願援助「解放」中國／芮恩施說中國是開啓和平大門的鑰匙／徐世昌感謝美國總統電賀民國國慶／中國代表團抵華盛頓受到歡迎／施肇基在哥倫比亞大學發表演講／顧維鈞就華盛頓會議表明中國立場／民國政府要求取締外國在華郵局／列強同意撤出外國在華郵局

★善後大借款系列報導

中國是列強利益碰撞的火藥桶／威爾遜總統反對對華借款／威爾遜總統希望與中國進行友好貿易往來／中國簽署借款合同可能引發起義

★二十一條系列報導

美國獲得日本對華索價要點／日本對中國進行威脅／日本對華要求全部內容曝光／國會授權威爾遜全權處理對日政策／威爾遜總統將遞交對日照會／美國推遲對日本《二十一條》表態／讀者來信：日本人的辯解／讀者來信：蔡先生的反駁／日本首相就《二十一條》發表談話／中華會所宣佈聯合抵制日貨

★關於巴黎和約的讀者來信系列

【卷下】

共和十年

《紐約時報》民初觀察記

1911-1921

鄭曦原／編

NO DRAGON ON FLAG OF CHINA REPUBLIC

Emblem of Ne... Rebel Socialist State Ha... ...ield with W... Sun ... ...nion.

FLOATS ... ...VER ... ...BEL AR...

Sun Yat ...'s Associates ... Vast Majo... of Chi... 426,0...

Dr. Sun Yat Sen, as the leader of the "Jookmoun Jow Foke Houn H...," which in English means "Down with the Manchus," in a speech in the Chinese Theatre, when he was in New York in April, predicted the success of the Chinese revolution. The Young China Association, the New York headquarters of which are in Pell Street, represents Dr. Sun and the revolutionary movement in this city.

A TIMES reporter went to the office of the Young China Association yesterday and talked with Moy Gooe and C. ... Gunn, the last named being the Treasurer of the New York branch of the association. Both Moy and Gunn are personal friends of Dr. Sun, and talked freely of the movement of which he is the head and which, according to them, has been quietly crystallizing for the past twenty-five years.

Gunn and Moy, in the course of their talk, said that the present revolution was backed by an overwhelming majority of the people of China. Gunn declared that advices received showed that probably 400,000,000 of the 426,000,000 people in China were in sympathy with the movement of which Dr. Sun is the head. Gunn also displayed two new flags. One of red, blue, and white, he said, was to be the new national flag of China, while the other, of blue, with a twelve-pointed white sun in the centre, was the battle flag of the revolution. In neither flag does the famous dragon appear, and there

【卷上】

第一篇

民國初創

大禹治水為農耕文明發展奠定基礎。但是，桀驁不馴的黃河和漠北游牧民族襲擾，迫使平原地區各部落聯合互助，由此鑄就華夏國家雛形，確定大一統專制政體即華夏民族命運共同體的歷史悖論。開明專制，輔以王道仁政思想，世代延續，形成「以民為本」的中國政治特色。而共和制最早起源於雅典城邦制度，啓蒙運動後更以法國大革命為型範，突然引進中國所造成的豈止是水土不服。當我們為武昌首義歡呼時，最容易看到的是滿清腐敗政治的終結，最不容易看到的是中國特有政治文化頑固堅韌的歷史慣性。告別帝制，無疑代表著民族的進步與覺醒，但千年制度解構所必須繳付的代價，也是革命黨人根本來不及思考而又必須面對的最大難題。

沒有龍的新國旗

一九一一年十月十五日

題記：社會主義新國家的青天白日滿地紅旗幟在革命軍中迎風飄揚。孫中山先生的追隨者稱，中國四億二千六百萬人民中，大多數都支持革命。

去年四月，「驅除韃虜」運動領袖孫中山先生在紐約一家華人戲院發表演講時，預言中國革命一定勝利。設在紐約華埠披露街（Pell Street）的「少年中國學社」❶是孫先生和追隨者們從事革命事業的總部。

十月十四日，《紐約時報》記者來到少年中國學社辦公室，採訪了同盟會財務主任梅就先生和龔先生（C. S. Gunn，音譯）。梅和龔兩人與孫中山先生私交甚篤，他們興致勃勃地談起中山先生領導的這場革命。他們說，先生推動革命歷經二十五年，今天終成正果。

龔先生和梅先生在採訪中表示，當前的革命贏得了全中國絕大多數民眾的支持。龔先生說，統計顯示，在中國四億二千六百萬人口中，有四億是同情和支持革命的。龔先生還向記者展示了兩面嶄新的旗幟，一面是中國的新國旗，由紅、藍、白三色圖案組成；另一面以藍色為背景，中間有一顆白色的太陽，旁邊襯著十二道尖兒，是革命的軍旗。兩面旗幟上都沒有眾人熟知的中國龍的形象，也沒有任何尊貴的黃色圖案出現。

龔先生說，「孫中山先生和他的追隨者們精心籌劃了中國革命。二十五年來，他們從未間斷對武裝起義的宣傳和準備。去年四月，中山先生來到美國，在一家華人戲院裡面對眾多聽眾發表演講。他說，自己畢生追求的事業就是推翻滿清王朝，現在，革命的時機已經成熟。先生預言，中國革命必將取得勝利。中山先生今年只有四十四歲，而他為革命已經準備了二十五年。」

龔先生接著說，「我不能告訴你中山先生目前的行蹤。但他不論身在何方，都必定是在指引著中國革命的方向。中山先生希望中國成為中國人民的中國。如果革命成功，新的國民政府將取代滿清王朝，並建立單一稅制。我們堅信，有四億中國人民的支持，革命一定成功。這次起義的目的就是為了推翻滿清政府，建立一個像美利堅合眾國一樣的自由國家。

「中山先生告訴我們，勝利在望。中國人民二百六十八年以來，第一次有可能在自己的祖國獲得言論自由的權利。中山先生的革命理念包含三層意義：首先，也是最重要的，就是推翻滿清統治；其次，是建立共和國；第三，是建立一個社會主義❷的政府。

「這次起義武器彈藥準備充分，革命軍裝備精良。近年來，武器彈藥都以隱蔽方式運進中國，就等革命爆發的那一刻。起義有強大的財政支持，中國同盟會在世界各大城市的支部都提供了資金，並盡其所能提供各種支持。紐約支部是中國同盟會中最小的一個分支，倫敦、巴黎、舊金山等其他城市中還分佈著規模更大的支部。」

龔先生向記者展示了青天白日滿地紅的旗幟，國旗上的太陽的外圈有十二道光芒，據龔先生說，象徵著中國傳統計時中的十二個時辰。他說如果革命勝利，這將是中國的新國旗。新軍旗底色全藍，中間有一個巨大的白色太陽，同樣有十二道光芒在周圍。龔先生說，這是革命軍正在使用的軍旗。

昨晚，中國同盟會紐約支部聚集了眾多中山先生的追隨者。尤其引人注目的是，幾乎每個人都能講一口流利的英語。支部大廳牆上懸掛著孫中山先生的大幅油畫，旁邊一些油畫是身穿革命軍軍服的士兵和水手。大廳裡滿是報導中國革命的報刊，每個人都在熱烈地談論著這次起義。

紐約的少年中國學社大約有一百名成員，他們今天將在勿街（Mott Street）十二號的機關總部集會，與美國其他城市裡的中國同盟會會員一起慶祝革命勝利。但是，據舊金山支部傳來的消息，革命的發起者和領導者孫中山先生將無法與會。

《紐約時報》向《少年中國晨報》❸創辦人和責任編輯馬駿聲先生打聽孫先生的行蹤，只聽說他一週前在內華達州，下月初可能來紐約。馬先生是組織少年中國學社支部的活躍分子，他告訴本報記者，今天的集會肯定不會是一次平靜的工作會議。

一年前，孫中山先生和其追隨者們在華人共濟會致公堂❹的支持下，在美國宣傳中國革命理想和起義計劃。受其影響，紐約成立了少年中國學社。中國同盟會在美國有四位領導人：孫中山與黃芸蘇先生負責美國北部地區，趙昱與張藹蘊先生負責美國南部地區❺。在世界其他國家，也同樣有同盟會成員為起義而勤奮地工作著。

注釋

❶由中國同盟會成員李是男與黃伯耀一九〇九年在美國舊金山創立。一九一〇年二月，孫中山將其改組為「中國同盟會舊金山分會」。同年三月，孫中山以舊金山分會為全美總會，通稱美洲同盟總會，下轄紐約、芝加哥及加州各埠分會。

❷孫中山先生談「民生主義」時，用的是"socialism"這個詞。

❸《少年中國晨報》是美洲同盟會機關報。一九一〇年八月十八日在舊金山創刊。其前身《美洲少年周報》，一九〇九年由李是男創辦，黃伯耀為總經理兼營業部經理，李梓青為司庫，黃超五為總編輯，李是男為副刊及新聞編輯，黃芸蘇、崔通約、伍平一、張藹蘊為主筆。宣傳反清革命，同改良派《世界報》進行論戰。護國討袁期間，激烈抨擊袁世凱。是當時在國外影響較大的革命報刊之一。

❹華人共濟會（Chinese Free Masons）是洪門組織向美洲當地政府註冊時所用的名義，以別於美國人的共濟會。洪門傳入美洲約在一八三二年之間。美洲洪門組織最早產生在檀香山，叫三合堂（含廣德堂、協定堂、丹山堂），在舊金山有洪門堂，在費城和紐約有洪順堂。一八七六年，洪門致公堂在檀香山正式登記成立，接著致公堂在美洲普遍出現。致公堂「以義氣團結，以忠誠救國，以俠義除奸」的三大信條表明，它是一個以團結組織華僑、維護自身利益及反清救國為己任的組織。這正是以後孫中山先生與致公堂發生密切關係的基礎。

❺一九一一年夏，孫中山在舊金山成立中華革命軍籌餉局，後改名洪門籌餉局，對外稱國民救濟局（Kwok Min Charity Bureau），與同盟會幹部黃芸蘇、趙昱、張藹蘊分南北兩路周遊全美各埠，演說籌餉，以募集國內革命所需之經費。

中國將有偉大的未來

一九一一年十月二十九日

題記：愛德華・羅斯教授[1]剛剛在中國結束一次長時間旅行返回美國。他認為黃種人在智力上與白種人不相上下，但比白種人具有更強的生命力。他預測，中國將有偉大的未來。

在西方列強的侵略和壓迫之下，中國究竟是一個孱弱無力的國家正走向毀滅，還是一個擁有內在力量的國家終將戰勝白人統治，將命運掌握在自己手中呢？

羅斯教授在他分析中國社會現狀的著作《中國人的變遷》（*The Changing Chinese*）中重點探討了這些問題。本書剛由世紀出版公司（Century Company）出版。他在回答上述問題時，得出了與東方問題專家們全然不同的結論，對於觀察目前正衝擊中華帝國統治的國民運動給出了全新的視野。

再過一百年，中國母親會允許女兒傍晚與男生一同出遊

羅斯教授在對中國社會現狀進行研究時首次提出了「種族自殺」（race suicide）的概念，被

讀者所熟知。與其他社會學家不同，羅斯教授更傾向於從社會環境而非遺傳因素來解釋種族特徵，他也因此對於種族進化保持樂觀態度。他認為隨著社會環境的改善，種族進化將會是迅速而持久的。羅斯教授在加利福尼亞州生活了七年，正是這裡激發了他對「神祕東方」（the looming Orient）進行實地考察和研究的願望。一年前，他終於有機會實現這一願望，用半年時間完成了一萬英里的中國之行。這次旅行成就了《中國人的變遷》一書。

書中隨處可見作者一貫的簡練文風，讀者可通過此書對作者的中國考察結論一目了然。例如：

「中國是中世紀歐洲的再現。」

「在良好條件下，白人在完成工作的能力方面強於黃種人。但在惡劣條件下，黃種人卻比白人強，因為他們對於粗茶淡飯、襤褸衣裳、汙濁空氣、噪音、炎熱、骯髒、身體不適和細菌有更大的忍受力。愛爾蘭移民賴利（Reilly）可以打敗中國苦力阿山，但是，阿山卻能夠比賴利活得更久。」

「傳教士們為中國打開了許多扇窗口，多得超出了我們的想像。」

「事實上，所有對其他膚色人種抱有同情心的在華外國人都已被中國人可信賴的品格所打動，成為他們的熱忱朋友。」

「我們將中國許多的落後與悲慘命運歸咎於文明與制度的缺陷，實際上這僅僅是因為在這片特定的土地上有太多的人口為生存而掙扎。」

「大多數中國人在對待生活的態度上都是唯物主義者。然而，如果我們與中國人近距離的接觸，就會理解這種功利主義並非是這個民族的特性。中國人也可以是崇高的理想主義者。」

「中國有西方無法比擬的龐大貧困人口。對於他們而言，人生只有一個目標，就是在夾縫中求生存。」

「給中國帶來最大影響的西方事物是聖經、煤油和香菸。」

「我們沒有任何理由認為，由於心理、歷史或是環境差異，中國人應隔絕於世界思想潮流之外。中國人的命運就是西方人的命運。」

「在中國，婦女現在最需要的不是社會和商業地位，而是改善她們為人妻子和為人女兒的地位。」

「值得重視的是，自從中國人將女性的腳和思想禁錮起來以後，中國就再也沒有誕生過一位偉大的男性。」

「隨著時代進步，中國家庭中男權至上的風氣也有所減弱。」

「我問一位熟知東西方文化的中國女士，『什麼時候中國母親才會允許自己的女兒傍晚與大學男生們一同駕車出遊呢？』她的回答像一道閃電震驚了我，『再過一百年。』」

兩成的嬰兒存活率使中國孩子的生命力更加頑強

羅斯教授詳細描述了中國人在歷史上取得的非凡成就。他舉長城為例，「毫無疑問，這是人類歷史上最宏偉壯觀的手工建築成就。在這巨大的建築面前，我們引以為傲的鐵路和隧道簡單得就像七個小矮人。除了埃及金字塔與巴拿馬運河外，世界上再無其他事物能夠與之相提並論。每五十英里長城所用的磚石，就能夠砌起一座胡夫金字塔（Cheops，譯注：即胡夫的希臘名），而長城至少有一千七百英里長！……幸好佛教和喇嘛們消解了蒙古人的萬丈豪氣，長城才沒用得上。」

然而，羅斯教授認為，儘管古代中國的輝煌成就逐漸消散，中國人也慢慢失去祖先的英勇氣概，但他們仍比白人有更強大的生命力。他為這一判斷給出了一個全新而有說服力的理由。

他說，「西方出生的每十個嬰兒中，通常最弱的三個會夭折。而在中國出生的每十個嬰兒中，除了最弱的三個外，另外可能還會有五個夭折。這是因為中國嬰兒面對的是更殘酷的生存環境。如果說白人嬰兒與黃種人嬰兒在出生時的體質差不多，那麼最後倖存下來的二個中國孩子對於環境的適應能力會強於那七個存活下來的白人孩子。因為那七個白人孩子中，有五個由於比另外兩個生存能力要差，在中國惡劣的環境下根本無法存活下去。這二個倖存下來的中國孩子會將他們強壯的生命力遺傳給下一代，而下一代人同樣要禁受這樣苛刻的篩選，同樣兩成的存活率將使下一代孩子的生命力更加頑強。生活在西方的白人，好幾代以來都享有充足的生存空間、消費品、醫藥和衛生知識，新生嬰兒的優勝劣汰遠不如中國那樣殘酷和嚴峻。因此，我們有理由預見，未來中國人將會比西方人更有生命力。

殘酷的物競天擇增強了中國人抵抗傳染病和適應惡劣環境的能力

「過去一兩個世紀以來，西方人的生存技能提高，而為生存打拚的勁頭也鬆懈了下來。這是否促使我們的體質明顯改善呢？為查明這一點，我仔細詢問了在中國不同地區的教會醫院裡工作的三十三位西方醫生。

「其中，只有在青島的一位德國醫生認為，中國病人的體質並未勝於白人。他說，中國人不太容易受傷，沒那麼願意接受治療，對於疼痛的忍耐力並不強過他原來在圖林根（Thuringia）治療過的那些頭腦簡單、四肢發達的德國農民。另外三位在中國行醫時間超過二十五年的醫生發現，黃種人和白人的身體素質並無差異。我猜想，這些醫生作為醫學院學生在自己國家的短期行醫經歷已在他們的頭腦中淡去，也無從對這兩個人種進行比較了。另外有二名醫生在我詢問下承認，中國人耐高燒的能力很強，而且他們能在血液中毒後康復，而白人往往就此喪命。

「其餘二十九名醫生都肯定地表示，中國人的體格有這樣或那樣強於自己國家人民的方面。在接受外科手術方面，一位英國醫生說出了大家普遍認同的觀點，『中國人術後恢復能力都非常好。』醫生們都發現，中國病人在手術中很少出現休克。在醫療器械簡陋、消毒條件差的小醫院裡，中國人的重傷治癒率與西方設備精良、全面消毒的大醫院一樣高。福州的金尼爾醫生（Dr. Kinnear）剛從德國家中休假回來，他發現在治療一名手上潑有冷凝劑的中國患者時，他靠著中國助手和簡陋設備的幫助，竟能達到與柏林設備一流的伯格曼診所❷治療德國工匠時的同等效果。醫生們普遍認為，如果中國人與白人在同等醫療條件下進行大手術，那麼中國人必然比白人恢復得快……

「醫生們常將中國人非同尋常的抵抗力和復原能力歸功於中國飲食習慣和中國人的生活態度，並否認黃種人有任何高於白人的生命力。另外一些在中國行醫的外國醫生則認為，惡劣的生存環境損害了中國人的體質。但在同等條件下，黃種人比白人有更強的生存能力。

「我們完全可以從醫生的言論中得出結論，中國人特殊的生命力至少可以部分地歸結為長期嚴峻的優勝劣汰過程。而我們北歐祖先們在文明社會中從未曾經歷過如此嚴峻的生存考驗。這一物競天擇過程增強了中國人的康復能力、對傳染病的抵抗力和適應惡劣環境的能力，而非體格、力量和能量方面。」

頑強的生存力使得中國人更具作戰和生產優勢

這種由於生存環境惡劣而衍生出的古怪能力，使得中國人在軍隊作戰和大部分勞動生產方面比白人更具優勢：

「對於西方人而言，中國人結實的體質對於作戰非常重要，對敵人威脅極大。白人都畏懼與中國軍隊對打，因為中國人可以橫掃與他們人數相同但裝備精良的白人軍隊。很少有戰役是讓士兵在營帳裡吃飽飯後才開打的。特別在經歷長期作戰時，軍隊要長時間行軍，忍受風餐露宿、缺食少眠、給養不足、飲用水不潔淨等惡劣生存環境，而且時常處於高度的緊張和焦慮之中。白人士兵比黃種人士兵更容易筋疲力竭。這時候，沒什麼作戰經驗但身體結實的人，能夠在最後的遭遇戰中戰勝作戰經驗豐富但耐力不足的人。

「白人和黃種工人之間的競爭，並不僅僅是某些人所想像的那麼簡單。在良好條件下，白人在完成工作的能力方面強於黃種人。但在惡劣條件下，黃種人卻比白人強，因為他們對於粗茶淡飯、襤褸衣裳、汙濁空氣、噪音、炎熱、骯髒、身體不適和細菌有更大的忍受力。愛爾蘭移民賴利可以打敗中國苦力阿山，但是，阿山卻能夠比賴利活得更久。也許阿山做不成一流的工人，搶不走賴利的飯碗。但是，他的生存能力極為頑強，而且他只拿賴利根本無法接受的低工資。這樣，三至四個阿山就可以搶走賴利的飯碗。除非，將他們趕出賴利出賣勞動力的市場，否則他們會這樣做的。賴利想把阿山趕走，這並不能簡單視為他害怕競爭，事實上，這絕非自私和心胸狹隘那麼簡單。

「事實上，人應該在良好條件下獲得自己的最大利益，並拒絕將職位讓給幹活不如自己、卻可以忍受惡劣條件的人。

「隨著西式醫療衛生引入中國，適者生存的殘酷考驗自然也會在中國逐漸銷聲匿跡，由此培育而成的堅韌體格特徵也會逐漸消失。但是，至少在我們這個時代，它在勞工競爭方面具有嚴肅而深刻的意義。中國大概需要幾代人的時間來建立排水系統和通風系統，擁有醫生、護士、食物檢疫人員、清潔水源、開闊的居住空間和享受戶外運動等。這些能夠使中國人的生活放鬆下來，從而削弱黃種人獨特頑強的生命力。在這個過渡期內，如果自由地引進中國苦力進入西方勞動力市場，其結果是黃種人的低工資、惡劣生活條件將被高工資和良好生活條件所替代，而隨著黃種人的進步，白種人也將最終受益。」

中國人的心理特徵與盎格魯—薩克遜同類

羅斯教授將人類各種族的心理特徵稱為「種族心理」（Race Mind），他將中國人的心理特徵劃歸為盎格魯—薩克遜的同類。他說，「我們認為盎格魯—薩克遜人是沉穩可靠的人，我們反應敏捷，喜歡社會交往，對美好的事物非常敏感。上天賜予我們的這種資質，也是南歐人的特徵所在。現在看來，中國人也具有相同的秉性。暴怒或草率行事的性格，是最不可能出現在黃種人身上的。

「中國人善於控制自己的情緒，知道如何等待時機。他們不會今天熱情，明天冷漠。他們靜若處子，動若脫兔。他們不輕易地承諾什麼，但如果承諾了，便會堅定地信守自己的諾言。他們固執地堅守著自己的信仰，然而一旦改變，則會虔誠信服。兩年前，中國各省的民意代表舉行過第一次會議❸。不論當時他們懷有多麼強烈的感情，都只把它深藏於心底。全世界都為他們的莊重和自制感到驚歎……

「中國人的保守思想與其他種族不同，它不僅僅表現為情感與態度。這種保守思想不是來源於對未知世界和新生事物的恐懼，也並非因為迷信傳統思想才狂熱擁戴，而是由於有前車之鑒，是思考後的理性選擇。如果中國人的觀念發生改變，那麼他們的政策也將隨之而改變。如果中國人有德國人一樣的哲學思維，質疑歷史、堅信未來，那麼，中國就會像今天的德國一樣，不斷進步。」

未來文明的繼承者和開拓者將不僅僅是白人，還有黃種人

羅斯教授認為，中國人的思想觀念已在發生變化。他說，「中國傳統文化正在分崩離析，人們正在從歷史的魔咒中走出來，強而有力的個性與個人主義將釋放出來，激勵他們取得輝煌的成就。」羅斯教授對中國人的心智能力進行了評述，他絲毫沒有貶低中國人的智力水平，而是斷言他們的智商比白人更高。

「我向四十三位有機會了解中國人心智狀況的教師、傳教士和外交官提問：『你是否發現黃種人的智商與白種人相當呢？』除五個人外，其他人都做出了肯定的回答。一位曾做過傳教士、大學校長、外交使團顧問的漢學家給出的回答令人倒吸一口氣。他說，『我們中大部分人都在中國生活了二十五年或更長時間。我們覺得，黃種人才是正常的人類，而白種人是「變異」人種。』大家普遍認為，如果中國人學習了西方藝術和科學知識，他們的智力水平與我們應是不相上下的。當然，也有人認為中國上層人士與普通百姓之間智力水平的差異要比西方大得多。

「有一個重要現象是，上流社會的白人如果在這個古老的帝國長期生活，他們往往在服務於本國政府時過於中國化。有人就抱怨，赫德爵士❹其實已經成了一個中國人。許多在中國長期生活的領事官員都成了中國式思維的擁躉，而不屑於西方思維了。東方文明似乎正一點點侵入和佔

據他們的大腦，他們只好棄械投降。這些人認為中國上層人士比西方人更具宏觀思維，更為寬容耐心。這真是對西方人衝動魯莽性格的嘲諷。

「這一觀點的核心要旨是這樣的，自從新大陸發現以來，西歐白人就侵佔了西印度群島、美國、澳洲、非洲和南亞，而他們的東歐同胞們則佔領了西北亞和北亞。白人在領土擴張過程中，遇到過數百個種族和民族。白人的軍事優勢得益於文明的發展，得益於國家政治制度和軍事工業的巨大投入，從未有過任何種族對此挑戰成功。三百多年過去了，白人已習慣視自己為這個星球無可爭議的統治者。然而現在，當白人來到東亞時，見到了可能跟他們同樣強大的黃種人，這些人還進入了白人的勢力範圍，成為他們的威脅。各種跡象表示，未來文明的繼承者和開拓者將不僅僅是白人，而是白人和黃種人。未來世界是控制在這兩個人種之中的，而非一個。」

寬闊的街道、美麗的公園和衛生的排水系統將出現在中國的大地

羅斯教授在對白人和黃種人做進一步比較後認為，西方的繁榮並非得益於制度，而是因為「面對商業機遇時，我們的人口數量並不大」，而與之形成鮮明對比的是，「我們將中國許多的落後與悲慘命運歸咎於文明與制度的缺陷，實際上這僅僅是因為在這片特定的土地上有太多的人口為生存而掙扎。」

羅斯教授認為，要改變這種情況，必須要在「人口與發展機遇之間進行艱難的調整」。中國人「不計後果地生育」，製造出龐大家庭，生計難以維持，這是導致中國民眾普遍貧困的原因。

中國人熱中於傳宗接代，引發人口急劇膨脹的惡果。儘管如此，羅斯教授還是對中國的將來給出了樂觀的預測。

「我們對中國人將來的命運可抱有信心。我們這一代人就能看到在中國建立一個西方模式的政府。民眾不再起義反抗，因為苦難生活將得到及時的改觀，抑或軍隊會將起義扼殺在搖籃中。當鐵路修起來後，大家庭式管理的中國政府可將富裕省分的盈餘調配資助其他貧窮省分，人民將不再挨餓。目前，國家已在查禁鴉片。當蒙昧模糊的思想逐漸變得清晰起來，禁錮民眾的城牆將被夷為平地，人民可以自由流動。寬闊的街道、美麗的公園和衛生的排水系統將出現在中國的大地。所有人都能喝到經過過濾的潔淨水。大學將設立醫學科系負責疾病研究。就像現在的香港一樣，各地衛生官員將發起對鼠疫和蚊蟲傳播等病害的戰爭。有隔離措施的醫院將通過隔離病患、注射血清來抵抗傳染病。民眾能夠喝上牛奶，社區護士將輔導年輕的媽媽們如何照顧自己的嬰兒。這些措施將有效提高中國人的壽命，死亡率將會由現在的千分之五十至千分之五十五下降到現代化日本的水平，即約千分之二十。」

中國並不是窮兵黷武的國家

然而，羅斯教授也發現，雖然中國人並非「膽小如鼠」，但中國並不是窮兵黷武的國家。其中原因是：「數個世紀來，中國人的行為都受到聖賢思想的規範。戴眼鏡的學究們才是引領時代風氣的人，他們的思想在國民性格中打下了深深的印跡。如果一個苦力在擺弄扇子和雨傘，他會讓人覺得有娘娘腔，因為這些東西是文人墨客才把玩的物件。書呆子和書蟲、眼鏡和隱士，他們主要以道德的力量統治中國。他們的長衫代表了學問，自然就淡化了武力。」

羅斯教授認為，新式軍隊的建立是中國的巨大進步，「但它的戰鬥精神仍令人懷疑。一個美國人問一名中國軍人：『你喜歡這項職業嗎？』『很喜歡。』『萬一打起仗來怎麼辦？』『哦，朋友會及時告訴我們的，這樣我們好趕緊逃。』由於受到一次次的軍事羞辱，中國的親王貝勒們開始訓練新軍，作為還擊的工具。但是，中國人只將軍隊看成是防禦的盾牌，卻不會用它來進攻。在軍官們臉上，看不到軍人剛勁勇毅的面頰和下巴，也沒有壓倒一切的意志力。士兵們神色迷茫，缺乏咄咄逼人的氣勢。他們還是一群來自農村的傻小子，只不過穿了一身卡其布軍裝而已。日本農民有一副軍人的氣派，而中國士兵卻只有農民的溫和舉止。中國人相信正義的力量，認為只要講『理』，所有難題都迎刃而解。這些觀念佔據了中國人的頭腦，也許只有對他們持續電擊才可從根本上改變這個民族的性格，使他們具有戰鬥的精神。然而，中國人可能在放棄和平信念前很久就已變得足夠強大，不再受到異族的欺凌；並且，只要有足夠的繁榮，也就無須通過武力佔領去擴展國家利益了。」

中國巨變潛藏了道德危機

羅斯教授發現，慈禧太后五年前下旨禁止鴉片一事可以看出中華帝國未來的希望。中國政府的禁煙戰打了勝仗。他看到，「在這片面積堪比美國的遼闊土地上，正在進行一次聲勢浩大的道德戰。成千上萬官員、士紳、學生、商人、土匪都捲入其中。血流遍野，財物損耗無數。賭注就是幾百萬鴉片煙鬼的性命，甚至是中國未來幾代人的命運。而勝利的酬勞則是保證黃種人的獨立自主，以及最終平等地參與到與白人共同掌控這個星球的命運之中。」

由慈禧太后同時發起的另一項偉大改革是重建國家的教育體系。「政府創辦各級學校，教學課程不僅包括中國傳統學科，也包括西方學科。」

這項改革對於中國人的思想道德帶來了巨大甚至可以說是極端的變化。羅斯教授同時看到了這些變化的危險所在：中國人拋棄了傳統的道德和宗教觀念，卻尚未吸收任何新的東西來取代它。於是，他也意識到外國傳道會正好有機會幫助中國人的解放。

「我們發現了中國巨變所引發的最嚴重的問題，即未來中國的道德觀將來自何方呢？中國舊式教育非常重視培養道德觀，而在反舊式教育過程中，卻大有忽略道德教育的趨勢。中國的年輕人儘管每月還必須向孔夫子的牌位行禮，但心裡全都在嘲笑他。孔夫子！他從沒坐過火車，沒用過電話，沒發過無線電報，他知道什麼是科學嗎？他就是一個老朽！古時聖賢的思想讓中國大眾平安行事，但對受過西方教育的年輕人已沒有權威可言。年輕人渴望財富和權力，認為西方的財富和強大武力單憑精準的科學知識即可立即握在手中。所有學生都急於獲得科學知識，卻大多忽視了西方獲得成功的道德基石。他們拋棄自己的道德傳統卻又無視我們的理想主義，只可能成為自私的物質主義者，那樣中國的覺醒將是一場災難而非福音。

人類大家庭四分之一人口的偉大復興，即將在我們的眼前上演

「在這樣的危機下，在中國各地建立的十幾所教會大學就有機會進行偉大的政治事業。這些大學主要由美國人創辦，它們中最好的學校在機構設置、管理、師資、院系和課程等方面都已遠遠優於中國官辦學堂。教會大學運用科學教育方法，而中國人對這些方法還一無所知。它們將西方關於全面發展的觀念傳授給學生，教育學生健康生活、發揚個性、注重效率。這裡的學生抱著深切的敬意學習儒家倫理，同時又以基督徒的觀念對待人生。儘管許多從這裡畢業的學生並非基督徒，但他們都胸懷崇高理想。中國的士紳們越來越欣賞教會大學，願意將自己的孩子送到這裡來。學費很高，也因此無須支付其他雜費。

「已經有中國富人向這些教會大學進行捐贈了。富人們本可以捐助得更多，如果創辦大學的教會能用更開闊的眼界認識到，這些大學的使命就是要促進中國的高等教育，就像由基督徒們資助哈佛、耶魯、普林斯頓和其他美國大學一樣，他們真正的作用就是促進美國的高等教育。請讓學生們自願而非被強迫地了解基督教教義和儀禮；請讓學生們在學校董事局面前以中文發表愛國言論；請讓他們在擁有自主權的同時，保持與政府教育體系的關聯；請讓他們相信，全力提升知識水平將豐富與拓展基督教信仰。這些學生將成為挽救未來中國道德危機的強大力量。

「耶穌受難二百八十年後，羅馬帝國才承認了基督教；馬丁・路德（Martin Luther）向羅馬教廷發起挑戰後的一百二十八年，新教改革才得以永久確立；哥倫布發現新大陸一百一十五年

後，英國人才在此建立第一塊殖民地。任何看到這些偉大而緩慢的歷史運動開端的人，都無法領會它的全部意義或見證它的實現。但是，今天的人類已經擁有了望遠鏡，歷史正向前飛速發展。中國令人激動的演變進程將會發生在我們的時代。未來四十年裡，中國的一千三百個縣裡都會有電話、電影、闌尾切除手術、醫療衛生系統，也會有棒球。人類大家庭四分之一人口的偉大復興，即將在我們的眼前上演。我們只需坐在劇院裡，看著舞臺上的表演就可以了。」

注釋

❶羅斯（Edward Alsworth Ross, 1866-1951），美國社會學家、社會心理學家，曾任印第安納大學、康乃爾大學、史丹佛大學、威斯康辛大學教授，美國社會學會主席。一九一〇年訪問中國，時間長達六個月。羅斯認為社會學是進行社會改革的一種武器，他力圖使之與生活、社會改革密切結合。他的《社會學原理》（*The Principles of Sociology*）長期被作為標準教本，他於一九〇八年發表的《社會心理學》（*Social Psychology*）一書被看作是社會心理學產生的標誌。羅斯曾因反對排華移民法案被史丹佛大學開除，並由此引發美國大學教授的集體抗議。羅斯還支持俄國十月革命，同情托洛斯基（Lev Davidovich Trotsky）。

❷一八八六年，厄恩斯特．馮．伯格曼（Ernst von Bergman）在他的診所中最早採用蒸氣消毒器械和敷料，以各種消毒劑塗抹醫師的手與手術區域，是外科無菌技術（asepsis）之始。

❸指一九〇九年十月十四日，全國二十一個行省（除新疆外）的諮議局悉數成立。

❹赫德（Sir Robert Hart, 1835-1911），字鷺賓，英國人，生於愛爾蘭。一八五三年畢業於貝爾法斯特女王大學

（Queen's University Belfast），旋入外交部，次年奉派來華。初在香港為駐清商務監督署翻譯學生，未幾，調駐寧波領事館任副翻譯。一八五八年，英法聯軍佔領廣州後，他轉赴廣州領事館任二等副翻譯，兼充操縱偽巡撫衙門之英法三人委員會文案，同年十月升翻譯。一八五九年五月任中國海關廣州副稅務司。一八六一年四月曾代理總稅務司職。一八六三年九月任上海稅務司，同年十一月接替李泰國（Horatio Nelson Lay）任中國海關總稅務司。一八八五年被派任為英國駐清公使，未就。一九〇六年，清廷設立稅務處後，他即呈請辭職，但未獲批准，給假歸國。嗣後每年假期屆滿即予續假，直至他去世。

武昌事變後的中國時局

一九一一年十一月五日

北京十一月四日電：武昌事變後，中國時局撲朔迷離。一週前，人們還在懷疑袁世凱是否會與資政院❶合作。隨後，人們又認為袁世凱可能會與灤州軍隊的統領張紹曾將軍❷達成理解。然而事實證明，迄今為止，包括滿清皇室、袁世凱集團、資政院、各省諮議局、南方革命軍和北方政府軍等各方面勢力之間尚未建立任何聯繫。武昌事變看來是民眾針對滿清政府腐敗統治的一場自發性起義，分佈在各地的外國人皆未受到任何攻擊，可見革命動機是非常真誠的。

地方諮議局反對由資政院掌握制憲權

根據今天晚些時候的報導，由於各省諮議局紛紛來電抗議，資政院已通過一次祕密會議決定總辭職。許多地方的諮議局反對由資政院這個臨時機構來掌握制憲權，他們認為這項工作應由通過合法選舉產生的議會來進行。據悉，武昌的黎元洪將軍和其他民軍領袖已拒絕承認北京政府，也拒絕承認資政院的法律權威。據說張紹曾將軍對資政院也同樣感到不滿。資政院正與皇族和袁世凱協商，努力促成和解。

南方要共和，北方要憲政

如果不能獲得北方軍隊的支持，袁世凱不一定會接受總理大臣的職位。據報導，他曾派使者前往灤州游說，但沒有結果。事變後，這個國家被分裂為南北兩個部分，南方的革命派要求成立共和國，而北方的立憲派希望廢除滿族特權、建立憲政。除非獲得充分的安全保障，否則北方軍隊不願接受任何東西。就北京當局而言，時局走向取決於目前正在灤州集結的這支北方軍隊的態度。

至於所謂灤州軍隊昨天扣留兩火車廂軍火事，顯係訛傳。據報導，這批軍火並非來自德國，而是從奉天軍工廠發出，並且是直接運往灤州的。

項莊舞劍，意在沛公

駐紮在長春的陸軍第三鎮和奉天的陸軍第二十鎮正向灤州集結，與已經駐紮在那裡的部隊會合。表面上看，袁世凱組建了第二軍，但事實上袁世凱並不打算進行戰爭，而所謂的第二軍也不準備討伐漢口。人們相信，這支部隊的真實目標是北京。

袁這樣做，只是為了震懾首都，逼迫清廷更改昨天和今天頒發的詔書，因為新詔內容未能使張紹曾將軍和他的部隊滿意。因此，人們預計，張紹曾將在未來兩週成為臨時大元帥，等待議會選舉結果，任命責任內閣。張將軍可能繼續與他的部隊待在一起，對滿清皇族保持壓力。

今天已頒發數詔，其中一份要求袁世凱接受總理大臣的任命。詔書陳述說，袁世凱集眾人信任於一身，既有治國才能又有愛國之心，多年來身受朝廷俸祿，國家危難之際不應拒絕出任總理大臣。另一份詔書同意袁世凱與南方革命軍談判中止敵對狀態。第三份詔書充分闡述了皇族準備做出的讓步，並附帶說明，從今往後，任何民眾意見，只要符合公眾利益，就將被採納施行。第四份詔書呼籲滿漢和解，停止民族紛爭。

資政院審議情況

約一百名議員出席了今天召開的資政院會議。但是，沒有對當前時局做出任何決議，因為局勢變化實在太快了。

「是否有軍諮大臣❸接受質詢？為什麼政治犯汪兆銘❹仍然被關押？為什麼政治犯溫世霖❺仍在充軍中？」資政院會議在議員們大聲疾呼的這些問題中開始。

書記員宣讀了一封發給各省諮議局的電報，資政院在電報中表達了將爭取獲得內帑的決心，籲請朝廷對漢口受損商人及事變傷亡人員進行經濟賠償。同時，資政院要求追究對漢口叛亂負責的官員並予嚴懲。朝廷是否會接受這些要求，並討伐佔領漢口的革命軍，將是一個耐人尋味的問題。

會議宣讀了一封發給張紹曾將軍的電報，闡明憲法一旦擬定，將提交給國民討論，並徵詢他和他的軍隊的意見。同時，還宣讀了一封發給袁世凱的電報，要求停止對平民人身財產的損害，並要求他將黎元洪對他提出的談判建議呈交資政院審議。

一名議員對袁世凱呈交的調查報告提出抗議，指出軍隊在他控制之下，但他並沒有全力行使職責。另一些議員將袁世凱形容為殘忍和邪惡的，但資政院最終投票結果認同了他對漢口劫掠狀況的調查。

一名議員質詢內閣是否起草好了憲法草案，其得到的回覆說，由於《憲法重要信條》第十九條的頒佈，政府擬定的憲法草案需要做出必要調整，因此還須再等十天時間。

長江上游城市直接懸掛白旗

革命軍領袖黎元洪將軍今天對資政院做出答覆，同意中止敵對狀態，等待和平談判。他希望資政院最好不要插手，讓交戰雙方進行最後的協商。

武昌城並未作任何抵抗便被革命軍佔領，長江上游其他城市已和革命軍將領取得一致，直接懸掛白旗。很難說是革命軍「佔領」了上海、武昌和其他上游城市，只不過是眾人都默認各地易幟而已。整個過程中大約有十人死亡，另有二十人受傷，其中多數是在用炸藥炸開勉強關閉的城門時意外傷亡的。

滬寧鐵路仍由英國軍隊負責守衛

上海的軍工廠具有驚人的產能，並已實現完全機械化操作，目前運轉正常，每天可生產五萬發子彈。中國最大的炸藥廠也已有充分儲備。這個軍工廠和炸藥廠負責為薩司令❻指揮的保護租界的部隊補充彈藥。

滬寧鐵路❼一直由英國軍隊負責守衛，在英國領事的命令下，至今仍堅守崗位。此種行為容易使革命軍理解為外國人決心支持滿清皇族，有違西方將在事變中保持中立的外交政策。當然，鐵路公司的貸款由英國提供，看起來這可能是英國介入的唯一理由。

注釋

❶晚清末年，滿清政府仿照西方法規體制設立的中央諮議機關稱為資政院，宣統元年（一九〇九）九月頒佈選舉章程，次年九月初一日（一九一〇年十月三日）開院。選舉章程規定議員共二百名，欽選、民選各半。首任總裁為溥倫（皇族，一九〇四年曾率團參加美國聖路易斯世博會）和孫家鼐（溫和改革派、實業家、北京大學前身「京師大學堂」首任管學大臣）。資政院通過的《憲法重要信條》是中國歷史上第一部具備現代意義的成文憲法。資政院審查政府預算時揭露有「政治腐敗情形及財政危險情形」；曾要求軍機大臣接受質詢，甚至敢於彈劾大臣，否定上諭。資政院還提請平反戊戌案。一位曾旁聽資政院會議的西方人士評論說：「議員們表現了他們無上獨立的精神及其尊嚴與權力感。」武昌起義後，「皇族內閣」提交辭呈獲得清廷批准，並宣佈「袁世凱著授為內閣總理大臣」。資政院為維護憲法尊嚴，提出該程序違憲，迫使攝政王收回上諭。隨後，資政院以無記名投票公選總理大臣，袁世凱得票最多，攝政王再次發佈任命上諭。第二次任命體現了程序正義原則，堪稱中國憲政革命的一個開端。

❷張紹曾，字敬輿，一八七九年生，直隸大城人。一八九五年入北洋武備學堂，畢業後被保送日本陸軍士官學校學習，一九〇二年回國後任北洋督練公所教練處總辦。一九一一年二月任新軍第二十鎮統制。武昌起義後，通電清廷要求立憲，又與吳祿貞等密謀舉兵反清。十一月七日吳祿貞被袁世凱暗殺，張氏旋即被調任長江宣撫大臣，未赴任，潛至上海。一九一三年被袁世凱任為綏遠將軍。一九一六年任北京政府陸軍訓練總監。一九二二年任陸軍總長，次年任國務總理兼陸軍總長，並一度攝行大總統權，主張迎孫中山入京協商南北統一，為總統曹錕所忌，不久去職，退居天津英租界。一九二八年三月二十三日遇刺身亡。

❸軍諮府是晚清最高軍事參謀機構。宣統三年（一九一一）四月由軍諮處改設，置軍諮大臣二人，以貝勒載濤、毓朗領之。

❹宣統二年（一九一〇）三月，汪兆銘（精衛）赴北京謀炸攝政王載灃，事洩被捕，判死刑，後減刑監禁，次年武昌起義後獲釋出獄。

❺溫世霖，原名溫昱，字支英（或子英），晚號鐵仙，一八七〇年生，天津宜興埠人。清末立憲派人士，教育家。一九一〇年末第四次「請速開國會」請願活動中，任天津全國學界請願同志會會長，因煽動罷課遊行，次年一月七日晚，由直隸總督陳夔龍下令祕密逮捕，發配新疆。辛亥革命後，被新疆人民推舉為都督，遭清廷鎮壓失敗。一九一二年返天津，次年當選國會眾議院議員。一九一四年因袁世凱解散國會，潛往山東參加討袁行動。一九一七年護法戰爭爆發後，赴廣州追隨孫中山，任軍政府參事。一九二三年再度當選國會議員。同年十月，曹錕賄選總統，溫世霖因誤投曹一票，從此退出政壇。一九三四年十二月病逝於天津。

❻指海軍統制薩鎮冰。薩鎮冰，字鼎銘，一八五九年生，福建閩侯人。福州船政局船政學堂畢業。一八七七年官

費赴英國學習海軍。一八七九年歸國，充天津水師學堂教官。後歷任「廣濟」艦管帶等職。一九〇三～一九〇六年任廣東水師提督。一九〇九年秋奉派隨貝勒載洵往日本、歐美考察海軍。次年返國後調任海軍統制。一九一一年武昌起義後，奉命率艦隊赴武昌鎮壓，因見官兵同情革命軍，乃辭職往上海。一九一二年任吳淞商船學校校長，次年改任淞滬水陸警察總辦，旋被袁世凱派為兵工廠總辦。一九一七年六七月間，以及一九一九年底至一九二一年五月，兩度任北京政府海軍總長。一九二〇年五月至八月曾代理國務總理。一九二三～一九二七年任福建省長，一九三三年曾贊助李濟深等在福建起事，任福建人民政府委員兼省長。抗日戰爭期間移居南洋。一九四五年歸國。一九五二年四月病逝於福州。

❼滬寧鐵路是中國最早修建的重要鐵路幹線之一。始建於清光緒三十一年三月二十一日（一九〇五年四月二十五日），用時三年完工。光緒三十四年三月初一日（一九〇八年四月一日），滬寧鐵路正式通車營運。自上海北站起，止於南京下關，全長三百一十一公里。此鐵路為清廷向英國借款修建，總工程師為英國人戈林森（A. H. Glinson）。

梁啓超稱共和制不合中國國情

一九一一年十一月七日

神戶十一月六日電：正在日本流放的中國改良派領袖、維新變法英雄梁啟超今天就中國局勢和演變趨勢發表看法。梁啟超坦言，革命已撼動大清帝國的統治基礎，政治變革不可逆轉。這一點給他和周圍所有人都留下深刻印象，他堅信，中國的變革終將實現。

不過，創立共和制度不是他的思考選項。他堅持認為，實現君主立憲制度更符合中國國情。梁先生如果沒在他神戶的編輯部裡，便總能在離神戶不遠的須磨別墅❶找到他。在過去十年間，他堅持寫作編書，把外面的世界介紹給中國的進步人士，並對中西方進行比較研究，在東亞思想界影響巨大。如果評價北京的變革領袖，他在當前發生的中國革命中無疑佔據著無與倫比的地位。

梁啟超接受美聯社（Associated Press）專訪時，發表了以下看法：

「中國國內發生的革命和起義沒有任何預先的安排，具有突發性。武昌起義與上海起義沒有任何聯繫。武昌革命之所以出現困難的局面，是因為革命黨人沒有在北方反擊前就把最初的成功浪潮推到北京。

「袁世凱最終能否獲得成功仍然值得懷疑。目前，革命黨人的主要對手是袁世凱，能否在中國國內恢復和平與秩序，這已經不是袁世凱所能夠控制的。革命是推動中國時局變化的根本要素，革命形勢將如何演變，現在還難以判斷。」

梁啟超不看好共和制。關於這一點，他說：

「中國將不會有共和制，這是不可能的。共和制不符合中國國情，也不符合國民的文化特性。目前的動亂，其後果是催生建立一個文明進步的君主立憲制度。當然，這樣的一種前景，受到那些目前並不在政治舞臺上的人們的影響和制約。」

中國維新變法的另一位領袖康有為目前患有嚴重的風濕病，使他的活動被局限於室內。

注釋

❶梁啟超流放日本期間，在神戶主編《新民叢報》。曾在須磨一幢華僑擁有的別墅居住。別墅有花園，與一片通往海濱的松林相連。梁啟超稱此地為「雙濤園」，這裡聽得到海濤聲和松林間迴蕩的風聲。

滿清軍隊在南京屠城❶

一九一一年十一月十一日

題記：滿清軍隊在南京屠城，九萬市民逃離，數千人不分老幼被殺，民房被燒，婦女被強姦。革命軍雲集城外，但缺乏攻城彈藥。

中國南京十一月十日電：夕陽映照古城，民房在燃燒，城內黑煙四起，火光衝天，到處是搶掠、強姦和屠殺的場面，淒慘的哭聲響成一片。南京正成為現代史上一個慘絕人寰的屠宰場。夜光下的紫金山，一萬二千名驚恐萬狀的滿清江防營士兵正掘壕而守。

手無寸鐵的平民扶老攜幼，四處逃散。一些人深懷恐懼地藏身在革命軍的掩體後面，驚慌四望。約二至三萬革命軍雲集城外，由於缺乏彈藥，他們無法制止城內的屠殺。革命軍等待著從上海增運的軍火，暫時推遲了對清軍的第二次進攻。城外形勢暫時對清軍有利。

革命軍在昨夜進攻中主要是做出攻城姿態，很少開火，清軍死傷不多。革命軍主力在南京城外三里紮營，軍火、彈藥正陸續從水路和陸路運來，援軍也正從四面八方向南京集結。雖然他們大都是一些缺乏訓練的新兵，但鬥志昂揚，信心十足。最後的戰鬥一定十分殘酷。攻城中如何保護好外國人，是他們一個重要的考慮。

今天早上開城門時，南京市民隨身帶著細軟蜂擁而出，紛紛逃往鄉下避難。清軍起初是驅趕他們，後來發生了大屠殺。革命軍八日第一次攻城後，清軍首領原指望用將大批人斬首示眾的辦法震懾當地人，他們讓被害者以十幾人一批、十幾人一批的成排站立，一起被砍頭。

但是，今天下達了屠殺令，清軍衝向全城，不分男女老幼地進行屠殺。成千上萬的漢人如潮水般湧向城門，中午時已有七萬人從城中逃出；入夜後，又有另外二萬各階層的市民，包括商人、士紳和苦力也倉皇逃出。

同時，清軍在市內狹窄的街巷內橫衝直撞，闖進富貴人家搜括錢財，許多人人頭落地。有記者目睹幾位婦女被殺，她們的孩子被劈死後踩在腳下。

發佈的命令稱，一旦發現身掛白條的人，這被指為革命軍標誌，一律格殺勿論。一位在上衣口袋裡插白手帕的路人因此被處決。漢人穿白鞋是服喪的標誌，其穿戴者也在劫難逃。街巷內火光滔天，大屠殺的血腥和恐怖難以描述。今晚倒斃街頭的屍體足有千具，城內一片淒涼和沉寂。

如發現漢人身穿洋服，將被立即處死，但真正的外國人卻未受干擾。駐在城內的外國人向當局提出抗議，呼籲立即停止屠殺，但未予理睬，並且受到嘲笑。

城內的民房四處燃燒，大半個城區都被燒毀。今晚，雙手沾滿鮮血的清軍將二十萬南京居民的財產洗劫一空。從紫金山上望過去，可以看見通城的大火照亮了天空。所有人都在焦急地等待著明天的來臨。

注釋

❶這是蘇浙聯軍攻克南京之戰期間發生的一件慘案。一九一一年十月武昌起義後，新軍第九鎮統制徐紹楨所部七千人於十一月八日從駐地秣陵鎮進攻南京，被清軍江南提督張勳等部擊潰，敗退鎮江。徐紹楨與上海都督陳其美及蘇浙起義軍將領商定組建聯軍會攻南京，聯軍總兵力約一萬餘人。清軍方面有張勳部江防軍二十營和江寧將軍鐵良部等共二萬人，在紫金山、雨花臺及各城門均配備火砲，指揮部設於北極閣。聯軍分兵三路會攻南京。十一月二十四日晚，在內應配合下，北路軍首先攻佔烏龍山，二十五日拂曉攻佔幕府山砲臺。同日，擔任主攻的中路軍佔領馬群至孝陵衛一帶高地，直抵紫金山南麓。二十六日，張勳率江防營反撲失敗。南路軍於二十七日逼近雨花臺。三十日，聯軍發動總攻，至十二月一日攻佔紫金山第三峰天保城，居高臨下，砲擊富貴山、太平門、朝陽門（今中山門）等清軍營壘，同時分路進攻通濟門（今光華門）及朝陽、太平、神策、儀鳳各門。張勳等出逃。二日，南京光復，為中華民國臨時政府在南京建立奠定基礎。

萬衆矚目的袁世凱

一九一一年十一月十九日

理查德・巴里（Richard Barry）

滿清皇室委任他為總理大臣，南方革命黨人擁戴他為民國大總統，在這個東方大國的此次危機中，袁世凱左右逢源，步履輕快而平穩，成為當前中國最具實權的人物。在過去三年中，袁世凱被迫退出政治舞臺，但從一八九八年起，他就已經是四萬萬中國人中最令人矚目的人物。

結合他以往的政治經歷和目前來自中國各方面的聲音判斷，在這場動蕩的革命結束後，整個世界將發現，無論袁世凱的頭銜是總督、總理大臣或總統，這個人將成為他們處理對華事務時無法回避的大人物。

為什麼一定是這個人呢？他出身卑賤，所受教育有限，知識淺薄。他從未走出過國門一步，不會說母語之外的任何語言。那麼，為什麼是他成為最具有革新思想、同時又在改革者中最具有傳統思維的中國人？

既獲洋人尊重、又能統御國內各派勢力的唯一人物

袁世凱十分推崇日本政治家兒玉源太郎❶，兒玉先任臺灣總督，後供職於日本軍部，死後被譽為新日本最傑出的治國能臣。袁世凱效仿他的學習吸收能力，深通為人處世之道，並擁有治國天賦。他們兩人都未到國外遊歷，但又都為西方文明所折服。

袁世凱無疑正在證明他是一個比李鴻章還偉大的人物，而後者常被西方認為是當代最傑出的中國人。李鴻章深受慈禧太后寵信，他通過對慈禧太后阿諛奉承、向她懇求而達到政治目標，就像前英國首相狄斯雷利❷對維多利亞女王（Queen Victoria）所做的一樣。

與當年李鴻章被慈禧太后擢升為直隸總督一樣，袁世凱也因慈禧太后的賞識而平步青雲。過去，袁世凱曾被寄予厚望，期待他能實現滿清統治的中興大業。而此時此刻，娃娃皇帝溥儀正通過滿清的親王貝勒們懇求他重新出掌內閣。毋庸置疑，回溯至一八九八年，在那個時候，袁世凱就是中國政壇上既能獲得外國人尊重、又能統御國內各派勢力的唯一人物了。

這裡沒人認為袁世凱重新出山是因為他的形象和藹可親，雖然這是西方政客慣用的伎倆。李鴻章是一個很有政治手腕的調停者，但袁世凱不是，他是一個獨裁者，明智、穩健、自信，有政治魅力，但不追求個人權勢的擴張。至少，他將個人權力野心成功地隱藏了起來，到目前為止，他的個人權慾沒有顯露。事實上，全國上下普遍相信他是一個愛國者。由此可見，他對他的同胞具有強大的感染力。

國民信任他的愛國精神，信任他處事果斷、馭人有方、鐵腕治世，這對東方人而言尤其難得，使得他在如今這個各方勢力分崩離析的特殊時刻，成為一個舉足輕重、各方注目的關鍵人物。

保定秋操上的新軍統帥

我曾於一九〇五年觀看中國軍隊在保定舉辦的秋操，見到引領全軍的袁世凱。他那時負責提領六萬新軍，頗為自豪，但與正規的日本陸軍相比，他們的確顯得寒酸。特別是這支軍隊的統帥更不敢恭維。袁世凱的佩劍在兩腿之間不停地搖晃，讓他行走起來十分艱難，似乎每走一步都可能被絆倒。他那個碩大的肚子相當可觀，軍褲也不合身，騎在馬上十分滑稽可笑。當他終於可以下馬時，看起來如釋重負。

隨後，我們通過他軍隊的翻譯、挪威人蓋德科上校（Col. Gadke）進行交談。總督（當時他是中國五個最重要行省之一的直隸總督）說，他知道新軍操練還有許多欠缺，但他補充道，如果十年後再來，將會發現新軍將煥然一新。提到他的軍褲時，袁哈哈大笑，解釋說除了軍事場合，他是從來不會穿這種褲子的。

當時，他正在帳篷中，僕人送上來一件長袍。他將長袍裹在身上，看起來明顯輕鬆很多，就像一個剛剛穿著男裝跳完化裝舞會的女人，急於尋找一件舒適的外衣。隨後，他取下軍帽，換上一頂有藍色的總督官穗的圓帽。當他換帽子時，辮子順著後背滑落了下來。

「為什麼不把辮子剪掉呢？」我想到一些新派的中國人已開始改革，就冒險詢問他。

「會的，時間到了就會的。」他迅速回答，臉上掛著微笑。

這只是採訪中的一個小插曲，卻可從中看出他的個性。他完全明白，男人留辮子是多麼荒唐，也知道時代發展的潮流。他只是在等待一個合適的時機。

在一九〇八年到一九一一年的三年中，他被罷免了權力，主要原因是慈禧太后去世後，滿清的親王貝勒們終於找到機會報復他。慈禧太后曾將袁世凱強加給他們，壓在他們頭上，如同八國聯軍將袁世凱強加於她一樣。袁世凱從未善待過他們，總是不斷逼迫他們削減特權，增加財政收入用於操練新軍、改革教育。

袁世凱之前的總督們習慣於以權謀私。不管袁世凱是否有政治野心，歸根結柢，他在心中或多或少在為國民謀福利。

與各派打交道都游刃有餘

袁與皇族的矛盾最終導致一九〇八年的「足疾」詔令。袁世凱的腿部受輕傷，使得他需要在官邸休息幾天。然而，完全出人預料，也讓每個了解他是滿清鐵腕人物的外國人深感驚奇，攝政王頒發諭旨，非常遺憾地宣佈，皇帝陛下「忠誠的大臣袁世凱將歸鄉養病若干時日，以治療足疾」。

因此，三週前，當朝廷匆忙召回袁世凱時，他很方便地找到託辭：「臣足疾未癒，無法遵旨回京。」同時，他對朝廷圓滑地表達了感激。如果拒絕回京，他將失去保皇黨人的支持；而如果立即奉召回京，他又將失去革命黨人的支持。現在，他保留住了雙方的支持。

看來這似乎只是小事一樁，甚至有些可笑，但其實意味深長。它顯示了今日中國最足智多謀的政治人物的特色。他熟悉自己這一方的人，也了解其他派系的想法，恰當地把握分寸，在與各個派系打交道時都顯得游刃有餘。自始至終，他既不諂媚，也不虛偽，如同預言家一般洞察未來，並堅定地發揮著主導作用。

鐵腕鎮壓義和拳

他是從哪裡開始發跡的呢？他的力量來自何方？有一件事發生在義和團起義之前，可對此給出解釋。這也是袁世凱集大權於一身之前，他個人政治生涯的一個轉捩點，是他引起眾人關注的關鍵時刻。一方面是狡詐的慈禧太后，另一方面是各國的外交官，他們正集中研究中國事務。

那時，袁世凱僅是山東省一個小地方的道臺，那裡有中國最好的絲綢，同時也居住著很多西方的傳教士，比遠東任何其他地方都多。在袁管治地區的附近，拳民首先暴動。

有人宣稱是袁世凱煽動了這些暴動，他想藉此飛黃騰達。這種說法十分荒謬，雖然對於袁世凱這種專橫跋扈、不擇手段的精明政治家來說，沒有什麼事是不可能的。

義和拳迅速蔓延山東全省，許多名望極高的政治人物幾乎就要加入這場運動。值此關鍵時刻，不論是出於愛國心，或為在慈禧太后及外國使團面前留下好印象，袁世凱決定採取強硬行動，堅決扼制住這個讓最保守的中國人也觀念動搖的祕密會社的狂熱發展勢頭。

義和拳狂潮初起時，鼓吹只要盟誓入會即可刀槍不入，洋鬼子不再能夠用火槍傷害你。宣誓後，這個古老帝國的保護神將會庇佑你平安無事。一些義和拳領袖聯絡袁道臺，邀請他入會。他不敢拒絕，因為他知道，自己身邊有影響力的人大多數都已入會，或對其抱有同情。但是，他內心又不想加入，因為他預見到這場狂熱運動終將失敗，他希望能夠站在勝利者一邊。最終證明，這樣一個兩難選擇反而成為他的一個機會。

馬蒂尼—亨利步槍的試驗

袁世凱對義和拳領袖說，「我不會加入你們，除非你能夠向我證明，你不會被洋鬼子的子彈打傷。」

「好！」他們說。

「在我的衙門裡有一枝洋鬼子的火槍，」他繼續說，「我本人並不相信它的威力。但是，我想向這裡所有迷信西洋火器的人證明，這裡有些人的立場正在搖擺，他們所相信的洋槍是靠不住的。

「因此，明天下午，如果各會的幫主們能夠到我的花園來，我們即可進行這樣一個小小的試驗。請幫主們沿衙門牆壁站成一排，我將在他們身上試一試洋鬼子的把戲。如果西洋火器沒有傷害他們，我將加入義和拳。」

這一邀請被接受了。第二天下午，城裡萬人空巷，市民們都湧到道臺衙門。這是一個重大時刻，它象徵著一個全新的中國在經歷分娩的陣痛，同時也標誌著機智聰明的東方人終於登上了世界政治舞臺。

令人奇怪的是，最終只有一位拳民領袖參加了試驗，他是最堅定的暴動領袖。然而，聚集而來的百姓們卻似乎願意將此視為義和拳運動的證據，哪怕只有一個人從西洋火器的子彈中倖存。

這位狂熱的拳民極端盲目地堅持著他的信仰，他在陽光照耀下的官署花園裡，神態安詳地靠牆而立。不久，滿面微笑的袁道臺出現了，他神情溫和，面帶歉意，手握一枝閃閃發光的新式馬蒂尼—亨利步槍（Martini-Henry rifle）[3]。

袁道臺彬彬有禮地解釋道，他只是由於好奇才進行這個小試驗，並且感謝這位參加試驗的朋友。他本人對於義和拳運動抱有極大好感，但他認為，對於他本人和廣大百姓來說，接受這位受人尊敬的義和拳領袖提出的要求，證明洋鬼子的玩意只是自吹自擂，以徹底解開大家心中的疑惑，才是最公平的。

順便說一句，山東半島插入中國海[4]，包括由英美控制的芝罘（譯注：即煙臺）和由德國控制的膠州等縣市，富饒豐產，並且比中國其他地方有更多機會接觸和了解西方文明。然而，即使在山東也仍然有中國人相信，北洋水師十六年前之所以在威海衛全軍覆沒，主要在於艦首沒有畫上眼睛，因此不能看到日本人對它的攻擊。直到今天，仍有超過一半的中國人認為，弓箭比步槍和子彈更厲害。

現正講述的故事發生在十四年前。在看起來非常友好的袁道臺鼓勵下，這位執著的義和拳領袖同意由中國未來的總理大臣（或總統）舉起新式馬蒂尼—亨利步槍向他的胸部射出子彈。隨後，袁道臺帶著極度的悲傷和遺憾，對殉難者進行厚葬，並出資邀請許多和尚為其守靈一百天。

消息很快傳播開來，儘管那裡沒有電報。這樣，當時的中國和滿清政府所急需的治世能臣，一個有膽識、狡猾、奸詐、精明的政治人物橫空出世。

顯然，今天，在大革命的風暴中，袁世凱又被重新發現。

注釋

❶兒玉源太郎，一八五二年出生於山口縣武士家庭。明治時期的日本政治家和軍事家，注重軍事力量和經濟力量的協調與配合，被稱為豐臣秀吉再世。曾任臺灣總督長達八年（一八九八～一九〇六）。日俄戰爭時期，任日本滿洲軍總參謀長，指揮日軍攻克旅順。創立南滿鐵道株式會社。一九〇六年病逝，死後被追敘為伯爵。

❷狄斯雷利（Benjamin Disraeli, 1804-1881）是十九世紀下半期英國著名的國務活動家、政治家和文學家，保守黨的締造者。出生於倫敦一個猶太人家庭，一八一七年改信英國國教。十五歲到一家律師事務所見習，一八二六年後開始寫詩和短篇小說。一八三五年參加托利黨（Tory，保守黨前身），一八三七年當選下院議員，後成為下院托利黨領袖。一八五二、一八五八、一八六五年三度出任財政大臣。一八六八年、一八七四年兩度出任首相。與維多利亞女王關係融洽。對內實施社會改革，頒佈社會立法。對外推行殖民擴張政策，英國勢力伸入埃及，一八七五年控制蘇伊士運河，一八七八年從土耳其取得賽普勒斯島。一八八〇年下臺，次年在倫敦病逝。維多利亞女王親自參加葬禮並致哀，議會決定為其樹立肖像。

❸美國人亨利．皮博迪（Henry O. Peabody）發明了槍機起落式閉鎖原理，即在槍機後上方有個鉸鏈，槍機下

方有個槓桿支撐，一直延伸到扳機護圈下方。當射手扳下護圈槓桿時，槍機失去下方支撐，因重力自然下降，露出彈膛，此時空彈殼被自動拋出，射手可以裝填新子彈。裝彈完畢後拉回槓桿，槍機擡起，完成閉鎖。經過七年選型，英國第一枝使用金屬定裝子彈的步槍最終選擇了奧地利設計師弗來德里克・馮・馬蒂尼（Friedrich von Martini）在亨利設計基礎上改進的槓桿操作的槍機，配合蘇格蘭人亞歷山大・亨利（Alexander Henry）設計的帶七角膛線的槍管，組合而成M1871/.45馬蒂尼—亨利步槍，從一八七一年起裝備英軍。

❹中國海（China Sea），中國渤海、黃海、東海和南海的總稱。四海相連，環布亞洲大陸東南部。按：此處指的應是黃海。

孫中山當選民國臨時大總統

一九一一年十二月二十九日

南京十二月二十九日星期五電：南京代表大會❶一致選舉孫中山為中華民國臨時大總統。

注釋

❶一九一一年十二月十六日，由蘇、浙、湘、鄂、川、滇、晉、陝、皖、贛、閩、粵、桂、奉、直、豫、魯共十七省四十五名代表組成的「各省都督府代表聯合會」在南京召開，推選浙江代表湯爾和為議長，廣東代表王寵惠為副議長，福建代表潘祖彝為書記。十二月二十九日，召開臨時大總統選舉大會，孫中山獲得十七張有效票中的十六票，當選為中華民國第一任臨時大總統。

南京舉行臨時大總統就職典禮

一九一二年一月三日

題記：改用陽曆，以中華民國紀元。國會議員民選產生，陸海軍接受國會領導，國會負責審計監督全國財政。各省自治，省長由選舉產生。

南京一月二日電：孫中山宣示就職，成為中華民國臨時大總統，正式行使各項職權。就職儀式莊嚴簡潔，革命黨重要成員盡數出席。

孫大總統頒佈的首個行政令是改用陽曆，以中華民國紀元。他將總統就職典禮當日定為民國首日，開創一個新的歷史時代，也與世界上大多數國家擁有了相同的新年元旦。

大總統在眾多隨從和保鏢陪同下，乘專列由上海奔赴南京。旅途未發生意外，鐵路沿線各站都受到支持者熱烈的歡迎和問候。

一月一日下午五點半，大總統抵達南京，受到熱烈歡迎。革命黨重要人物在車站迎接他，陪同至總統府。南京城內處處懸掛新國旗，沿途上萬名革命軍士兵整齊肅立。長江上停泊的戰艦和商船裝飾一新，附近所有口岸都鳴砲向大總統致意。

晚上七時許，大總統進入總統府，府內樓門、走廊和庭院都張燈結彩。大總統身穿卡其布制服出席招待會。大禮堂為就職典禮早就做好了準備。中國十八個省的代表依次站立。孫中山大總統步入大禮堂，全場所有人向其鞠躬。他一直走到大堂中央，進行宣誓。

隨後，孫中山大總統發表就職宣言，承諾將推翻滿清統治、重建和平，並促進商貿發展。大總統表示將為國鞠躬盡瘁，幫助國民實現和平、獨立、富強、民主的夢想。他說，一旦清帝遜位，國家恢復和平，他將辭去臨時大總統一職。

各省都督府代表聯合會主席將大總統印璽授予孫中山。

臨時大總統就職宣言

孫中山大總統在其就職宣言中稱，將建立強有力的中央政府，重塑完整的現代化行政體系，民選產生國會議員。他說，各省在省內事務中實行自治，省長由選舉產生。國家的陸海軍實行軍政統一，接受國會領導。調整財政體系，由國會負責審計監督全國財政事務。大總統堅信，國家財政收入足以支付日常行政開支。

孫中山大總統詳細闡述了國家發展的各項目標，並就外交關係發表看法。他代表中華民國對各國所持的中立態度表示感謝，並稱，以前中國人的排外心理將不會在新生的中華民國出現。

大總統說，將遵從國民意願，相信各省將支持中央政府，國家將最終實現統一。他表示，中華民國將履行自己的職責，並希望得到各國承認。他承諾中華民國政府的外交政策將致力於維護世界和平。

民國政府組閣名單

民國政府已完成組閣，主要人員如下：

副總統：黎元洪
內閣總理兼陸軍總長：黃興
財政總長：陳錦濤
司法總長：伍廷芳
外交總長：王寵惠
海軍總長：黃鍾瑛
總統府祕書長：胡漢民

孫中山大總統明天將舉行正式招待會，接見南京市民。

孫中山大總統發表《對外宣言書》

一九一二年一月六日

上海一月五日電：中華民國臨時大總統孫中山今天在南京發表《孫大總統對外宣言書》❶，闡述執政目標和政策。他說，中國的現狀是由於滿清錯誤統治造成的，只有革命才能救中國。

《對外宣言書》稱，滿清政府的政策，簡而言之，是歧視漢族和其他民族，為邪惡私欲所驅使，施暴虐於國民，裁制民權，抗違公意，阻撓經濟發展。為此，我們推翻暴政，建立民國。我們今欲湔除罪惡，使我中華民國進入國際大家庭，得與世界各國平等相處，故不惜犧牲生命，與此惡政府戰鬥，而另建良好政府以取代之。為使各國不致誤解民國政府睦鄰友好之善意，特將下列各條公佈如下：

凡革命以前，所有滿清政府與各國締結之條約，民國均認有效，至於條約期滿而止。其締結於革命起事以後者則否。

凡革命以前，滿清政府所讓與各國國家或各國個人種種之權利，民國政府亦照舊尊重之。其在革命軍興以後者則否。

凡各國人民之生命財產，在共和政府法權所及之域內，民國當一律尊重而保護之。

我們將更張法律，改訂民、刑、商法及採礦規則，改良財政，蠲除工商各業之種種限制，並許國人以信教之自由。更有進者，民國與世界各國政府人民之交際，此後必益求輯睦。

深望各國既表同意於先，更篤友誼於後，提攜親愛，視前有加。當民國改建一切未備之時，務守鎮靜之態，以俟其成。且協助我們，俾種種大計，終得底定。

編注

❶此文獻或稱《宣告各友邦書》。

英國雇員回憶孫中山倫敦蒙難記

一九一二年一月十四日

倫敦一月六日電：喬治·柯爾（George Cole）曾在位於倫敦波特蘭大街（Portland Place）上的清國公使館充作門衛，他講述了英、清兩國十六年前因現任中華民國首位國家元首孫中山而發生的一場外交糾紛。

柯爾說，「一八九六年十月九日，清國公使館參贊馬格里爵士❶對我說他們正在等一個人，這個人腦子有點問題，但不會傷人。他問我是否介意做這個人的看護，我同意了。隨後，我檢查了準備關這個人的房間，發現屋子已整修得十分堅固。

「十月十一日早晨八時，我正在大廳清掃衛生，有三位清國人走進公使館，他們帶來了一位陌生人，並通報馬格里爵士。過一會兒，馬格里爵士打電話給我，說先前討論過的那個人已到，請我把他徑直送到四樓那間準備好的房間去。馬格里要求我必須自始至終地守候他。

「遵照馬格里爵士的指示，我對那人進行搜查，未遇到任何麻煩。他身上帶有各式各樣的紙張，還有四張五英鎊的紙幣，二個頭像幣和一些零錢，我都拿給了樓下的馬格里爵士。馬格里爵士及兩位清國人對孫中山進行了長時間的訊問。我受命在外等候。過後，馬格里爵士走出來對我說，『毫無疑問，這個人將會求你向外遞信並許諾給你好處。但是，你只管拿錢，把信都交給我。』

「果不其然，第二天，這個人就問我能不能幫他向外遞信。我說不能。然後，他對我說，他實際上被當成一個重要囚犯了，那麼他能把信從窗戶往外扔嗎？我說我盡力吧。他寫了些什麼，並總是放一個硬幣以增加重量。我一下樓，就把所有東西都交給馬格里爵士了。

「從那個時候起，我得出結論，他根本不是什麼瘋子。我要他告訴我究竟出了什麼事，以決定是否幫他帶信出去。他表示非常感激，然後硬塞給我二十英鎊，並問是否幫他。他說，那些紙幣對他沒什麼用處，因為他知道他在倫敦待不了幾天了。我接受了他給的錢。

「他告訴我許多關於他的事，關於他在清國正在做的工作，還有他幾次脫險的經歷。他讓我交一封信給康得黎醫生❷。那天晚上我設法回家了一趟，和妻子商量過後，我決定幫助他。

「這樣，我向康得黎醫生送了三次信，然後帶回康得黎寫在參觀證上的寥寥數語。康得黎醫生與英國外交部進行溝通，我告訴他，被釋放的時間指日可待。」

英國首相兼外相的索爾茲伯里大人❸獲悉此事後，馬格里即被傳喚。馬格里辯稱自己享有外交豁免權，英皇法令不能在外國使館生效。首相決定快刀斬亂麻，為施加影響，他說，「我與清國公使館八竿子打不著，但你是大不列顛的臣民，如果你不釋放這個人，你將吃不了兜著走（it will be worse for you）。」

威脅果然奏效，兩個蘇格蘭場（Scotland Yard）的人來到公使館，要求馬格里釋放被拘者。

馬格里把關押孫中山的房間鑰匙交給來者並示意樓上通往孫被關的樓道。孫中山很快就下樓成為自由人。在最後的這一幕，清國公使館的清國外交官沒有一人在場。

注釋

❶馬格里（Sir Samuel Halliday MaCartney, 1833-1906），英國人，後加入中國籍，字清臣。生於蘇格蘭，愛丁堡大學醫科畢業。一八五八年入軍醫部，隨英軍來華。不久辭職，任「常勝軍」司令白齊文（Henry Andrea Burgevine）的祕書，為時僅兩月。一八六三年加入淮軍，任砲隊教習，助李鴻章在上海、崑山、蘇州等地與太平軍作戰。一八六四年興辦金陵機器局。一八七五年七月，因在天津附近試放機器局所造水雷失敗，遭李鴻章撤職。一八七六年奉總理衙門之命，隨欽差大臣郭嵩燾赴倫敦，協助設立中國使館。從是年起至一九〇五年退休止，馬氏擔任大清國駐英公使館參贊達三十年。

❷孫中山獲救得力於其英國老師康得黎（James Cantlie）最多。一八九六年十月二日，孫中山在到達倫敦的第二天即拜訪康得黎夫婦。當時，滿清政府電令駐英公使館「不惜一切代價捉拿孫中山」。十月十一日是一個星期天，孫中山當街行走時被「強行夾入使館」。清國公使館根據密令，擬用七千英鎊高價租輪船將其祕密押送回國。危急時刻，使館英籍門衛柯爾向康得黎報險求救。康得黎即向警署和英國外交部報告，並約見記者詳細揭露事件始末。英國外交部經過調查後派六名警察守候在清國公使館門外，加以監視。十月二十二日，英國《環球報》（*Globe*）首先披露孫中山在倫敦被綁架事件，其他各報隨即以特大標題相繼報導。一八九六年十月二十三日，孫中山獲釋。

❸索爾茲伯里侯爵（Robert Cecil, 3rd Marquess of Salisbury, 1830-1903），英國保守黨領袖。曾三度組閣（一八八六～一八九二，一八九五～一九〇〇，一九〇〇～一九〇二），四次擔任外相，是十九世紀後期英國政界重要人物，也是最後一個主持英國政府的貴族政治家。

美國學者百森評中國時局

一九一二年一月十四日

商業統計學家百森❶先生就中國近況及對世界局勢影響回答了《紐約時報》記者的提問。他說：

「中國革命直到過去兩三個月才取得實質性進展。但是，這是西方人很長時間以來一直忽略的一系列中國國內事件演變的必然結果。在滿清專制統治下，民怨與日俱增，專制政府以及束縛中國數世紀的道德規範在西方文明光芒的照耀下轟然倒塌。一八五一年爆發的太平天國起義持續時間長達十二年之久，這是中國人民不滿專制統治的前兆。在這次起義中，太平軍攻佔了數個重要省分，甚至對上海展開攻勢。直到戈登將軍❷參與重組大清軍隊，才最終將起義鎮壓下去。

「一九〇八年，滿清皇室承諾成立代議制政府，他們保證在數年後建立代議制政府。一九一〇年十月，清廷組建了資政院，但這僅僅是一個諮詢機構。人民隨後要求成立真正的國會。這突然而至的請願對滿清皇室是一個巨大的震動，他們想方設法回避人民的這類請願，由此點燃了辛亥革命的導火線。

「革命爆發後，舉國響應，起義軍每到一地都勢如破竹，這深刻地表明了大清帝國的孱弱和中國人民的萬眾一心。

「西方輿論普遍認為這場起義取得的勝利僅僅是暫時的。但是，我認為這種觀點不正確。革命從一開始便進展順利，起義軍展現出了良好的戰略判斷力。顯然，這是一場現代化的戰爭。外國人的生命財產受到了很好保護，這是很重要的一點。事實上，各國列強一直在等待尋找藉口進行干涉，以此造成中國人最懼怕的事情，即瓜分中國。

「我們在土耳其曾催生了代議制政府的成立，這與中國目前的情形十分相似。現在，土耳其的政治制度正在經歷時間考驗，迄今為止，從各方面看都是成功的。

「顯然，中國目前的局勢正以一種系統、科學的方式向前發展，出現了一種帶有西方理想的政治模式。據說，已有十四個省宣佈擁護共和。滿清皇室方面，唯一值得考慮的個人因素是袁世凱，他被許多人認為是一個惟利是圖、貪得無厭的角色。孫中山先生已被選舉為新的共和國總統，雖然從形式上說，這更像是一個軍政府。這種情形將會持續下去，直到局勢變得穩定。

「接下來，如果各省軍閥不自立為王，而清軍戰鬥力在短期內又未得到質的改進，那麼，革命的結果必然是一個永久性代議制政府的誕生。

「另一方面，這種結果並不會在短短幾週或幾個月內出現。如果你沒到過中國，即難以想像她的幅員遼闊和與世隔絕。數億普通民眾對正在發生的革命一無所知。當他們聽說此事時，起碼是幾個月甚至幾年之後了。我們生活在發達的美國，根本想像不出在一個沒有鐵路、沒有電報、沒有報紙的國度裡，生活是什麼樣子。當然，中國部分沿海地區已擁有了這些現代通訊方式，但是還有數億中國人一輩子從來沒見過火車。

「因此，儘管我相信共和政府終將實現，但至少不是現在。建立這樣的政府並獲得西方列強的承認，起碼還需要好幾個月。另外，為了使得共和制獲得成功，一些人事更替勢在必行。伍廷芳先生也許是一個很好的新聞發言人，但我個人對他不抱任何信心。新政府若想獲得列強承認，國務卿必須是伍先生之外的其他人選。

「與蒙古的爭端仍然懸而未決。我從高層得到的消息，關於滿清政府將蒙古割讓給俄國一事並不屬實。滿清政府從來沒有也決不會將蒙古割讓給俄國。至於革命黨人向俄國人承諾了什麼，我無從知曉。退一步說，即使他們擁有將蒙古割讓出去的權力，我相信，美國、英國、法國和德國也決不會善罷甘休。」

注釋

❶百森（Roger W. Babson, 1875-1967）是美國著名創業家、教育家和慈善家，出生於麻塞諸塞州一個雜貨店老闆家庭。一八九八年從麻省理工學院畢業後加入波士頓一家投資銀行，一九〇一年感染肺結核，一九〇四年以一千二百美元起家創立百森商業統計公司（Babson's Statistical Organization）。一九一〇～一九二三年為《紐約時報》財經專欄作家。一九一九年創立蜚聲全球的百森商學院（Babson Institute，一九六九年更名為Babson College）。該院MBA連續十四年（一九九四～二〇〇七）在創業學領域超過哈佛、史丹佛等頂尖名校，排名全球第一，被公認為世界創業教育的領導者。

❷戈登（Charles George Gordon, 1833-1885），英國陸軍工兵隊軍官。一八五四年參加克里米亞戰爭。一八六〇年九月奉派來華，任英軍工兵隊指揮官，參與進攻北京和搶掠焚毀圓明園，旋回駐天津。一八六二年五月至上海，始與太平軍作戰。一八六三年繼白齊文之後為「常勝軍」統帶，配合淮軍進攻太平軍。因戰功卓著，先後被清廷授為總兵，得提督銜，賞穿黃馬褂。一八六四年十一月離滬返英，任皇家工兵隊肯特區司令官。一八七四年起在蘇丹、印度等英國殖民地擔任行政官。一八八〇年奉清廷召又來華，調停中俄「伊犁事件」。後為蘇丹起義軍擊斃於喀土木（Al Khurtum）。

滿清朝廷舉棋不定

一九一二年一月十八日

題記：清宮珍寶被賤賣，袁世凱差點遇刺身亡，西安滿族人慘遭屠殺。

北京一月十七日電：隆裕太后❶今天召集的御前會議沒有做出任何實質性的決定。由於總理大臣袁世凱身體微恙，關於清帝退位的話題被推遲到週五討論。

某些親王貝勒放出消息，稱清帝退位問題仍然懸而未決。在隆裕太后下一次御前會議時，將會召集一些朝廷要員一同參與討論。

北京和奉天（譯注：即瀋陽）皇宮中有許多珍寶待價而沽。眾多來自美國和歐洲的古董商們正在討價還價。紫禁城和其他一些小宮殿也在被用同樣方式逐漸掏空。清宮收藏的藝術珍品正被廉價處理掉。奉天是滿族入關前的首都，那裡的皇宮中有一個博物館，裡面保存著許多價值連城的稀世珍品。

今天，當局還逮捕了大批刺客，他們涉嫌合謀行刺總理大臣袁世凱。有一名官員和一名士兵在這次襲擊中被炸身亡❷。

上海的商會已向前攝政王載灃和袁世凱提出呼籲，請他們敦促朝廷儘快制定安撫方案，以穩定民心，恢復秩序，直到國會召開會議確定中國未來政體。他們在陳情書中指出，大清王朝在華南、華中及西部各省的統治已經終結，再繼續掙扎下去只會進一步損害中外商人的利益，並且危及中外居民的生命和財產安全。在陳情書中，他們還主張與獨裁勢力斷絕關係，並儘快建立一個臨時政府。

由英國「拓荒者聯盟」（British League of Frontiersmen）成員索爾比上尉（Capt. Sowerby）率領的遠征救援團（relief expedition）剛剛回到北京。他們在內地經歷了許多令人毛骨悚然的事件[3]。遠征救援團的成員發現，陝西、山西和河南都已陷入無政府狀態，土匪和革命黨簡直就是一丘之貉，沒什麼分別。而且保皇黨人也是同樣的目無王法。他們說，在一些地區，幾乎沒有婦女能夠倖存下來，村鎮變成廢墟，民眾紛紛躲進深山，藏在山洞中保命。

西安發生恐怖事件。一夥暴徒圍攻了北歐傳教士貝克曼（Beckman）建立的教會學校。貝克曼牧師受重傷後逃往漢口，他的妻子已被殺害。學校建築的三面牆壁被燒毀，暴徒們用鐵鏟、刀斧粗暴殘殺四處逃命的兒童。城門被關閉了四天，暴徒們殺害了上萬名滿族人[4]。

遠征救援團的成員認為，外國政府應該命令所有外國人立即離開中國。然而，一些頑固的傳教士在得到官方命令前，卻拒絕離開他們的崗位，他們愚蠢地以為，只有這樣才是克盡職守。

注釋

❶ 即清德宗光緒皇后葉赫那拉氏，名靜芬，同治七年（一八六八）生，其父為慈禧之弟、副都統桂祥。光緒十四

年（一八八八）被慈禧太后欽點成婚，次年立為皇后。慈禧挑選她為光緒皇后，是希望由自己的親姪女監視光緒帝，因此備受夫婿冷落。光緒病逝（一九〇八）後被尊為皇太后，上徽號「隆裕」。慈禧遺旨：「嗣後軍國政事，均由攝政王裁定，遇有重大事件，必須取皇太后懿旨者，由攝政王面請施行。」隆裕太后垂簾聽政。宣統三年十二月二十五日（一九一二年二月十二日）頒佈《清帝退位詔書》。隆裕太后於一九一三年二月二十二日去世，享年四十六歲，與光緒帝合葬崇陵（河北易縣清西陵）。袁世凱通電弔唁，全國下半旗致哀。

❷一九一二年一月十六日上午，袁世凱在紫禁城參加完御前會議後出來，馬隊快要行進到東華門外大街和王府井大街路口處時，突然有三枚煉乳罐大小的炸彈向他扔來。因袁世凱的馬車走得快，第一枚和第二枚炸彈落在馬車後，炸傷了袁的衛隊和馬匹，有二十多人受傷，其中袁的侍衛管帶袁金標送醫不治。第三枚炸彈沒有炸。刺客扔完炸彈後逃進三順茶館，十人被捕，張先培、黃之萌、楊禹昌三人因當場被搜出武器，於次日遭處決。

❸詳見本篇一九一二年六月九日的報導〈西安撤僑歷險記〉。

❹一九一一年十月十日武昌起義爆發。十月二十二日清晨，西安同盟會、新軍、哥老會首領祕密決定起義。起義軍很快佔領軍械局，繳獲大批武器和彈藥，並相繼攻佔巡撫衙門和藩庫。當晚，起義軍在軍械局設立總司令部，定名為「秦隴復漢軍」，張鳳翽為大統領，通電響應武昌起義。西安滿城是滿軍駐防和滿人家屬居住地，城高牆堅，易守難攻。在這次激烈戰鬥中，滿城內大量建築被轟塌、焚毀，滿人被殺或逃散。據英國駐華公使朱爾典（Sir John Newell Jordan）一九一一年十二月九日自北京致英國外相格雷爵士（Sir Edward Grey）電：「今日，漢口代總領事來電如下：我今天收到西安府的英國傳教士邵滌源（A. G. Sharrock）先生十一月十一日的來信，該信說，西安府的滿人幾乎已被殲滅淨盡。」格雷十二月二十九日再收到朱爾典函稱：「關於

陝西省城西安府所演悲劇的可靠消息，終於傳到了北京。所有滿人都被殺，滿城全遭破壞。」

中國危機牽動遠東政治格局

一九一二年一月二十一日
斯蒂芬・邦斯爾（Stephen Bonsal）

關於中國時局並無什麼轟動新聞。事態的發展如冰山一般冷峻。每個事件在數週甚至數月前便有謠傳，而最後也總會如期發生。當然，我指的是中國觀察家們最害怕發生的事。

美軍第十五步兵營正開往秦皇島

時局的最新態勢不算太糟，並且仍然廣受關注。目前，美國軍隊已作為聯合干預力量的一部分開進華北，並表明了我們的立場——根據條約義務，我們不能對此置之不理，直到社會治安恢復穩定，政府重新控制事態，無論誰是執政者。

「羅根號」（Logan）運載的美軍第十五步兵營和機槍營將在黃海和直隸灣❶上顛簸四天，趕在相關鐵路沿線失控前抵達秦皇島，下船登陸。他們雖然不是戰無不勝的部隊，卻是整個美軍的代表。並且，隨後將會有更多部隊從馬尼拉和其他地區抽調過來，直到中國錯綜複雜的局面徹底平息。

當然，我們將軍隊派往華北並不意味著這是一段輕鬆愉快的經歷，反之，所有人都明白，這是一個冒險之旅。但我們這樣做，僅僅是為了履行我們的條約義務，並且糾纏著諸多複雜因素。當義和拳運動被鎮壓後，西方列強與中國政府重建友好外交關係，雙方就新的交往方式達成一致，以預防圍攻公使館以及阻礙中國首都與港口間道路的情形再次發生。

而列強之間也簽訂了正式協定，就出現危險徵兆時如何重新劃分通往港口的要塞達成一致，並規定了各自派遣軍隊的數量。其中最重要的一點是，中國政府必須同意接受外國干涉，以及在必要時視列強為唯一仲裁者這一恥辱性事實。介入干涉時機從來不容易把握，而武裝干涉終止的時機、形式以及理由，在過去、現在和將來，都是一件處理起來極為棘手的事情。

武裝干涉就像是跳進一個黑暗陷阱

無論詭辯家如何抵賴，我軍在中國出現，都是一種干涉，而且是一種武裝干涉。我們將被迫在這條路上走多遠，或者我們將被拖入泥潭多深，作為對未來事件進程無法知曉的人，都無從斷言。干預從來就像是跳進一個黑暗陷阱，什麼時候能重見光明，沒有人可以預言。事情逐漸向前進展，公使館的保衛力量不斷得到加強，外國的軍隊不斷進入中國海岸沿線的特許區域，直到幾乎達到義和拳運動時的數量。

列強之間的相互關係很不明朗，而中國國內局面也無大的改觀。所有試圖達成對立雙方和解的嘗試都由於自身原因而以失敗告終，哪怕是取得暫時的和解。滿清皇室不願意放棄政權，革命黨人也未能奪權，土匪四起，所有中國人都被激起了排外情緒，這也是合乎情理的。從某種程度上說，即使沒有條約義務，我們也有正當理由派兵保護受到威脅的僑民。其他將要聯合出兵的列強也是出於同樣目的，雖然現在仍待確定。

這便是當前確實面臨的困難。出兵時機仍未確定，至於地點及方式更未確定。聯合出兵佔領華北以及通往北京各個要塞的危險性和它的必要性一樣明顯。一旦革命黨人持續北上，危險便與日俱增。和過去一樣，想要區分中國的愛國志士與土匪是極端困難的；而對於中國人來說，想要區分維持治安、保護同胞生命及財產安全的外國士兵以及趁火打劫、火上澆油的洋人，同樣困難。

如果中國人可以保持足夠冷靜，關注危及他們個人以及國家存亡的大事，他們現在應該向列強示以極大的讚賞和敬意，正如東京的半官方媒體與俄國外交部之間一樣，而非整天為建立真正的共和制或是君主立憲制而傷腦筋。

對日俄而言，中國北方的命運已經決定

東京的報紙主筆今天將俄國對於蒙古的所謂擴張視為再自然不過的事情。他們說，這不過是白種人的負擔，俄國人需要在蒙古人、親王、喇嘛和駱駝之間維持秩序。簡而言之，他們必須維護俄國的和平。

隨後，俄國的報紙主筆在這場恭維競賽中，以俄國人的隱晦方式回應說，在中國當前的混亂

局面下，正是先進文明國家隨時準備伸出援手之時。他們相信日本會完成應盡的文明義務，並鼓吹日本將關東——滿清攝政王的必爭之地作為她的活動範圍。俄國的報紙主筆說，日本人非常了解當地情況，他們的干預必將皆大歡喜，而且告誡他們曾經的敵人同時也是現在的朋友，應做好充分準備，以防止在中國未來的複雜局面中猝不及防。

所有這些言論都是暗流湧動、意味深長。如果它們想表達什麼，那便是對日本和俄國而言——他們當然是對此非常關注的——中國北方的命運已經決定。這一決定看起來不會是實行共和制或者君主制，甚至不可能是「門戶開放」。一八九五年，當時的俄國艦隊被日本人認為是不可戰勝的，俄國人執行沙皇的命令，將日本趕出關東。當然，這個事實使聖彼得堡的報紙主筆現在向日本發出的邀請顯得十分有趣，對於中國來說也更加凶險。

革命、戰爭與金錢

當前，中國內戰雙方陷入僵局，是對世界和平的巨大威脅，也是對列強試圖避免中國分裂的巨大干擾。顯然，這一僵局主要是由於革命黨與滿清陣營雙方對金錢的需要及缺乏互信。

發動革命，或保衛皇室，僅僅是發動戰爭的形式。戰爭需要資金，需要巨額資金。孫中山在電報中宣稱，他準備率領十萬或百萬大軍向首都挺進，雖然數字可能有差別，然而在此險惡形勢下，如果沒有巨額貸款支持，他不可能從陸路或水路向北方挺進；而滿清皇室，無論有無俄國支持，正準備誓死守衛北京，但是他們的守衛也亟需軍火，如果沒有巨額貸款，便不可能購買軍火。

非常熟悉金融業務的南京臨時政府外交總長伍廷芳，一直負責經辦列強借款的到期通知。新成立的民國政府並不了解他們此時對於資金的急迫需要。革命黨人保險櫃中的資金流量看起來正在迅速減少。

革命已取得巨大成就，這主要依靠海外華人捐款，特別是來自馬來半島、海峽殖民地❷、泰國和爪哇居住的華人捐款。在那裡，他們已獲得可觀的財富，掌握了成熟的商貿管理模式，而這些正是中國國內所缺乏的。即使如此，革命黨人的資金現也斷流。

革命黨人和所有外行一樣顯得過於樂觀了，他們低估了革命的成本。他們取得的驚人成就可以吸引更多捐款，資金無疑會源源而來，但與此同時，無價的寶貴時機也隨之錯失。

另一方面，滿清皇室擁有資金，但並不情願用皇家財富來進行一場未知的軍事冒險。作為特權階級，他們的小心謹慎不足為奇。在過去三百年裡，他們一直享受著國家補貼，突然間他們發現有一股不可阻擋的洪流將在未來剝奪他們的特權。現在的問題是，滿清皇室是否應用積蓄作為賭注來換取未來繼續享有補貼的特權，或是在萬不得已時放棄他們的補貼，依靠三百年來積累的財富有節制地生活下去？當然，他們非常痛恨袁世凱，袁似乎已將他們的退路毀掉，而直到最近，他還一直保持著與革命陣營的接觸。

滿清皇室都是識時務之人，他們意識到他們的利益永不可能與這位總理大臣（以及未來的掌權者）保持一致。如果事成之後一切都可以維持原狀，全世界三分之一的人繼續將其勞動所得上貢給這些不勞而獲的人，那麼無疑他們願意動用他們的資本來賭一把。但是，如果舊體制一去不復返，並且袁世凱對此抱有和孫中山同樣堅定的決心，那麼對於精明的滿族人來說，為什麼要將資本在這裡押寶呢？

列強瓜分計劃任何時刻都可能實施

所以，今天的情形與近代中國發生的歷次危機如出一轍，所有關注點都集中於能否獲得外國貸款。英國的態度受人詬病，普遍認為英國人反對本國或其他國家向滿清政府發放貸款。無論這一舉動是否公正，時間及事態進展將說明一切。

英國的代表坦言反對貸款，而袁世凱認為這是幫助他維護社會治安、挽救中國於水火的必備條件。英方的想法可能僅僅出於不願讓本國人民遭受財產損失，或者他如同許多人一樣知道，從伊格那提業福[3]和喀西尼[4]擔任俄國駐華公使的時代開始，滿清皇室便已打算將中國利益賤賣給俄國，這項交易只需一點資金即可掃清道路上的一切阻礙。

讓我們像許多人一樣猜測一下，一項完美的協定已在俄國外交部遠東局與滿清代表之間達成：在蒙古親王和大喇嘛的默許下，蒙古和土耳其斯坦（Turkestan）將尋求俄國庇護，儘管他們目前還是中國領土，但是分裂似乎迫在眉睫，不可避免；而作為回報，俄國將同意保留滿族在中國的統治權，或僅僅是黃河以北地區的統治權。

正如車輪需要不斷注入潤滑油一樣，這項交易沒有資金支持便無法實現。那麼，英國或者其他西方列強憑什麼要為此提供資金呢？

當然，聖彼得堡和東京的新聞界可能是對的，英國只是在耍陰謀詭計妄圖渾水摸魚，但未來的事態將證明，玩弄這種詭計並非明智之舉。

除非英國人確信，共和方案的實現意味著和平，至少是相對的和平，並且在中國成為各方共識，否則，她為什麼要支持共和呢？

英國對中國施加商業和政治影響的範圍主要集中在長江流域。在這一區域，她在重大事件中擁有的權利和職責早已被列強認可。近年來，當瓜分中國的計劃看起來快要進入實施階段時，英國便會在長江流域調集軍艦、駐紮重兵，對一切可能的抵抗進行震懾。

今天，共和的觀念在長江流域已深入人心。無論其他偏遠省分在逐漸失控的情況下將如何發展，共和制度將在這裡長久存在，甚至永遠存在。如果說英國人想從中國撈取油水，那麼他們拒絕對北京進行經濟援助，從而客觀上幫助了中國意志最堅定、最有能力抵禦列強分裂中國的革命軍，便顯得十分奇怪了。

當然，如今成千上萬的外國軍隊駐紮在中國領土上，保衛自己的地盤。當年的瓜分計劃再度復活，任何時刻都有可能付諸實施。

當前局勢最糟糕的一點在於，當列強各懷鬼胎之時，這一天便會很快來臨。而西方世界對中國從來都不是大公無私的。我們可以預見到一個比大清帝國土崩瓦解還要糟糕的結果。當那一天來臨時，這個傳奇的王朝便會黯然退出歷史舞臺。

這一天將會很快到來，讓列強瓜分這樣一個窮兵黷武的中國，是這道難題最容易接受、危險性最小的解決辦法。當西方世界在中國問題上短視之時，上述情況便極有可能出現。但是他們對待中國什麼時候目光長遠過呢？

英國的消極與日本的野心

現狀與一九〇〇年義和拳被鎮壓後的遠東局勢非常相似，華北被控制在八國聯軍的掌心裡。但是，從這個角度看，中國被瓜分以及世界大戰爆發的危險遠大於當年。彼時，義和拳被鎮壓過後，就像初春的小雪一樣消失得無影無蹤，隨後留下了一個非常高效率的政府，與西方世界恢復貿易往來。

這與今天的局面完全不同。現在，有些省分還在滿清統治之下，而有些省分建立了革命臨時政府，還有近一半省分沒有任何政府機構。毋庸置疑，混亂無序在逐步蔓延。一九〇〇年，美國在英國和日本協助下，粉碎了列強公開或者私下制定的各種瓜分計劃。他們確立了相關方案，在此秩序下，我們正常運轉了十二年。但是現在，這些勢力無法再次聯合反對可能出現的瓜分計劃。由於中國各方一團混戰，為避免自己的地盤受損，臨時或者永久性瓜分方案可能成為現實。

日本的態度已完全改變。她以「門戶開放」為幌子，接管了朝鮮、臺灣以及滿洲地區，並變成其商業保留地。她顯然與俄國步調一致，他們之間的默契可能在某天通過讓人震驚的聯合行動表露出來。俄國對蒙古的控制僅僅是這一系列驚人行動的開端，這些舉動必將完全改變遠東局勢。

英國的處境與先前也相差甚遠。並不是說她的想法或政策將會有所改變，而是她現在的政府沒有一絲願望去發揮他們十年前在中國信手拈來的強大影響力。英國國內嚴重的社會問題使得政府疲於應付，而印度形勢更讓自由黨政府無暇顧及蘇伊士運河以東區域的任何其他事件。

日本有很強的動機去制定未來對華政策，日本帝國如能在中國分到一塊大蛋糕，那麼其瓜分計劃便不會縮水。除非日本能從商業上完全控制中國，或者至少是大部分地區，否則她不可能繼續保持世界強國地位。日本國內資源太過貧乏，根本不足以支撐其軍事機構。一八九五年，通過從中國搜括的數百萬戰爭賠款，日本躋身於列強之林。今天，在此關鍵時刻，她想繼續鞏固自己在遠東的霸主地位，而為她埋單的依然是中國。

注釋

❶即渤海灣。位於渤海的西部，山東半島之北，灤河、沽河、黃河皆入於此灣。一九二八年六月二十日，國民政府中央執行委員會政治會議議決，直隸省改為河北省；次年二月七日，河北省政府依令將直隸灣更名為渤海灣。

❷海峽殖民地（Straits Settlements）是英國在一八二六年至一九四六年間，對位於馬來半島三個重要港口和馬來群島各殖民地的管理建制。最初由新加坡、檳城和馬六甲三個英屬港口組成，因此當時被華人稱為三洲府。

❸伊格那提業福（Count Nicolai Pavlovitch Ignatieff, 1832-1908），陸軍出身，一八五六年起進入俄國外交界，

一八五九年以駐華公使資格到北京，翌年一月始被任命，五月接到訓令。一八六一年卸任離華。

❹喀西尼（Count Arthur Pavlovitch Cassini, 1835-?），一八五五年起進入俄國外交界，一八九一～一八九七年任駐華公使。

孫中山接受美聯社採訪

一九一二年一月二十三日

南京一月二十二日電：「我一直以來都堅信這次革命運動是正義的，它必將成功。中國所有各省都從道義上、物質上和財政上予以支持。」孫中山大總統今天在接受美聯社採訪時發表上述談話。

大總統說明了民國與清廷的最新談判，並坦率談到中國現狀。他言語中透出堅定的信心。對於西方各國駐北京使團不了解中國南方政權的真實情況，鼓勵清廷頑固抵抗民國政府的行徑，大總統表示憂慮，他堅信，清廷交出政權是大勢所趨。

孫中山說，「如果中華民國無法建立穩定政權並重建國內和平，責任在北京的清廷。清廷的袁世凱總理向我們確認，最近清廷接受了我們的條件。南北最終將實現停戰。為了確保和平，我要求民國各省省長同意，一旦清帝宣佈退位，他們就選舉袁世凱為民國總統。各省在經過一番猶豫後，最終表示同意。袁世凱完全清楚此事。

「我同意去北京與袁世凱商談最終協定。這之後我收到北京方面的電報，要求民國政府在清帝宣佈退位後兩天內解散。

「袁世凱顯然下定決心要在北京建立自己的政府，並且得到了外國政府的支持。他準備無視民國政府，並撕毀原來達成的協定。

「各省省長、南京參議院和革命軍將領都堅決反對。我們改變方案，要求袁世凱放棄追求皇權，而且外國政府必須在袁世凱當選為總統前承認中華民國。

「如果袁世凱不願等到列強承認中華民國後再當選，我可以前往北京與他探討解決方案，或者他也可以來南京。我並不害怕北京方面的干擾，我們也歡迎袁世凱來南京，並保證他的安全。

「這是一個自由開放的協定，目的完全是為了中國人民未來的和平和福祉。推遲協定意味著更多犧牲和痛苦，國家將持續動蕩。

「除非清廷接受條款，否則我們決不可能再提出類似條件。現在我們決不會解除武裝，中國也決不可能再回到清廷專制時代了。

「我們決不會屈從於清廷或是袁世凱的獨裁統治。全國十五個省都掀起了共和運動，有三億五千萬中國民眾堅定支持共和，反對滿清統治。河南、山東和直隸三省也是我們的支持者。原來效忠袁世凱的清軍現在實際上都是共和派，他們都將適時加入我們的隊伍。

「我們控制了除天津和牛莊（譯注：即營口）之外的所有條約口岸，那兩個港是冰封的。事實上，民國政府保護了絕大多數外國人和外國財產。中國人民每天都在問，為什麼各國不即時承認我們呢？中國人民擔心，北京一些外國使節要挑動外國干涉，這一陰影籠罩全國，中外人民都為此感到憂慮。

「列強各國，尤其是美國不斷重申對中國的友誼。我們願以善意待之，保證遵守清廷與各國簽署的所有協定，並履行門戶開放義務。

「恐怕現在中國人民不得不認為，西方列強是清廷的朋友和支持者。北京的現狀並不是全中國的現狀，但我們卻覺得，歐美各國政府更認同北京。」

孫中山大總統顯然期望得到歐美列強中某國的率先承認。與此同時，革命軍仍在向長江以北推進。估計現在革命軍約有十萬之眾。

南京政府正在制定國家發展計劃。教育部已擬出計劃草案，臨時憲法也即將完成。

袁世凱祕密覲見隆裕太后

一九一二年一月二十四日

北京一月二十三日電：清國總理大臣袁世凱今晨祕密進宮覲見隆裕太后，對她要求恢復武裝行動的意見表示支持。他希望滿清皇族彼此消除異見，為武裝行動籌集經費❶。同時，他建議先按兵不動，靜觀革命局勢進展。

袁世凱關於等待叛軍進攻的意見並不為較年輕的親王貝勒們認同，他們希望能夠用武力警告北京。此間不斷有消息報導，稱負責兵諫的滿族將軍良弼❷主張殺掉袁世凱，他認為袁的影響力太強，決不能允許他離開首都。

袁世凱預見到自己可能遭遇的危險，因而採取了嚴密的防備措施。他從保定緊急調集的一千名新軍預計今晚到達北京，這使得袁直接掌握的兵力達到四千人。與之相抗衡的是兵力約一萬二千人的滿清禁衛軍。

然而，即使是最魯莽的親王貝勒，人們也很難相信他會捕殺袁世凱，這無疑將導致滿清皇族的滅頂之災，因為整個華北新軍都只效忠袁世凱。

袁世凱今天授權美聯社發表如下聲明：

「本人所有行為的出發點只有一個，即為了全中國老百姓的最大利益，而非革命黨人的利益或者擁護帝制的那些人的利益。本人從不為一己私利出發，希望能夠繼續擔任總理大臣，直到可以創建國會，選舉產生議員，或者為大多數中國人探索出一條合適而正確的出路。

「考慮到革命黨領袖的態度，普選看起來不可能完成。因此，希望能夠儘快創立某種形式的負責任的政府，為中國人民帶來和平。如果任何人有能力並且願意為全中國人民的利益尋找出路，他願意辭職並且移交政府權力。

「此間一些外國使館督促本人負起責任，希望本人繼續主持國政，這表明他們對現政府是擁有信心的。」

另據《字林西報》❸今日報導：「隆裕太后對昨日御前會議上宗室諸王和滿族大臣們的意見經過慎重的考慮權衡後，認為恢復武力行動是解救當前局面的唯一方案。」

注釋

❶袁世凱復出後上奏隆裕太后，稱「庫空如洗，軍餉無著」，不能對革命軍開戰，步步緊逼，要求清廷籌措軍餉。一九一二年一月十六日，袁奏：「環球各國，不外君主、民主兩端，民主如堯舜禪讓，乃察民心之所歸，迥非歷代亡國可比，……讀法蘭西革命之史，如能早順輿情，何至路易之子孫，靡有孑遺也。……我皇太后、皇上何忍九廟之震驚，何忍乘輿之出狩，必能俯鑒大勢，以順民心。」勸隆裕太后同意清帝退位。

❷良弼（一八七七～一九一二），字賚臣，愛新覺羅氏，滿洲鑲黃旗人。曾留學日本，入士官學校步兵科。畢業

回國後入練兵處，旋任陸軍部軍學司監督副使，升司長。一九〇八年十二月禁衛軍成立，任第一協統領兼鑲白旗都統。良弼素有大志，以知兵自詡，參與了清廷一系列振武圖強的軍事活動，與鐵良等被稱為清季幹將。一九一一年十月武昌起義爆發後，堅決主張鎮壓，反對起用袁世凱。十二月調任軍諮府軍諮使。一九一二年一月與溥偉、鐵良等皇族成員合組「宗社黨」，被推為首領，反對與革命軍議和，反對清帝退位。同月二十六日，被四川武備學堂畢業生彭家珍炸傷，二十九日死於醫院。

❸《字林西報》（*North China Daily News*）的前身為《北華捷報》（*North China Herald*）。道光三十年六月二十六日（一八五〇年八月三日），由英國拍賣商人奚安門（Henry Shearman）在上海創辦並自任主編，是在中國出版歷史最久、當時最有影響的英文報紙，每週發行一份，主要讀者是外國在華外交官、傳教士和商人。同治三年五月二十八日（一八六四年七月一日），因船舶及商業類材料日多，乃另出英文日報《字林西報》，而《北華捷報》轉成《字林西報》的星期日附刊。一九五一年三月三十一日，《字林西報》停刊。

清帝宣佈退位

一九一二年二月十三日

北京二月十二日電：滿清王朝統治中國近三百年後，其年幼的末代皇帝溥儀於今天宣佈退位。

清廷今天發佈三份詔書。第一道詔書宣佈退位，第二道詔書論及共和政體的建立❶，第三道詔書號召維持和平局面，並同意總理大臣袁世凱與南京民國政府達成的協定❷。

宣統皇帝退位詔書如下：

朕欽奉隆裕皇太后懿旨：前因民軍起事，各省響應，九夏沸騰，生靈塗炭，特命袁世凱遣員與民軍代表討論大局，議開國會，公決政體。兩月以來，尚無確當辦法，南北睽隔，彼此相指，商輟於途，士露於野，徒以國體一日不決，故民生一日不安。今全國人民心理多傾向共和，南中各省既倡議於前；北方諸將亦主張於後，人心所嚮，天命可知。予亦何忍因一姓之尊榮，拂兆民之好惡。是用外觀大勢，內審輿情，特率皇帝將統治權公諸全國，定為共和立憲國體。近慰海內厭亂望治之心，遠協古聖天下為公之義。

袁世凱前經資政院選舉為總理大臣，當茲新舊代謝之際，宜有南北統一之方。即由袁世凱以全權組織共和政府，與民軍協商統一辦法。總期人民安堵，海宇乂安，仍合漢滿蒙回藏五族完全領土為一大中華民國，予與皇帝得以退處寬閒，優游歲月，長受國民之優禮，親見郅治之告成，豈不懿歟！

欽此。

在昨天覲見中，隆裕太后對袁世凱為爭取皇室優待所作的努力表示感謝。退位詔書的頒佈，對於身處北京的中外人士而言，都是極大的寬慰。詔書的措辭被認為是有技巧的妥協，人們相信民國政府將對其內容感到滿意。該詔書還將透過各國駐北京公使館傳遞給各國政府，在全世界為民國政府的保證留下記錄。

作為對退位詔書的回應，民國政府發佈《清帝退位後優待之條件》：

一、大清皇帝辭位之後，尊號仍存不廢，中華民國以待各外國君主之禮相待；

二、大清皇帝辭位之後，歲用四百萬兩，俟改鑄新幣後，改為四百萬元，此款由中華民國撥用；

三、大清皇帝辭位之後，暫居宮禁，日後移居頤和園，侍衛人等，照常留用；

四、大清皇帝辭位之後，其宗廟陵寢，永遠奉祀，由中華民國酌設衛兵，妥慎保護；

五、德宗崇陵未完工程，如制妥修，其奉安典禮，仍如舊制，所有實用經費，均由中華民國支出；

六、以前宮內所用各項執事人員，可照常留用，惟以後不得再招閹人；

七、大清皇帝辭位之後，其原有之私產，由中華民國特別保護；

八、原有之禁衛軍，歸中華民國陸軍部編制，額數俸餉，仍如其舊。

至於皇室是否將永遠存在，或者現在的皇帝死後是否中止大統等問題，詔書中並未提及。

此外，民國政府對於皇族待遇做出如下四項承諾：

一、清王公世爵，概仍其舊。

二、清皇族對於中華民國國家之公權及私權，與國民同等。

三、清皇族私產，一體保護。

四、清皇族免當兵之義務。

此外，民國政府關於滿、蒙、回、藏各族待遇做出了如下七項承諾：

一、與漢人平等。

二、保護其原有之私產。

三、王公世爵，概仍其舊。

四、王公中有生計過艱者，設法代籌生計。

五、先籌八旗生計，於未籌定之前，八旗兵弁俸餉，仍舊支放。

六、從前營業、居住等限制，一律蠲除，各州縣聽其自由入籍。

七、滿、蒙、回、藏原有之宗教，聽其自由信仰。

隆裕太后在第三道詔書的結語說，「重睹世界之昇平，胥享共和之幸福，予有厚望焉。」

第二道詔書描述了滿清皇室退位的原因，「無非欲先弭大亂，期保乂安。此正朝廷審時觀變，痌瘝吾民之苦衷。」

詔書又說，「若重啟無窮之戰禍，則大局決裂，殘殺相尋，勢必演成種族之慘痛。」它命令北京的將領們維護治安，並且向人民解釋這是「朝廷應天順人」。它昭告內閣和各省督撫繼續行使權力，承擔職責，以體現出皇室對黎民百姓永遠的關愛。

北京當局強化了軍事警備，但首都並未發生動亂。然而，人們普遍認為國內即將發生動亂。由張勳將軍率領的清軍洗劫了安徽省徐州府之後，搶到大批戰利品和武器彈藥，已經散去大半。

在美國傳教士的要求下，美國巡洋艦「辛辛那提號」（Cincinnati）已經從上海駛往山東的登州府（譯注：今蓬萊市）防止亂軍洗劫。因為民軍被清軍打敗後，正在撤離。而失去指揮的清軍正四處燒殺搶掠。

此間的外交人士認為，第一波革命浪潮已經結束，但他們擔心第二波革命浪潮將帶來更具災難性的後果。

北京的各個公使館將與袁世凱政府進行非正式接洽，直到民國政府被完全承認，這一承認將以內閣的組建為標誌。除袁世凱外，清帝退位詔書僅有一位內閣總長簽署，其他五個職位仍然空缺。其中有三席，人們普遍認為將分別被總理大臣的上海談判代表唐紹儀、中華民國臨時政府司法總長伍廷芳、中華民國臨時政府財政總長陳錦濤佔據。

漢口的義軍領袖黎元洪將軍之前已被孫中山任命為南京臨時政府副總統，他很有可能出任新內閣的陸軍總長。而孫中山先生的職位目前尚未確定。

注釋

❶第二道詔書，內容如下：「朕欽奉隆裕皇太后懿旨：古之君天下者，重在保全民命，不忍以養人者害人。現將新定國體，無非欲先弭大亂，期保乂安。若拂逆多數之民心，重啟無窮之戰禍，則大局決裂，殘殺相尋，勢必演成種族之慘痛。將至九廟震驚，兆民荼毒，後禍何忍復言。兩害相形，惟取其輕。此正朝廷審時觀變，痌瘝吾民之苦衷。凡爾京外臣民，務當善體此意，為全局熟權利害，勿得挾虛憍之意氣，逞偏激之空言，致國與民兩受其害。著民政部、步軍統領姜桂題、馮國璋等嚴密防範，剴切開導。俾皆曉然於朝廷應天順人，大公無私之意。至國家設官分職，以為民極。內列閣府部院，外建督撫司道，所以康保群黎，非為一人一家而設。爾京外大小各官，均宜慨念時艱，慎供職守。應即責成各長官敦切誡勸，勿曠厥官，用副予夙昔愛撫庶民之至意。」

❷第三道詔書，內容如下：「朕欽奉隆裕皇太后懿旨：前以大局阽危，兆民困苦，特飭內閣與民軍商酌優待皇室各條件，以期和平解決。茲據覆奏，民軍所開優禮條件，於宗廟陵寢永遠奉祀，先皇陵制如舊妥修各節，均已一律擔承。皇帝但卸政權，不廢尊號。並議定優待皇室八條，待遇皇族四條，待遇滿、蒙、回、藏七條。覽奏

尚為周至。特行宣示皇族暨滿、蒙、回、藏人等，此後務當化除畛域，共保治安，重睹世界之昇平，胥享共和之幸福，予有厚望焉。」

袁世凱全票當選總統

一九一二年二月十六日

南京二月十五日電：臨時參議院❶今天下午一致選舉袁世凱為民國大總統。參議院決定，民國臨時首都定在南京，但大多數議員同意將首都臨時搬遷至北京，以便袁世凱舉行就職典禮。

參議院接受孫中山辭去臨時大總統一職，但要求孫中山和內閣留任至新總統和新內閣就職為止。

孫中山大總統遞交辭呈的場面非常感人。他在辭呈中寫道：

此次清帝遜位，南北統一，袁君之力實多，發表政見，更為絕對贊同（共和），舉為公僕，必能盡忠民國。且袁君富於經驗，民國統一，賴有建設之才。故敢以私見貢薦於貴院，請為民國前途熟計，無失當選之人，大局幸甚！

參議院通過決議，向孫中山的決定致敬。其中一部分寫道：「歷史上從未有如此純粹的自我犧牲。正是由於孫中山大總統的誠實和偉大，我們才贏得了北方支持。」

袁世凱拒絕來南京，引起國會一些反對之聲。而後又有消息稱，袁世凱正尋求外國駐北京使團的承認，而且已得到一些積極回應，這讓南京政府更感不快。

舊金山的中華商會昨天收到電報，通告孫中山已辭去臨時大總統一職，袁世凱當選為繼任大總統。各地紛紛懸掛民國國旗以示慶祝。明天是孔子誕辰二千四百六十三年，舊金山的唐人街也在歡慶新的共和國的誕生。

注釋

❶臨時參議院是在正式國會成立之前的臨時機構，一九一二年一月二十八日在南京開幕。林森為議長，王正廷為副議長。四月二日臨時參議院議決臨時政府遷至北京，四月四日議決該院遷至北京。四月二十九日在北京行開院典禮。五月一日，參議院改選議長，選吳景濂為正議長，湯化龍為副議長。一九一三年四月八日，第一屆國會在北京召開，臨時參議院從此走入歷史。

民國組成新內閣

一九一二年三月三十日

南京三月二十九日電：袁世凱總統的代表、內閣總理唐紹儀❶今天收到孫中山大總統交出的總統印璽。同時，新內閣名單正式公佈。

國會大樓舉行了盛大的慶祝儀式。大廳內擠滿了國會議員和民國政府高級官員。孫中山、唐紹儀與即將卸任的內閣成員站在主席臺上。儀式還邀請了一些外國人。

孫中山交出總統印璽後發表了一個聲明，請國民支持新政府。唐紹儀總理簡要介紹了新一屆政府的施政方略。

新內閣成員名單如下：

內閣總理：唐紹儀
外交總長：陸徵祥
財政總長：熊希齡
海軍總長：劉冠雄

陸軍總長：段祺瑞
司法總長：王寵惠
交通總長：梁如浩
工商總長：陳其美
內務總長：趙秉鈞
教育總長：蔡元培
農林總長：宋教仁

唐紹儀總理說，希望迅速恢復國家和平、發展商業、發展與各國外交關係。唐稱，政府預算為二百一十四萬兩白銀（約合一百五十萬美元），其中五十萬兩白銀（約合三十五萬美元）將為軍事開支。

注釋

❶唐紹儀，字少川，廣東香山（今中山市）人，一八六二年生。為避溥儀諱，曾改名紹怡。自幼隨父到上海讀書，一八七四年官費留學美國，由中學升入哥倫比亞大學文科，一八八一年歸國，旋入天津水師學堂附設洋務學堂繼續學習。一八八五年至天津稅務衙門任職，隨後被派往朝鮮辦理稅務，旋調西文翻譯，一八八九年底任龍山商務委員（即駐朝鮮漢城領事），得駐朝鮮大臣袁世凱賞識。一八九五年入天津小站，助徐世昌負責「新

建陸軍」營務處。一八九六年出任駐朝鮮總領事。一八九九年冬，以道員銜隨袁世凱赴山東辦理商務和涉外事宜。一九〇一年升任津海關道。一九〇四年以全權大臣身分兩度與英國代表交涉西藏問題，一九〇六年簽署《續訂藏印條約》，使英國確認中國對西藏的領土主權。其後歷任外務部右侍郎，滬寧、京漢鐵路總辦，郵傳部左侍郎等職。一九〇七年出任奉天（今遼寧）巡撫。一九一〇年奉命為專使，對美國退還部分庚子賠款赴美致謝。同年八月署理郵傳部尚書。一九一一年十二月，充袁世凱內閣全權代表，與民軍代表伍廷芳在上海談判議和。次年三月任內閣總理，為標榜政黨內閣，加入同盟會，同年六月棄職，赴上海集資創設「金星人壽保險有限公司」，自任董事長。一九一七年赴廣州，就任護法軍政府財政部長。次年被桂系軍閥推為七總裁之一，未莅任。一九一九年以南方軍政府總代表身分赴上海，與北洋政府舉行南北議和未果。一九二〇年從孫中山通電反對桂系軍閥，後退居原籍。一九二二年第一次直奉戰爭後，黎元洪復任總統，提名唐為國務總理，因直系軍閥反對，未能就職。一九三一年春任廣東政府（由陳濟棠成立）常務委員，兼中山模範縣縣長，同年冬被選為國民黨中央監察委員、國民政府委員。一九三二年任國民政府西南政務委員會常務委員。一九三四年寓居上海。日本侵佔滬寧後，誘降未就。一九三八年九月三十日在上海家中遭特務暗殺。

按：唐紹儀與袁世凱有數十年的交情，他於袁就任臨時大總統當天（一九一二年三月十日）被任命為國務總理。同年六月十五日，袁世凱委任直隸民選都督王芝祥赴南京解散軍隊，唐紹儀拒絕副署，袁仍照發命令，破壞內閣制，唐憤而辭職。

中國留學生應召回國

一九一二年四月二十五日

哥倫比亞大學的中國留學生黃憲昭[1]，一位訓練有素的新聞記者，昨天應臨時大總統孫中山之召起程回國，參與華南地區的社會改造。黃憲昭畢業於密蘇里大學新聞學院，目前在哥倫比亞大學研修外交與領事課程。黃憲昭是孫中山從海外召回的數位將為華南發展負起重任的年輕人之一。

四月四日，孫中山在上海接受採訪時說，他已在中國完成了政治革命的進程，將著手開始「進行世界歷史上最偉大的一場社會革命」，並謂正如政治革命一樣，今後他的工作主要依靠「訓練有素的新血」。隨後，他號召遠在歐洲和美國的追隨者們儘快返回廣州與他會合。

黃憲昭先在夏威夷接受教育，父親是一名長老會牧師兼出版商。黃就是在他父親的印刷廠裡喜歡上報紙的。一九〇七年，父親舉薦他去聖路易斯聖經學院（St. Louis Bible College）習神職。次年，他放棄了今後做一名神職人員的想法，被密蘇里大學新聞學院錄取。

一九一〇年，黃憲昭來到哥倫比亞大學學習外交與領事專業。在那裡，他協助成立了中國基督教青年會（Chinese Presbyterian Church），雖然年僅二十五，卻成為長老。接著他組建中國童子軍團，並建了一所專為唐人街中國苦力們掃盲的識字學校，成為《中國月刊》（*Chinese Monthly*）新聞編輯和中國學聯主席。

黃憲昭承擔的重要任務之一是幫助醫治辛亥革命的創傷，他在紐約發起了一項賑濟中國災民的救援行動，呼籲數以萬計來到唐人街的各國旅遊者向中國紅十字會捐款。他在紐約最近做的一件事是鼓動華商推倒舊祠堂，出資興建設施齊全的中國基督教青年會。

黃憲昭期望回到故鄉廣東後，能夠以科學的方法來救助窮人。他將隨孫中山和其他同仁一道旅行，對社會狀況進行全面考察後，提出一項社會發展計劃，其中包括創辦幾家新的工廠，實行資本家與工人平均分配，並準備用數年時間建設幾項大型公共設施。

黃憲昭在出發前說，「我們已經擁有了政治的自由，現在剩下的是如何確保經濟的獨立。一個不容忽視的現實，就是如何儘快緩解窮人的貧困、消除滿清政府的腐敗和無能，這也是二十五年來孫中山先生不懈追求的奮鬥目標。」

注釋

❶黃憲昭（一八八八～一九三九），西名Hin Wong或Huang Hsien-chao，出生於檀香山，祖籍廣東，父親是夏威夷富商，就學於哥倫比亞大學和密蘇里大學，是最早獲得美國新聞學士學位的中國留學生。回國後為路透社（Reuters）、美聯社、《密勒氏評論報》（*China Weekly Review*）、《芝加哥日報》（*Chicago Daily News*）工作，主編英文《廣州時報》（*Canton Times*）、《明星報》（*The Star*），一九二二年代表中國赴

夏威夷出席該年「世界報業協會」（World Press Parliament）第二屆年會。一九二四年五月十六日，曾因通過路透社誤發報導稱孫中山逝世，在海內外掀起軒然大波，被廣東警務處拘捕。黃氏曾任滬江大學新聞系主任、燕京大學新聞系主任，是中國新聞事業的先驅人物之一。

西安撤僑歷險記

一九一二年六月九日

去年十二月，在中國發生的革命出現了一些聳人聽聞的暴行，西方人士和中國人被屠殺的事件在這個混亂的東方國度幾乎每天都在發生。在這種情況下，一個由九名西方人士組成的敢死隊從北京出發，深入清軍和叛軍發生戰鬥的危險地區，試圖將那些遠隔現代文明、生命受到威脅的西方傳教士安全解救到沿海地區。

索爾比的輕騎兵

這個敢死隊由一名美國人、七名英國人和一名瑞典人組成。他們的目的地是陝西省首府西安，距離最近的火車站有三百五十英里。他們這一路上遭遇了無數艱難險阻，每前進一步都面臨著死亡威脅。然而，他們無所畏懼，奮勇向前，歷經數週艱辛跋涉，終於抵達西安府。他們尋找到了一些倖存的傳教士和當地難民，動身返回沿海地區。返程途中，他們遭遇了從未有過的危險。有一次，他們這一行人被清軍和叛軍團團圍住，在好幾個小時內動彈不得，生命危在旦夕。但是，他們最終成功脫險，並在北京受到了英國和瑞典駐華大使的高度讚揚。

敢死隊隊長是英國人索爾比（Sowerby），他的這支敢死隊被在華西方人稱為「索爾比的輕騎兵」（Sowerby's Light Horse）。他和這個團隊的所有成員一樣，從頭到尾都表現出了無與倫比的勇氣。團隊中的美國人帕默（Palmer）先生在征途中好幾次死裡逃生。

數名傳教士及家人在內地慘遭屠殺的消息傳到北京和天津後，索爾比和同伴決定開始這次危險之旅。軟弱和混亂的中國政府已經無力保護這些被隔絕在陝西內陸的不幸的西方傳教士們。這裡大概有大約三十五名受困的傳教士和他們的家人，分散在西安府及周圍的小鎮。

越過黃河進入陝西界內

營救隊員知道，擺在他們面前的，不僅是三百五十英里艱難的旅程，還有無數陡峭的高山和氣勢洶洶的黃河。除了這些可預計因素外，還存在許多未知的因素，他們隨時可能遇到土匪和打家劫舍的士兵。但是這一切沒有嚇退他們。十二月中旬，這九個人踏上了營救之旅。以下是一名敢死隊員講述的冒險經歷：

「我們總共有九個人，他們是索爾比、尼斯托姆（Nystrem）、帕默、丹佛—瓊斯（Denver-Jones）、基特（Keyte）、朗（Long）、沃林頓（Warrington）、費爾伯恩（Fairburn）和埃文斯（Evans）。

「經過兩天匆匆忙忙的準備，我們從太原府出發，騎馬向西安府挺進。我們的運氣不錯，找到了強壯的馬匹，順利捱過了最糟糕的路段。我們每人的裝備包括一套厚棉衣、兩條厚毛毯和一些食物。我們將這些東西綁在馬背上，每人佩有的溫徹斯特步槍（Winchester）從不離手。

「這樣的裝備，使我們足以應付各種緊急情況，但又不至於太重而行動不便。因為能否成功完成任務，很大程度取決於我們的行動速度。

「我們這支小隊看起來更像是一個偵查隊，從太原府出發後徑直朝西南方向前進，第三天到達汾州府（譯注：今汾陽市）。那裡唯一的傳教士組織代表是美國宣道會（American Board Missions）的派伊牧師（Rev. Pye）。儘管暴亂四起，他仍堅守崗位，竭盡全力接待了我們。

「第二天早晨，我們明確了向西前進的方向，並將渡過黃河作為我們的目標。這一次我們沒遇到多少困難，用兩天半時間渡過了黃河。從出發開始，這時已用了五天半時間。

「此時我們已進入陝西省界內，並繼續向西行進。第八天，我們到達了綏德州，那裡有英國浸信會（English Baptist Missions）的沃森（Watson）夫婦和他們的兩個孩子，以及科默福德（Comerford）先生。他們從不曾期待過救援隊的到來。毫無疑問，我們的及時趕到，對於解救他們五個人的性命起了巨大作用。他們被清國最血腥的祕密會黨組織哥老會所控制，隨時都有被殺的危險。

「事實上，在敢死隊到達前，綏德州剛剛受到三百多名哥老會成員的武裝進攻，市民死守城牆，趕走了敵人。戰鬥中抓獲了大約三十名匪徒，他們的首級被懸掛在城門上作威懾。如果他們攻城成功，傳教士們毫無疑問早沒命了。

追趕博斯特一家

「我們在綏德州休整了一天，為這段旅程最艱險的第三段養精蓄銳。隨後，我們向南進發，目的地是延安府，博斯特（Borst）一家可能被困在這裡。五天後，當我們到達時，發現他們已被緊張局勢嚇得逃走了。我們快馬加鞭，希望能夠追趕上他們。

「這段旅程相安無事，路上我們會不時發現一股股土匪，但他們看到我們整裝待戰，都退避三舍了。

「考慮到博斯特一家的危險處境，我們決定派兩名先遣隊員快馬加鞭追趕他們。第二天黎明時分，基特和帕默以最快速度出發，狂奔五十四英里，終於在當天晚上成功地追上了他們。

「營救隊和基特、帕默會合後，考驗才真正地開始。我們發現，從這裡往南，哥老會的勢力已經掌控了局勢。我們每天都會從很多手持槍械的團夥和面容凶狠的暴徒身邊走過，而附近的山上還有更多暴徒在虎視眈眈。

「一天晚上，帕默在守護我們的後勤物資時出了些故障，掉隊落在隊伍後面一段距離。有三名手持武器的暴徒向他逼近，帕默立即快步上前，驅趕馬車隊加速前行，並拔出手槍。這一果斷的行動震懾了強盜，他們嚇得落荒而逃，一場流血衝突得以避免。

「延安府的局勢很不穩定，地方官被趕走了，這裡被一名哥老會領袖佔領，他是一個大字不識的磨房主。隨後，另一名哥老會領袖以武力奪走統治權，並洗劫了這座城市。

「後來我們才知道，延安城裡的所有哥老會成員整夜都枕戈待命，準備抵抗我們可能對他們發起的進攻。

「當博斯特一家加入我們的隊伍後，我們給他們配備了槍枝，小隊的武裝力量擴充到十二人。這段時間我們苦中作樂，玩起了數野雞的遊戲，一路上數出了好幾百隻野雞。

走向西安的途中

「我們開始穿越也許是最危險的地區。這一帶所有區域都被哥老會控制了，到處都是洗劫後的痕跡。鄜州（譯注：今富縣）離延安府以南兩天路程，那裡的清軍軍官十分害怕，要求依附於我們以獲得保護。他被要求和我們的隊尾至少保持五華里的距離，但他驚恐萬分，硬把他的坐騎和幾十名隨行士兵夾雜在我們的隊伍中間，給我們帶來了許多危險和麻煩。

「在洛川縣，我們遇見了一大群武裝人員。他們荷槍實彈，列隊站在道路上，看起來形跡可疑，給我們帶來不安。然而，後來證明他們是友善的，僅僅對天鳴槍向我們致敬。

「當晚，我們的下一個目的地中部縣（譯注：今黃陵縣）遭到了大約六百名哥老會成員的洗劫。這群暴徒隨後向南進發，看起來對我們的前行形成了阻礙。隨後兩天充滿了焦慮不安。在中部縣，關於暴徒洗劫的消息被證實，同時我們還得到了揚（Young）夫婦受困的信息。這年早些時候，他們丟棄了騾子，離開暴徒肆虐的此地，逃到荒野中。

「接近中午時，我們遇到了一群從西安府逃出來的難民。他們告訴我們，下一個目的地沒有哥老會控制，而洗劫中部縣的大批暴徒現正逗留於主路西側的一個小地方。這對於我們來說真是一個天大的好消息。我們小隊迅速獵捕了五隻野鹿補充給養。

「快到宜君縣時，傳來一陣軍號聲，先遣隊員吃驚地發現，縣城城門上出現了一群表情惡狠狠的暴徒。他們在我們面前猛然關上城門，事情看起來有些不妙。

「我們停下腳步，索爾比先生上前交涉。經過一番解釋，事情獲得解決，出來一小隊武裝人員護送我們通過城門。

「儘管缺乏睡眠，我們這支隊伍一直保持著良好的身體狀況。這在很大程度上要歸功於負責後勤補給的尼斯托姆和朗，他們每天為大家提供豐盛食物。耶誕節那天，我們享受了一頓由十一道菜組成的大餐，此外還有野味、甜點、肉末和鳳尾魚。

「這次短暫的休息為大家補充了體力。三天後，我們到達了目的地西安府。我們總共騎行二十五天，全程距離三百五十英里。

「我們感到非常高興，因為我們來得很及時，這裡除了貝克曼（Beckman）一家不幸罹難外，其他傳教士都很平安，正在等待我們的救援。

在兩軍營壘中穿梭借道

「我們開會商議返回路線。最後決定，既然每條路線都很危險，不如選擇路程最短的一條，即經過潼關和潞安府（譯注：今長治市）返回。

「隊伍規模已是出發時的三倍，在隊尾還有不少中國難民。經過幾天時間的準備，我們離開西安府，向沿海地區進發。現在需要九名敢死隊員保護的是一個由各種馬車、騾車組成的大隊伍，並且每個人的行進速度都不一樣，隊伍首尾相距經常達到幾英里。男性傳教士擔任起了保護各自馬車的重任，這樣敢死隊員可仍然按照先前安排承擔相應的職責。索爾比領頭，尼斯托姆斷後。

「到潼關及陝州（譯注：今三門峽市陝縣）的行程一路順利，除住宿條件越來越差外，食物也越來越少。每天我們都會聽到前方戰事的消息，看起來叛軍正勢如破竹地向東推進。

「離開陝州時，我們決定讓索爾比和尼斯托姆先行，刺探前線戰況，即時安排最安全的行進路線。為此，他們必須將兩天行程壓縮為一天。他們在前方與正在作戰的叛軍遭遇，清軍發射的砲彈在他們頭頂爆炸。大部分叛軍都神情恐慌。索爾比和尼斯托姆立刻意識到，這一群潰敗的暴徒將對我們緩慢行進的大隊造成嚴重威脅。

「於是，儘管已經筋疲力盡，但他們唯一能做的便是調轉馬頭，搶在叛軍前趕回大隊報信。這場賽跑異常艱苦，但他們最終獲勝，及時趕回，把大家帶進了一家旅店，補充了足夠的糧草和食物。

「我們剛在旅店門口做好防禦工事，那一群滿臉憤怒、野蠻凶狠的潰敗叛軍便一擁而過。許多人已丟盔棄甲，四處尋找食物和住所。他們在這個村莊裡沒有找到任何東西，只好悻悻而去，前往下一個村莊洗劫。

「隨後我們得知，叛軍大部隊已停止撤退，現在某處紮營，等待回擊清軍的下一輪進攻。

「這是我們最好的機會。索爾比和基特再次悄悄東行，探訪叛軍首領。他們在硤石村見到了叛軍領袖張將軍、唐將軍和王將軍，最後一位後來成為一個土匪頭子。叛軍友好地接待了他們。他們向其尋求援助，叛軍首領答應第二天停火，但這兩位洋人需要讓清軍也接受同樣的要求。

「當晚，王將軍把他的床分給兩位洋人睡，並和他們共進晚餐。次日清早，在張將軍和王將軍陪同下，索爾比和基特開始向前行進。他們看到了與想像中一樣的情形，有一群不明身分的人在穿越山坡，張將軍下令開槍射擊。當他們進入清軍陣營後，立即受到接待，並被帶到晁將軍和周將軍面前，解釋他們的使命。清軍將領答應了他們的請求，並保證團隊每位成員的人身安全。

英國和瑞典駐華公使發出嘉獎令

「這天接下來的時間，大隊開始穿越前幾天爆發戰鬥的戰場。對於那些女士們來說，這真是一段不堪回首的旅程，但她們表現異常出色。一路上滿目瘡痍，處處可見殘缺的屍體，許多陣亡者身首異處。屍體填滿整個戰場，卻沒有人進行掩埋。

「接下來兩天是異常嚴峻的考驗。由於戰爭以及交戰兩軍的洗劫，我們幾乎不可能補給到充足的食物。

「這時，索爾比和埃文斯快馬加鞭趕往河南府（譯注：今洛陽市），拍電報給英國駐華公使。一列火車專列立即被調往河南府待命。當我們大隊到達時，所有成員便可迅速上車。

「兩天之後，我們成功抵達北京，全隊無一傷亡。

「英國和瑞典駐華公使向索爾比先生發出嘉獎令，對敢死隊的營救行為深表讚賞。嘉獎令說：『先生，對於貴小隊通過營救陝西受困傳教士而為英國和瑞典政府所做出的貢獻，我們希望您能接受我們發自內心的感激，並請將我們的感激轉達給尼斯托姆、朗、埃文斯、沃林頓、丹佛——瓊斯、費爾伯恩、基特和帕默先生。我們的政府一直在密切關注貴小隊一切信息。現在，我們懷著愉快的心情歡迎你們以及你們從陝西各地解救的同胞平安返回，我們同樣將向政府報告這一喜訊。謹向您和您的同伴在此過程中體現出的勇氣和奉獻精神表示由衷的讚賞。朱爾典❶。倭倫白❷。』」

注釋

❶朱爾典（Sir John Newell Jordan, 1852-1925），英國外交官，生於愛爾蘭。一八七六年來華，在英國駐華使館學習漢語。兩年後，在牛莊、上海、廣州、瓊州、廈門等地領事館任翻譯學生、副領事等職。一八八六～一八九六年任使館會計及漢文副使、漢務參贊。一八九六～一九〇六年歷任駐朝鮮漢城總領事、駐朝鮮代辦、辦理公使。一九〇六年起出任駐華公使，一九一一年成為北京公使團的領袖公使，一九二〇年夏退休回國，是任期最長的英國駐華公使。

❷倭倫白（Gustaf Oscar Wallenberg, 1863-1937），瑞典外交官，一九〇七年四月首度出任駐華公使，次年七月離任，其後於一九〇九～一九一八年曾二度出任駐華公使。

陸徵祥就任民國新總理

一九一二年七月一日

北京六月三十日電：現任內閣成員、外交總長陸徵祥❶被任命為新總理，現任總理唐紹儀的辭呈昨日已被袁世凱接受。參議院以七十四票對十票通過了上述任命。兩人得票的懸殊，表明唐紹儀的影響力已被大大削弱，而袁世凱的地位已大大提升。

注釋

❶陸徵祥，又名增祥，字子欣（子興），一八七一年生，江蘇上海（今上海市）人。幼年入基督教。畢業於上海廣方言館和北京同文館，是中國第一代職業外交家。精通俄文，一八九三年派任清國駐俄羅斯使館翻譯官。一八九九年在俄與比利時天主教女子培德・博斐（Berthe Bovy）結婚。一九〇三年任駐俄公使館參贊。一九〇六年調任駐荷蘭公使。一九一一年轉任駐俄公使，改入天主教。一九一二年應袁世凱電命返國，出任唐紹儀內閣外交總長，推動中國現代外交機構改革。同年六月奉命組新閣，遭國會否決，數月後任趙秉鈞內閣外交總長，嗣改任袁的外交顧問。一九一五年一月再任外交總長，參與對日《二十一條》交涉，同年十月任國務卿兼外交總長。一九一七年十一月至一九一九年冬，任外交總長。一九一九年率代表團出席巴黎和會。會後辭去職

務滯留比利時，參與天主教本篤會工作，成為正式修士，照料病妻並傳教。一九二六年，培德女士病逝後，陸徵祥入比利時聖安德魯修道院，專心教會事務。一九四六年被授為聖伯多祿剛城修道院榮譽院長。一九四九年病逝於布魯日（Bruges）。

按：一九一二年六月二十九日，陸徵祥被任命為國務總理，但七月十八日他到參議院報告施政方針、提出內閣名單時，所提人選全被否決，並受到彈劾。陸徵祥以此稱病入院，不理政務。由於陸連續請假，袁世凱於八月二十日任命內務總長趙秉鈞代國務總理職。

美國經濟學家應邀出任民國要職

一九一二年七月十八日

中國北京七月十七日電：美國康乃爾大學教授精琦❶收到中華民國政府的一項聘任書，即將赴華擔任民國政府財政顧問這一要職。這標誌著民國向政府改革方面邁出了重要一步，也表明民國政府渴望吸納外國富有經驗的專家人才加盟。據悉，涉及其他方面的一些外國專家也將很快受聘到位。

近來，民國政府準備展開一系列涉外貸款談判，迫切需要熟悉國際財政金融事務的專家顧問。

注釋

❶精琦（Jeremiah Whipple Jenks, 1856-1929），美國政治經濟學教授、財政金融學家，擔任過美國「國際匯兌調查委員」，一九〇四年春應清廷之邀曾來華調查各地幣制情況，提出制定國幣、實行金匯兌本位制度等建議，是中國近代幣制史上第一個系統化的改革方案，後因湖廣總督張之洞的反對而作廢。

莫理循被任命為民國總統政治顧問

一九一二年八月十一日

吉米・麥克佛森（James M. MacPherson）

儘管俗稱「精明的蘇格蘭人」（Canny Scot）的莫理循博士❶將成為中華民國總統政治顧問的傳聞由來已久，但幾天前宣佈的這項正式任命還是引起了舉世矚目。全球各文明國家的政府都在密切關注此事，並召開祕密會議對此進行討論。由於我們的對華關係十分重要，並且中美關係可能愈加密切，總統塔夫脫❷和國務卿諾克斯❸更是對此高度關注。在金融界，此項任命更是銀行家們廣泛談論的主題。毫無疑問，莫理循博士將會在涉及善後大借款或其他關乎民國前途命運的重大問題上有更多發言權。

雖然此間人士對這項任命有不同看法，但總體說來，贊成者居多。莫理循博士作為《泰晤士報》記者駐京五年，他有足夠時間觀察列強在北京的利益角逐和較量。很顯然，美、俄、德、日、英等國駐北京的公使館一定很想了解這位新角色登場後，將如何、何時、在哪些方面，對中國事務發揮影響。

他不僅記錄著、而且參與創造著這個國家的歷史

莫理循博士的使命，正如他自己所表達的一樣，是要保持中國的團結緊密。最大的難題是如何整頓目前混亂無序的狀況，使其變得井井有條。眾所周知，莫理循是已故國務卿海約翰❹的國民自治論（Subject of Autonomy）的忠實信徒，而我們的國務卿在外國政要中是中國最好的朋友。

這個獨特的人接受了一個獨特的職位，而他的成敗可能影響遠東事務，乃至可能影響世界其他國家的未來。

可以說，沒人能比莫理循博士更有機會了解到中國事件的真相，這導致了幼年皇帝的倒臺和民國的成立。十三年來，莫理循居住在北京，並周遊中國各省，他不僅記錄著、而且參與創造著這個國家的歷史。

名義上，他是倫敦《泰晤士報》駐京記者，但實際上，他是大不列顛政府在中國的非正式代表，在滿清帝國的宮廷裡，他發揮著比英國駐華公使更大的影響力，也享有更大的權力。

在遠東政治史上，莫理循博士的地位無與倫比，他能夠深入外交內幕，進入別人難以涉足的政治核心，準確掌握信息，並顯示出驚人的斡旋能力。他在京城裡建立了這樣的一種特權，即能夠在幾乎所有的危機中與各方勢力進行協商和溝通。

歷經艱險的傳奇生涯

莫理循博士的一生充滿傳奇，歷經艱險。他出生於一八六二年二月，父親是澳洲蘇格蘭吉隆學院（Scotch College of Geelong）院長。他們家是地道的蘇格蘭人，他總是喜歡展示他的民族特性和運動世家的傳統，早年就顯示出愛好探險的過人天賦。

父母的期望是他能夠成為一名教育家，但喜愛冒險的基因已融入血液，他不可能接受任何其他的職業。十八歲那年，他不能忍受令人窒息的校園氣氛，留下一張小紙條便離開墨爾本大學，到「南海黑奴船」（South Sea Blackbirder）作一名水手，希望揭露從南太平洋諸島虐待販運奴隸的事實。

從那以後，他就成了一名勇敢無畏的旅行者。他曾搭乘清式大帆船旅行到新幾內亞，從諾曼頓（Normanton）到吉隆徒步穿越澳洲。由於大部分地區尚處於文明不夠開化的蠻荒狀態，這樣的旅行在當時面臨諸多難以克服的障礙。在橫跨澳洲的單人旅行中，他背著鍋和乾糧，用一百二十三天徒步二千零四十三英里。途中遇到許多危險，好多次差點丟了性命，但最終都化險為夷。

有一次，他遠行新幾內亞，身體被當地土著的兩枝尖矛擊中，如不即時處理注定喪命。他毅然拔出其中一枝，九個月後在愛丁堡，醫生把他的第二根矛尖從體內拔出。他決定繼續完成學業，最終於一八八七年在愛丁堡大學獲得醫學博士學位。

然而，酷愛冒險的習性終究不能抑制。他決定移居美國，到一艘載運水果的輪船上做一名助理會計。

接下來的一年，生活顯得雜亂無章，他先是到西班牙的力拓（Rio Tinto）銅礦場當醫官，後來給摩洛哥瓦贊王子（Shereef of Wazan）做特派醫師，最後到澳洲的巴拉瑞特醫院（Ballarat Hospital）當一名外科醫生。

他另一項值得記載的冒險歷程是從上海出發前往中緬邊境，這次穿越中國大地長達三千英里的長途旅行成果，是寫成一本非常特別的書❺。這本書收到未曾預料的效果，當莫理循回到倫敦時，他被《泰晤士報》叫去，不廢吹灰之力就獲得一個重要職位。第一項採訪任務是到暹羅（譯注：今泰國），從此拉開他記者生涯的帷幕。

一八九七年，他剛到北京時還是一個名不見經傳的小角色。但僅僅兩年後，歐洲各國外交部對他的大名都耳熟能詳了。

頗有爭議的任命

議會對他的任命頗有爭議。中國官場錯綜複雜，人際關係盤根錯節，辦起事來也很費周折。但與他們打交道的這位外國人卻具有一種神奇的能力，無論事情多麼棘手，他都能易如反掌地弄清情況，抓住要害，理出頭緒，真是令人不可思議。

英國政府不止一次拒絕正式確認莫理循的任命，只是在事實得到完全證實後方才承認。英國外交部政務次官寇松爵士❻解釋政府保持謹慎的原因是這件事實在關係重大，而《泰晤士報》譏諷他的解釋不過想顯示自己有「未卜先知之能」罷了。

愉快地讀到自己遇難的訃聞

一九〇〇年，義和拳暴動，北京形勢混亂不安，各國公使館危在旦夕，莫理循本人也處境危險。《泰晤士報》曾根據風聞刊出有關他可能遇難的長篇報導，文中充滿溢美之辭。莫理循的確是「起死回生」，他在文章刊出數週後，很愜意地讀到自己的訃聞。

得益於他豐厚的人脈和過人的膽識，莫理循未在拳亂中喪生，他躲藏了幾個星期。其間，還志願參加了好幾次危險的救助行動。在局勢變得不可收拾時，他顯示出了自己力挽狂瀾的能力。最典型的事例是，拳亂初起時，他帶人營救了一批受困於北京城郊一座廟裡的美國婦孺，他們的藏身之處正好位於義和團向京城行進的路上。此舉使莫理循獲得北京美國僑民的廣泛讚譽。但莫理循本人談及此事時總是強調，他們之所以得以脫險，全仗中國人好心的幫助，榮譽應歸功於這些善良的中國人。

這是一位人們在困境中可以依靠、滿臉是泥、健壯快樂的英雄好漢。在東交民巷遭到攻擊期間，他與日軍大尉斯波（Capt. Shiba）、美軍上尉斯圖雷茲（Capt. Stroughts）並肩作戰，後者在交火中被殺。莫理循博士也身負重傷，但大難不死，他立刻又站了起來，積極固守他的崗位❼。

對人、風俗、古玩、新發明和新書充滿好奇

從外表看，莫理循博士像一位冒險家和成功商人，他身強力壯，結實的體魄非常適合戶外運動，是典型的西方紳士做派。他總是顯示出自己對新奇、反常和奇特事物的喜愛之情。只要聽說要外出旅行，他會毫無困難地立即調整到野戰狀態，並很快適應新的環境。他對人、風俗、古玩、最新科學發明和新出版的圖書都充滿好奇。

在北京他精心佈置的家裡，收藏有九千冊與中國有關的圖書，據說這些藏書是世界漢學研究的最好珍藏。他的書房堪稱典範，每一冊書都分門別類，有目錄和索引，便於他隨時調用相關的事實和資料。看過他的書房就知道他成功的祕訣。他的座右銘是準確無誤，這是一個追求準確到極致的人。

因此可以說，他在整個遠東地區，是擔當中華民國政府政治顧問一職的不二人選。他的聲望和淵博的學識獲得了中西方各界人士的認可。最近，他與同事訪問日本，受到天皇款待，對於一名西方記者而言，這是史無前例的殊榮。

一九〇〇年秋天，他赴太原府訪問新成立的省諮議局。當他步入會場時，全體議員起立向他表示敬意。他的這項任命對中國人來講是順理成章的。長期以來，中國人把他當成自己的真誠朋友，對他充滿信任，他也可毫無畏懼、不帶偏見地批評他們。

莫理循的聲譽並非只是來自中國國內，也來自那些認他為敵的人口中。他樹敵頗多，但這些人對他都心懷敬意。

如想知道北京發生什麼事，須先知道聖彼得堡和東京在做什麼

有一天，他曾感傷地抱怨，「一些英國人認為我是一個退休傳教士。」他又冷靜地說，「可能是因為我的名字前有一個『博士』頭銜。」

儘管他有很強的對抗傾向，但表面上他神色平靜，在工作中表現出的深思熟慮和睿智個性，令人深感驚訝。

聽他用簡明經典的英語來描繪北京外交界的各色人物，其優雅從容的氣度令人難忘。他與各種社會名流打交道。在討論遠東問題時，無論對方是否誠實，甚或居心叵測，但要想欺騙他十分不易。他似乎洞察一切，因為他明白如果想知道北京發生了什麼事，必須先知道聖彼得堡和東京在做什麼。他經常在毫不經意間獲取他希望獲得的信息。

外國官員們最怕他刨根問底。無論何時，當一項祕密交易正掩人耳目地進行時，他通常已知道隱藏在桌下的諸多細節了。

他是唯一到訪過民國每一個省城的歐洲人

他有一個習慣，即任何人都知道的地理方位，他必須要親自查看過後方才相信。莫理循博士眼光敏銳，他對中國的東南西北瞭如指掌，其信息的精準甚至超過任何一個中國人。

他騎著一匹比當地人想像的還要高大的駿馬，走遍了華夏。無論走到哪裡，他都受到大使一

般的敬重和款待。某省都督贈送他一對陶瓷燒製的雄獅，安放在他京城宅門兩側，他卻在院內為這對獅子另找了個地兒，一是防損壞，二是不想驚動百姓。

有一次，他曾從中國的河南府（譯注：今洛陽市）搭火車橫跨中亞，到達俄羅斯的鐵路終點站安集延（Andijan），旅程長達三千七百六十英里。過去幾年裡，他主要穿行於中國各主要城鎮，他是唯一到訪過中華民國每一個省城的歐洲人。

出席樸茨茅斯和平會議

莫理循博士最值得一提的一次國際旅行是出席樸茨茅斯和平會議[8]。溫特沃什大飯店（Big Wentworth Hotel）是這個重要事件的發生地。各國外交官、身穿制服的軍官和記者們雲集於此，但最有趣的人不是滿臉絡腮鬍子的俄國人維特[9]，不是微笑、溫和、狡猾的日本人小村壽太郎[10]和由著名銀行家變為外交官的璞科第[11]，也不是任何國際法專家和外國代表，眾所矚目的是莫理循博士，這個強壯活潑，時而像水手、時而像騎士一樣走路的人，他在大庭廣眾之下顯得落落大方，說話直率，彬彬有禮，讓你感覺到他是一個似曾相識的人。當他談論起中國、日本和俄國政治時，條理清晰，邏輯嚴謹，通俗易懂。他的談話富有知識性和趣味性。

民國革命的新景象

莫理循博士談到辛亥革命以及它對世界的影響時說，「中國革命儘管還存在著許多不足、許多失望和在當前中國國情下許多的局限，但我堅信，革命從總體上講是好的。也許，這個國家最大的變化可以北京的變化為例。

「今天的京城與過去最大的不同，在於拳亂爆發以前，北京很少有西式洋房，市內街道也是世界各國首都中最差的。原本寬闊的大街兩旁擠滿了雜亂的貨攤，當歐洲人走過時總會受到侵擾。京城的大街上也沒有警察執勤，監獄裡刑訊逼供十分普遍，而且還使用著中世紀的酷刑。

「今天，你在舒適的火車車廂內安坐著，就可順利抵達首都；你可以在新式大飯店裡下榻；可從電燈照耀的市中心出發，沿著碎石鋪成的寬闊大道，坐汽車到頤和園；街道兩旁，有身穿制服的警察維持秩序，他們指揮著交通和行人。你在北京街頭行走，會比在倫敦更感到安全。

「一九〇〇年後，各國使館紛紛建在故宮附近，這一帶還有英、法、德、俄和日本人開的銀行，現在居住著大量的外國僑民。作為私產的歐式洋房不斷增加，富裕的中國人與他們友好相處。

「在北京城裡，各種各樣的報紙很容易買到；設有各個年級的新式學校正在大量興建；監獄裡廢除了野蠻落後的刑罰。更重要的是，中國人對外國人的態度出現了巨大的變化。拳亂興起時，各種排外的宣傳海報隨處可見，仇外排外行動如同家常便飯一般，有的事件已記入歷史。當時，中國的高官很少與歐洲人交往。如今，這種不信任和仇視的情況幾乎消失。

「另一個顯著的進步，是中國婦女的地位獲得了巨大的改善。人們不再認為一個中國高官夫人出面接待外國男賓，或與外國人一起娛樂是離奇、荒唐的事。中國女子東渡日本、或去歐美留學的人數不斷增多。在北京，已有中國婦女自己辦的報紙，她們自己負責採訪、編輯和發行。

「新軍是中央集權獲得增強的另一個例證。如今的中國軍隊與十二年前相比已迥然不同，軍人地位提高。過去的舊軍隊被人看不起，只有處於社會底層的人才去當兵，而軍官謀取官職，期望通過欺壓人民和士兵而得利。

「我相信，隨著民國政府的進一步穩固，還將進行更多的改革。腐敗再也不能肆意橫行了，必須接受公眾的監督，予以曝光和揭露，這也是民國新政府成立的宗旨。」

注釋

❶莫理循（George Ernest Morrison, 1862-1920），澳洲出生的蘇格蘭人，被西方讀者稱為「中國的莫理循」。一八八七年畢業於愛丁堡大學醫科，曾任《泰晤士報》駐華首席記者、中華民國總統頭等政治顧問（一九一二～一九二〇），是中國近代史上許多著名事件的親歷者和參加者。莫理循當年在北京的王府井大街置有房產，外交圈稱王府井大街為「莫理循大街」。莫理循在一九〇二年五月因攻擊清廷，被滿清政府驅逐出境。辛亥革命時發電：「清朝危在旦夕，中國知識分子的多數皆同情革命黨。很少有人顧惜這個使用太監、因循守舊、腐朽沒落的朝廷。滿朝文武，憂心如焚，皇上的前景有些不妙。」作為民國政府政治顧問，他參與了鞏固袁世凱統治的過程，幫助民國政府對抗日本《二十一條》政治訛詐；推動中國參加第一次世界大戰，認為「協約國」一定勝利，中國作為戰勝國參加「和會」可要求廢除與戰敗國簽訂的不平等條約；反對袁世凱稱帝。病重之際，仍盡心為參加巴黎和會的中國代表團審定各項公文底稿，努力為中國利益據理力爭。莫理循居住北京

長達二十餘年，他的大量報導、通信與日記成為研究這一段中國歷史的重要素材。他的私人圖書館收藏了有關中國和亞洲的圖書、雜誌、地圖等文獻二萬多冊，被稱為「莫理循文庫」。一九一七年，莫理循在華收藏的大量東方學文獻被日本人岩崎男爵以三萬五千英鎊收購，成為日本最大的亞洲研究圖書館「東洋文庫」的前身。

❷塔夫脫（William Howard Taft, 1857-1930），生於俄亥俄州辛辛那提。耶魯大學畢業後任律師。一八九〇年任司法部副部長。一九〇一年任菲律賓的第一任民政總督。一九〇四年起任羅斯福（Theodore Roosevelt）政府的陸軍部長。一九〇八年當選美國第二十七任總統。一九一三年卸任後為耶魯大學法學教授。一九二一年任最高法院大法官。後病逝於首都華盛頓。

❸諾克斯（Philander Chase Knox, 1853-1921），律師出身，曾任卡內基鋼鐵公司（Carnegie Steel Co.）的法律顧問。一九〇一年任司法部長，一九〇四年當選參議員。一九〇九～一九一三年任塔夫脫總統的國務卿，全力推行「金元外交」（Dollar Diplomacy），即以增加對外投資為手段擴大美國在海外的政治影響。一九一七年重回參議院，成為反對國際聯盟的首要人物。

❹海約翰（John Milton Hay, 1838-1905），律師出身，曾任林肯總統的私人祕書。後赴歐任外交官，一八七〇年返美當新聞記者，業餘從事寫作。一八七八年任助理國務卿，一八九七年任駐英大使，一八九八年開始任美國國務卿，先後在麥金萊（William McKinley）政府和羅斯福政府下工作。在對華事務上，反對列強劃分勢力範圍，主張「門戶開放，利益均霑」。

❺指《一個在中國的澳洲人》（*An Australian in China: being the Narrative of a Quiet Journey across China to Bristish Burma*），或譯為《中國紀遊》。

❻指第一代凱德爾斯頓的寇松侯爵（George Nathaniel Curzon, 1st Marquess Curzon of Kedleston, 1859-1925），英國保守黨政治家，曾任印度總督，一九一九～一九二四年任英國外相。

❼莫理循在東交民巷被圍期間參與防守。一九〇〇年六月十六日，在使館被圍前幾天，曾帶領一個小隊攻擊肅府園坎字義和團，救出正被追殺的華人教民。他在此日前後帶回幾百名教民，安置在英使館東側的肅王府，後來華人教民數目增加到二千七百五十多人。這些人因此得以生還。莫理循本人於七月十六日負傷，外界誤傳他已被殺，《泰晤士報》為此刊發主編寫的長篇祭文。

❽樸茨茅斯和平會議（Portsmouth Peace Conference）的結果是日俄雙方代表於一九〇五年九月五日，在美國新罕布什爾州樸茨茅斯市簽訂《樸茨茅斯和約》（《日本和俄國和平條約》），宣告日俄戰爭結束。根據條約，沙皇俄國承認朝鮮為日本的勢力範圍，將庫頁島南部割讓給日本，把在中國旅順、大連地區和中東鐵路南支線的租借權轉讓給日本。日俄戰爭的慘敗宣告了沙俄遠東政策的失敗，俄國實力遭到重大削弱，加速了俄國革命的到來。日俄戰爭不僅僅給兩國造成重大損失，更給中國東北地區的人民造成了極其嚴重的生命和財產損失。

❾維特（Count Sergei Yul'yevich Witte, 1849-1915），生於第比利斯（Tbilisi），祖先為荷蘭人。歷任沙俄交通大臣和財政大臣，西伯利亞及中東鐵路的興建都出自其主張。一九〇三～一九〇六年出任總理大臣，一九〇五年任樸茨茅斯和平會議的俄方首席代表。

❿小村壽太郎（一八五五～一九一一），日本外交官。一八七七年畢業於哈佛大學，甲午戰爭前任駐華使館頭等參贊，代辦館務。義和團事變後任全權公使。一九〇一年代表日本簽訂《辛丑和約》，同年任日本桂太郎內閣

外務大臣。一九〇五年任樸茨茅斯和平會議的日方首席代表。一九〇八年再度任桂太郎內閣外務大臣，負責「日韓合併」談判。

⓫璞科第（Dmitrii Dmitrievich Pokotiloff, 1865-1908），一八八七年進俄國外交部，次年來華，為俄使館翻譯學生。一八九八年任華俄道勝銀行董事，一九〇五～一九〇八年為駐華公使，任內死於北京。

孫中山否認將參選總統

一九一二年八月二十四日

倫敦八月二十四日星期六電：據《每日郵報》（*Daily Mail*）駐天津記者發來的消息稱，「孫中山先生已抵達天津，並很快接受了本報記者專訪。他說，他來北方的目的是要解決南北分歧。他認為不願接受共和的北方諸省與南方相對進步的省分，尤其是廣東之間，顯得十分不協調。

「孫中山先生否認他將成為總統候選人的傳聞，即使該位出現空缺。儘管對處決兩名官員導致政府危機❶表示悲哀，但他拒絕對為何採取如此嚴厲的措施發表任何看法。

「然而，孫中山先生對中國的未來充滿信心，他相信最近發生的事件將不會動搖共和制。他堅信，他承擔的使命具有光明前途。

「他目前的努力是致力於國家實業的發展，特別是建設鐵路大幹線，因為這將打破地域封閉，並創造新的財源。

「孫中山先生是由夫人陪同來到天津的。他們將在天津停留兩天，然後前往北京。」

譯注

❶指張振武、方維被殺案。張振武（一八七七～一九一二），原名堯鑫，字春山（春三），一字竹山，湖北羅田人。一九〇〇年考入湖北省立師範學校，一九〇四年自費到日本早稻田大學研究法律政治，並參加體育會操練軍事。次年加入同盟會。一九〇七年畢業歸國後，宣傳革命，並創辦體育會及公立學堂，進行聯絡。一九〇九年與孫武、焦達峰等在武昌成立共進會分會，負責財務及籌款購買軍火。一九一一年十月九日，清吏大肆緝捕革命黨人，張於危難之中聯絡各方發動武昌起義，被推任湖北軍政府軍務司副司長。他主持軍務，頗具膽識，和孫武、蔣翊武並稱「辛亥三武」，為共和元勳。一九一二年一月，張振武在上海與孫武等發起組織「民社」本部，以盧梭《民約論》為宗旨，推黎元洪為首領。旋返湖北，分別在武昌與漢口成立「民社」支部。他居功自傲，藐視黎元洪，八月黎勸他赴北京就任總統府顧問，張乃在八日偕湖北將校團團長方維到北京。十一日，黎元洪電袁世凱謂前湖北軍務司副司長張振武等蠱惑軍士，破壞共和，倡謀不軌，請立予正法，十三日再度電請將張振武、方維處死。十四日，張振武在北京德昌飯店宴請同盟會共和黨要人，希望「消除黨見，共維大局」。十五日晚，張振武宴後與馮嗣鴻、時功玖分乘三輛馬車返回旅舍，當途經正陽門時，被袁世凱指使的軍警攔截捆綁，押解到西單牌樓玉皇閣京畿軍政執法處，十六日凌晨一時被槍斃。

假共和、眞獨裁：濮蘭德訪談錄

一九一二年十二月八日

愛德華・馬歇爾（Edward Marshall）

「中國到底正在發生什麼事？」我問濮蘭德❶，他現在正應哈佛大學羅威爾學院（Lowell Institute）邀請到美國講授一門關於中國和中國人的課程。

濮蘭德於一八八三年第一次前往中國，隨後在滿清帝國不同部門供職長達十三年。為表彰他的貢獻，他被清廷授予四品官爵，並獲頒「雙龍寶星勳章」❷。有若干年，他作為海關總稅務司赫德爵士的私人祕書，隨後供職於上海公共租界的工部局。他的這一職位，加之他在中國期間曾擔任《泰晤士報》記者多年，給予他充足的機會了解中國的人和事。

隨後，他來到北京，代表中英公司（British and Chinese Corporation）與清廷進行商業談判，爭取中方於一八九八年將鐵路修築的特許狀授予大英帝國。在一九〇六年至一九〇九年間，他主持與滿清政府簽訂了四份借款合同。返回倫敦後，他加盟《泰晤士報》。除了為羅威爾學院正在講授的這門課程外，他還為紐約的殖民俱樂部（Colony Club）開設一個講座。

濮蘭德同時還是多部重要書籍的作者，包括與白克好司❸合寫《慈禧外紀》（*China Under*

the Empress Dowager）這部權威著作。該書被譯成多國語言，重印八次。他的新著《中國最近的事變和現在的政策》（*Recent Events and Present Policies in China*）剛剛在英國國內出版，因此他也成為當前最有資格解讀中國形勢的學者。他本身曾是一名清國官吏，且享有光緒皇帝親自授予的國民特權。

房屋被抵押，但還拖欠一大堆帳單

「中國並沒有多大改善，」他答道，「全副武裝的八國聯軍對北京垂涎已久，一直沿水路嚴密控制。上海、漢口、天津等繁華租界都被歐洲人管控。過去三十年，清國在歐洲列強的支配下，唯一真正擁有的資產僅剩下海關，而連這個機構也由外國人直接管理。

「外國的控制已經延伸到華北及其他鐵路沿線。清國當局授權外國會計員對其政府的每一分錢開銷進行審核。隨後，由於她與德國政府進行的貸款談判並沒獲得此類保障，最終結果並不愉快。清國不再是她自己住房的主人，她的房屋被抵押出去了，而且還拖欠一大堆買家具的帳單。造成這些事實的前提是，大清帝國沒有裝備精良的軍隊來捍衛她的利益。」

中國人很豁達，沉浸在豐收的喜悅時不再想戰爭

我向濮蘭德先生詢問新成立的中華民國的情況。在上個星期天的《泰晤士報》中，卡特夫人[4]對此進行了一番有趣的談論。

濮蘭德先生回答說，「現在的中華民國並不是美國人理解的真正的共和國，有效率的共和政體並未建立起來。目前中國所呈現出的安靜，決不是由於中國民眾對政治狀況表示滿意。大多數中國人對共和制度根本就沒有最起碼、最基本的理解。因此，更不用說他們是否真正接受這些想法了。

「目前，大多數中國人民保持沉默，因為他們正忙於這個國家近年來最大的一次穀物豐收。中國人很豁達，當他們沉浸在豐收的喜悅中，就不再有時間去投入戰爭。而這個所謂的民國總統袁世凱，他正在按照慈禧太后的方案而不是美國人所熟知的共和制度來管理政府。換句話說，他建立了一個新的獨裁統治，來取代剛剛推翻的獨裁統治。」

相信中國會突變是愚蠢的，但無變革，共和不可能實現

「所以你不相信所謂的『中國覺醒論』，或者新的時代已經在東方破曉？」

濮蘭德先生回答說，「在中國有句諺語，非常貼切地隱喻了當前的形勢。它說，『江山易改，本性難移。』

「事實是明顯的：一年前，現任民國副總統向袁世凱建議，不要繼續推進民國，而是登基稱帝。

「袁世凱今年八月對武昌起義者（譯注：指張振武、方維）的處決，是典型的皇帝做法，而非共和政體應有的做法，但它得到了人們的認可。換句話說，源遠流長的專制制度只是換了個名

字，中國現政府的基本特點並未改變。」

「既然這樣，普選代議制不是現行方案的一部分。」

「在中國，它是不可能實現的，並且在今後若干年也不可能實現。歷史經驗表明，相信中華民族會突然出現激進變革是愚蠢的。但是，如果沒有這樣的一次變革，真正的共和制又是不可能實現的。

中國的悲劇在於白種人禁止他們向外移民

「中國的悲劇在於這個偉大民族被不斷緊縮的限制牢牢局限於本土，因為白種人不可能任由其競爭以求生存。這是極大的悲劇，白人不斷取得成就，而中華民族永遠是一個被動的民族。

「美國排華態度異常強硬，但為中國人送來了醫學——教會他們如何挽救垂危的生命，如何對抗過去可能使人口銳減的流行病。美國人不僅傳授知識，並且培訓他們使用各種西方醫療設備。人口數量大大增加，同時卻沒有採取任何手段抑制早婚和一夫多妻制導致的人口畸形激增。傳教士們通過建立醫院以及其他醫療手段挽救了成千上萬的生命，但每一條生命的挽救意味著下面這個問題的嚴峻性又增加一分：他們中有多少人最終能夠生存下來？

「美國排華，英國和加拿大也排斥這些從痛苦中逃脫出來的中國人，禁止他們進入白人的領土。我們實際上並沒有讓他們得到解脫，因為他們自己的土地現在不足以養活他們。我們為他們送去科學技術，幫助維繫生命；同時送去精神導師，向他們反覆灌輸道德準則，防止從前的種種行為，避免人口激增。對我而言，現代社會中最令人絕望的悲劇性場景，就是基督文明的慈善行為與亞洲國家冷漠無情的自我保護意識之間存在的痛苦衝突。

「英國和德國，即使在其現有人口壓力下，如果沒有通過移民來緩解壓力，其後果也將是非常嚴重的，能夠支撐的時間不會太長。在很短一段時期後，經濟壓力就將浮出水面，並且不可避免地只能通過戰爭解決，這也是一個自力更生、不願忍饑挨餓的民族寧願選擇的一種辦法。

「中國已被證實無法通過向國外移民來解決人口增長的棘手問題。沒有移民可能，人口問題只能通過三種方式解決，而在中國歷史上也一直是這樣的，它們分別是饑荒、瘟疫和對叛亂的屠殺。

大多數中國人內心缺乏對自由的渴望和籲求

「這裡並沒有誕生一個『全新的中國』。國家不會新生，只會演變。從結構上看，他們並沒有改變自己的特性，政治屬性和中國官員的秉性並未改變。人類歷史經驗和科學研究表明，中國這種根植於民族傳統、綿延千年的政治制度，要想在一兩年內或者一代人之內就發生改變，是根本不可能的。

「去年十一月在武昌起義後發生的一系列事件，與土耳其在一九〇八年曾經經歷的事件十分相似。一小撮組織嚴密的廣東籍政客從大批追隨者中招募到了數量充足的士兵，製造了這場所謂的革命。然而，中國人的內心並未因此發生任何天翻地覆的變化，並沒有步調一致的起義，大多數人的心中也缺乏對自由的渴望和籲求。」

向西方學習的風潮盛行一時

「所以說，我們最近總聽到的『中國正在覺醒』之類論述是不確切的？」我問道。

「這樣的論述從一八六〇年起就不絕於耳。自從蒲安臣使團首次讓美國開始關注中國事件❺，關於中國正在覺醒或者將要覺醒之類的論斷就從來沒有停止過。

「一八六〇年前後的太平天國起義，爭取到了在華外國人以及歐洲人或多或少的同情。太平軍所承諾過的那些東西與一八九八年開始推動維新變法的中國青年政治家們的承諾如出一轍。自從一九〇五年日本取得日俄戰爭的勝利，向西方學習的風潮在中國盛行一時。商業突飛猛進，影響國內貿易流通的入市稅『釐金』也被廢除。

選舉權不應該與人的髮型聯繫起來

「我饒有興味地注意到，在貴國總統的通信中，他對你所談到的承認中華民國問題隻字未提。

「我獲悉一些在美國頗有影響的人物熱中於立即承認中華民國，然而，這樣的提議更多是出於他們內心的激情，而非理智的思考。至關重要的是，正在考慮承認中華民國的所有外國列強應清醒地注意到這樣一個事實，即中國人民本身至今並未承認中華民國這樣一個新的國體。在正式大選舉行前，現在的中國政府至多只是一個非常時期的臨時政府。即使是熟悉中國事務的最明智的學者，如果他們誠實的話，他們也很難預測中國的哪些部分在大選時願意接受共和政體，甚至即使他們願意，在現實中推行的共和制度也不過比當前的表象稍多一點真實的含義，因為中國人在這個問題上並未達成基本共識，全國大選的計劃也還沒有進入任何政治議程。

「如果共和黨[6]在首次選舉中勝出，那只能表明一小部分當前得勢的、已分化為兩三個派系的政客們在盡全力操控選舉。少數商人和其他上層階級的人士可能會認真行使他們的選舉權，但目前，整件事都被一種極其敷衍和幼稚的方式對待，其結果也是預先知道的。選舉中出現的一些問題在西方人眼中看來可能是荒唐可笑的。例如，共和黨非常嚴肅地提出，任何留有長辮的人都不得參與投票。不知道這是否可以作為袁世凱更具政治家風度的一個例證，因為他認為選舉權不應該與人的髮型聯繫起來。」

袁世凱相信共和政體不適合中國

「你認為袁世凱是真誠的嗎？」我問道。

「他在今年九月發表的聲明是真誠的。同時毫無疑問，他個人相信，共和政體並不適合當前中國的需要，也與人民大眾的利益背道而馳。他不同於任何一位美國總統，他是由於時勢需要被迫成為總統的，正如副總統也是被迫成為副總統——黎元洪並不想被革命軍挑中，直到有人用手槍指著其腦袋，才勉強同意。

「有一件非常有趣的事，可以表現出當前總統和副總統對於共和政體的態度。去年十二月，當立憲派與革命派之間進行談判時，現任副總統黎元洪給袁世凱寫了一封信，告訴他如果聰明的話應該趕緊稱帝，因為時機對他非常有利，並且提醒他：李鴻章在一九〇〇年朝廷逃離北京時，便愚蠢地沒有抓住類似良機。

「所有關於中國正在發生巨變之類的言論，都不過是令人錯愕的老生常譚。歐洲那些關於中國的報紙，一度錯誤地以為，昏庸無能的滿清政府已經垮臺，黎明的曙光和嶄新的未來正在這個東方帝國出現；留學西方的新派學生被認為是這個國家的救星和新時代的先驅，就像土耳其和薩羅尼加❼的『改革者』一樣。

深埋在社會體制和民族性格中的騷亂根源沒變，經濟因素是直接導火線

「坦白地說，中國人仍處於政治無意識狀態，他們接受國民黨（Young China）❽就像接受上天賦予的任何一切，只是他們在精神上仍存有習慣性的保留。別人告訴他們，與苦悶、貧困、飢餓、貪汙、苛捐雜稅相聯繫的舊時代已一去不復返了，每個人都將變得富有和快樂。他們中那些樂觀積極的人相信這些美妙的故事，把共和制當成了救世主，以為所有美好的東西將很快實現。直到三個月過去了，他們才突然意識到這種想法的愚蠢。把舊事物換一個新名字並不會帶來任何好處。即使總統自己，在他的總統敕令中也承認，民國政府統治下的敲詐勒索、行賄受賄、威脅掠奪、暴力犯罪並不比舊時代少多少。人們通過自己的雙眼迅速地看到城市滿目瘡痍、搶掠

四處氾濫，他們終於意識到太平盛世仍然遠未到來。

「正如我之前所說，中國今年幸運地獲得了上天送來的大豐收。這種暫時的平靜已經到期，過去幾個月在華中出現的騷亂便是證明。深埋在社會體制和民族性格中的騷亂根源一直沒有改變，而經濟因素則是直接導火線。

「這種觀點並不僅我一人具有。這是生活在中國的、消息靈通的外國人的共識。《字林西報》今天對我進行了採訪。這份報紙起初帶著極大的熱情歡迎革命，並對其抱以厚望。然而如今，它只能悲哀地承認，由於沒有一個強大有效的中央政府，事情只是在變得更加糟糕。

「它指出，所謂的『共和』，只是毫無意義的稱謂。

在西方民主原則和儒家倫理之間來回搖擺

「這裡的『共和』並不是字面意義所說的共和，這對於一個公正的觀察家而言是顯而易見的。而它在未來將會意味著什麼，將由這個自封的『共和黨』逐漸揭曉。

「它在西方民主原則和儒家倫理的強大影響力之間來回搖擺，這就很好地解釋了為什麼立憲遲遲沒有進展，為什麼這個新成立的黨派幾乎沒能力做成任何事。

「在中國，人們在空談理想的西方治國理念；但最好的中式政治理念其實是袁世凱在今年十一月試圖推行的政策，這套具有建設性的理念與光緒皇帝在一八九八年戊戌變法中提出的理念相類似。

「這套政策可以逐漸打破滿漢隔閡，促進種族融合；可以廢除滿人沿襲已久的世代享有的特權；可以廢除在各省城駐紮的毫無用處的滿族部隊；可以建立君主立憲制，並從地方自治開始逐步推進改革，在十年內實現上下兩院的議會選舉。

「這個政府將大學學習日本模式，建立君主立憲制。然而最重要的是，整個政府結構將建立在儒家體系的基礎之上。

「這是康有為和『戊戌六君子』努力想要實施的政策，也是當前梁啟超領導下的立憲派的想法，他們是溫和的改革者，以保皇會作為組織，人數在一天天擴大。袁世凱在今年秋天闡述了這樣的想法，在多年的政治混亂甚至分裂之後，他堅信只有這樣的政府模式才能在這個國家生存。」

中華民族的信仰：家長制度、宗族觀念、勞動義務

我問，「那麼，這是當前局勢最有可能的結果嗎？」

「不一定。中國經歷了許多巨大的變動，也有可能經歷這一過程。儘管革命派在中國聲勢旺盛，儒家體系下的統治方式仍將堅持下去。人們的內心並沒有因為革命家的激情煽動而改變。我不是說改變是不可能的，但在中國，改革的進展一定會異常緩慢。中國的體制也許可以改變，但需要審慎的過程，而不是簡單的城頭變換大王旗。

「中國人內心深處需要儒家體系，儒家體系已經深入到這個民族的性格。整個中華民族的信

仰可以被概括為三點：家長制度、宗族觀念、勞動義務。在兩千年歷史中，這個地球上同質程度最高的民族，從未向他們的統治者，不論是同族或是異族，提出過任何要求，他們只希望享有在這種信仰下平安度日的權利。

「因此所謂『國民黨』的觀點，將注定失敗？」我問道。

「如果國民黨可以通過治國之道而獲得逐漸的演變，或通過新的國家形式來取悅大眾，那麼民眾將會尊重這個他們選舉的政府；如果它不能夠滿足這些緊迫的、現實的、不可回避的政治需求，那麼我們會發現，民眾將保留他們起義的神聖權利。

中國人是世界上最具造反精神但又最無革命性的群體

「正如著名的中國問題專家密迪樂[9]在六十年前所說，『中國人是世界上最具造反精神但又最無革命性的群體。』

「他們總是隨時準備起義。他們在香港被英國人統治，在膠州被德國人統治，在遼東半島被日本人統治，在北滿被俄國人統治。顯然，這些統治者的國籍對於他們來說並不重要。只要統治者足夠聰明、公正，並且尊重他們的傳統和信仰，他們便會安於現狀，接受統治，和平生活。

「我在上海公共租界的工部局工作了十年，這裡有六十萬中國人，我不斷發現新的證據，證明世界上沒有哪個民族能夠像中國人這樣對於一個好政府有如此快的接納度。」

「那麼，為什麼中國人比日本人落後？」我問道。

「赫伯特・斯賓塞（Herbert Spencer）有一次回答過這個問題，他說，本質上，我們不可能通過一次革命帶來的突然改變來扭轉一個人的政治習性和社會習慣，伊藤博文公爵也曾經向中國人闡述過這個觀點。」

我舉出了美國大革命和它的偉大成就作為反例。

濮蘭德先生回答說，「美利堅合眾國是數個世紀來根植於英國民族內心、與生俱來的一種精神表現。這種精神起源於英國憲章革命（Magna Carta），通過移民由『五月花號』（Mayflower）帶到新大陸，成為英、美兩國人民追求自由權利的基礎。你不能指望僅僅通過大叫兩聲『共和』，便可以把這種精神成功地灌輸給那些從不知道自由為何物的人們。」

「但事實是，」我向他提示，「中國人民自己在追求『共和』。」

他回答說，「我告訴過你，民國現任副總統曾鼓動總統利用革命造成的有利局面登基稱帝。」

中國南北之間的差異是不可調和的

「那麼革命真正的意義究竟是什麼？」

「它意味著接受西方教育的廣東人突然得勢，他們是滿清王朝土崩瓦解之際唯一有政治組織的群體。東南沿海三省❿的居民無論在人種、社會習俗還是政治生活上，都有別於生活在華中和華北平原的居民。他們被內地人視作蠻子，反之他們也毫不掩飾對內地人的輕蔑。北京的店鋪裡經常可以看到這樣的招牌：『出售廣東貨及其他洋貨』。

「這三個省分被綿延廣西、廣東直至浙江的山脈與華中地區隔開，生活在這裡的居民兼具山民和漁民的特點。所有移民到美國和太平洋諸島的華人都來自於此。他們聰明、勇敢、富有開創精神，在經商上不遜於世界上任何一個民族，這點通過白種人的各種排外法案也得到很好的證實。

「你很難相信吧？但這是千真萬確的。你們的排外法案是必要的。如果你們允許華人自由進入，他們將會吃掉你們，我敢保證，五代以後，將不會有任何白種人存在。

「美國人之所以對中華民國得出錯誤結論，其中一個原因就是他們對中國人的了解僅僅局限於廣東人和福建人。一個由東南三省組成的共和國是決不可能超越所有可能的束縛的。而在許多觀察家中存在的分裂主義傾向，使得他們認為這樣的共和國趨近完美。但在華中地區，對廣東幫（Cantonese Party）的政治對抗正在籌劃中，而且在數量上將很快超越他們。袁世凱去年十二月談起這方面話題時認為，中國南北之間的差異是不可調和的。」

美國對華政策反映出良心與政治需求間的激烈鬥爭

「那麼你對美國的對華政策有何看法？」我問道。

「美國的對中國和世界其他各國的政策，」他答道，「反映出良心與政治需求間的激烈鬥爭。你們的利他主義、對弱小國家的同情等無法克服的衝動，你們的與對外擴張的旺盛本能抗爭的人道主義，以及對國家未來政治和經濟需求的認識。在我看來，激勵美國前進巴拿馬和加勒比海，以及在太平洋建立其殖民地的精神，僅僅是眼前面臨的經濟壓力，以及主宰新市場的必要性的集體意識。若非『新的有利條件』（new places in the sun），太平洋的統治權將受到挑戰。

「不斷成長的製造業和下一代人對工業發展的強烈追求，將促使美國對中國實行門戶開放政策。為推進這種政策，美國政府在處理中國事務時一直示以慷慨和大度。這體現了其明智的想法，我相信近年來飽受詬病的『金元外交』（Dollar Diplomacy）政策也正基於此。

「但是，由於美國國務院缺乏經驗和能力，這些明智的想法和主動性可能帶來的好處，大部分都被偏見和損失所取代。

「舉一個眾所周知的例子，國務卿諾克斯先生關於日俄修建滿洲鐵路的中立態度，便是在一個關鍵時刻犯下的嚴重錯誤。國務院的這個愚蠢錯誤，催生了日、俄兩國對無助的中國人民共同採取的侵略行為。

「美國國務院在這段時期內感情用事的機會主義，看起來源於他們幼稚地相信條約、協定的效力。這些協定本來是用來保護弱小國家免受強大鄰國的侵犯，保護無助民族免受強者的欺凌。

「作為一個英國人，很欣慰看到美國政府的對外政策正基於更廣的經驗和更全面的信息而逐漸完善。借用塔夫脫總統最近的言論，不可能如同美國兩年前的對外政策一樣，僅憑如此初級的外交方法就成為一個理想中的偉大國家。這幅圖景將會展現更光明的一面，因為天意使得美國在滿洲問題上的潰敗成為其對華政策的終結。如今，滿洲和蒙古已淪為日本和俄國的戰利品，並且得到了歐洲列強的認同。在一個優秀的觀察家看來，這意味著日本先前通過太平洋沿岸地區甚至南美洲緩解的巨大人口壓力，未來若干年中將在他們掌控的中國西北部幅員遼闊且人煙稀少的地區找到出路。日本無疑在限制勞工前往美國和加拿大的問題上表現出了遠見。正如事實所證明的那樣，既然日本拒絕了諾克斯先生的中立方案，她顯然希望美國對其在中國領土上的擴張表現出善意。一個絕頂聰明的日本發言者，《東方時評》（*The Oriental Review*）編輯本田（Honda）先生在十一月十六日的伍斯特會議（Worcester Conference）上坦率地陳述了這一形勢。」

注釋

❶濮蘭德（John Otway Percy Bland, 1863-1945），英國人，生於愛爾蘭。一八八三年來華，考入中國海關，在北京總稅務司署任總司錄事司兩年。一八九六年辭職，就上海英租界工部局祕書長，兼《泰晤士報》駐滬通訊員。一九〇六年被派為中英公司駐華代表，一九一〇年遭開除。後病逝於英國的薩福克郡伊普斯威奇（Ipswich, Suffolk）。

❷滿清政府於光緒十七年（一八九一）為洋人設立的獎勵勳章。

❸白克好司（Sir Edmund Trelawny Backhouse, 1873-1944），或譯為巴克斯，英國漢學家。一八九八年來華為使館翻譯學生。一九〇三～一九一三年任京師大學堂英文教習。其間與濮蘭德合寫《清室外紀》和《慈禧外紀》二書，並廣為蒐集中國古籍與善本。一九一三年被派為倫敦大學漢文學院主任，未就。第一次世界大戰後在北京置產，致力漢學研究和翻譯。一九三七年因日軍佔領北平，被迫遷至東交民巷舊奧國使館居住。後病逝

於北平的法國醫院。

❹卡特夫人（Mrs. Carrie Chapman Catt, 1859-1947），美國爭取女性投票權的領袖及世界和平運動領袖。生於威斯康辛州瑞朋市（Ripon）。一八八〇年自愛荷華州立學院畢業後，在梅森市（Mason）任中學校長和校監。一八八五年與報紙編輯查普曼（Leo Chapman）結婚，但次年丈夫不幸過世。一八九〇年改嫁西雅圖工程師卡特（George W. Catt），開始積極參與州內、國內及國際的婦女選舉權運動。一九〇〇～一九〇四年及一九一五～一九二〇年，她擔任全美婦女選舉權協會（National American Woman Suffrage Association，簡寫NAWSA）會長，最終促成國會正式批准規定婦女享有選舉權的美國憲法第十九條修正案。一九〇二年，她協助創建國際婦女選舉權同盟（International Suffrage Alliances of Women，簡寫IWSA），一九〇四～一九二三年任主席。一九二〇年，她重組全美婦女選舉權協會，改稱為全國女性選民聯盟（National League of Women Voters），並出任首屆會長。在一九二〇、三〇年代，她還投身反戰行列。後病逝於紐約州新羅歇爾（New Rochelle）。

按：有關卡特夫人對中國婦女運動的觀察與影響，請見第六篇，一九一二年十一月十七日的〈為爭取選舉權而鬥爭〉和十二月一日的〈卡特夫人的考察報告〉等報導。

❺蒲安臣（Anson Burlingame, 1820-1870），美國外交家。一八四六年畢業於哈佛大學法學院，在波士頓當律師。一八五五～一八六一年任美國眾議院議員，是林肯（Abraham Lincoln）總統的密友。一八六一年受命為美國駐清公使，次年夏赴北京就職。任內主導美國對華政策，對於美國人的「中國觀」之形成頗有影響，並聯合列強對華奉行「合作」政策，深得清廷的信任和好感。一八六七年底任滿，受恭親王奕訢之邀為「辦理各國

中外交涉事務大臣」，次年二月率使團赴歐美，代表清廷就重修條約問題向列強說明立場。後在訪問俄國時，病逝於聖彼得堡。清廷追授頭品頂戴，並加賞恤銀一萬兩。

❻共和黨是民國初年較有影響力的一個政黨。一九一二年五月九日，以統一黨與民社為主幹，聯合國民協進會、民國公會、國民共進會、國民黨（由江浙從事教育和地方公益的學士所組成，非同盟會改組後的那個國民黨）等政團，在上海張園宣佈成立。推黎元洪為理事長，張謇、章炳麟（太炎）、伍廷芳、那彥圖為理事，程德全、湯化龍、林長民等五十四人為總幹事。成立不久，以章太炎為首的統一黨因不滿原立憲派人士跟舊官僚利用政黨與同盟會爭權奪勢，宣佈脫離該黨，重新獨立。五月二十九日，共和黨將本部遷至北京，改上海為交通事務所。其政綱標榜「保持全國統一，採取國家主義；以國家權力，扶持國民進步，應世界大勢，以平和實利立國」，實際上是與袁世凱結盟，對革命派構成嚴重威脅。隨著組織的發展，該黨黨員迅速增加，全國人數不低於十萬。一九一二年冬在國會選舉中失敗。次年五月二十九日與民主黨、統一黨合併，組成進步黨，與國民黨抗衡。

❼從洋人的角度看，“Young China”似應是當時中外新聞界對於那個時代富於改革精神的中國新派人物和革命黨的通稱，與滿清官派人物和康梁黨人相對應。例如，“The Young China Association”是同盟會的英文名稱。從同盟會到中國國民黨的演進時間表如下：

同盟會（一九〇五年八月～一九一二年八月）

國民黨（一九一二年八月～一九一三年十一月）

中華革命黨（一九一四年七月～一九一九年十月）

中國國民黨（一九一九年十月～　）

本書將根據各文時代背景，決定其適當譯名。

按：清光緒二十年（一八九四）正值中日甲午戰爭，孫中山赴夏威夷檀香山號召華僑親友，在十一月二十四日創立革命救國組織「興中會」（根據中國國民黨傳統，將這一天確定為創黨日）。一八九五年，興中會聯合華興會、光復會等幾個重要革命團體，於日本東京組成同盟會。同盟會於一九一二年三月三日在南京召開本部全體大會，通過新總章，選舉孫中山為總理，黃興、黎元洪為協理，宣佈正式改組為公開政黨。隨後又選汪精衛為總務部主任幹事，張繼為交際部主任幹事。新的《中國同盟會總章》規定，「以鞏固中華民國，實行民生主義為宗旨」。政綱是：一、完成行政統一，促進地方自治；二、實行種族同化；三、採用國家社會政策；四、普及義務教育；五、主張男女平權；六、勵行徵兵制度；七、整理財政，釐定稅則；八、力謀國際平等；九、注重移民墾殖事業。一九一二年八月，同盟會改組為「國民黨」。

❽薩羅尼加（Salonika），希臘第二大城市。位於希臘中北部，臨薩羅尼加灣，是薩羅尼加區首府及海港。始建於公元前三一五年，前一四八年成為羅馬治理下馬其頓省首府。公元一四三〇～一九一二年由土耳其帝國佔領。

❾密迪樂（Thomas Taylor Meadows, 1815-1868），英國人。大學畢業後赴德國留學，從慕尼黑大學漢文教授內曼（K. F. Neumann）習中國語文。一八四三年奉派至香港，旋至英國駐廣州領事館任翻譯。一八五二年初調往上海，仍任翻譯。後隨英國駐華公使文翰（Sir George Bonham）赴天京（今南京）訪問太平軍領導人，同年冬因病回國休假。一八五六年返滬任副領事，旋升任寧波及上海領事。一八六一年二月，上書英國外交

大臣羅素（John Russell），對太平天國表示同情。後調職盛京、牛莊。後死於牛莊領事任上。著有《中國人及其叛亂》（*The Chinese and their rebellions, viewed in connection with their national philosophy, ethics, legislation and administration. To which is added, an essay on civilization and its present state in the East and West*），記載太平天國初期歷史甚詳。

❿泛指廣東、廣西、福建三省和附近地區。秦始皇統一中國後，曾派五十萬大軍駐守嶺南，並將流亡豫、皖、閩的大批流民驅趕到廣西興安縣築靈渠，鑿通汀江、湘江和灕江，建立運糧通道。秦亡後，這批漢人留在當地成為客家人。東漢末年爆發黃巾起義，「群雄爭中土，黎庶走南疆」，居住在黃河流域的大批漢人紛紛南遷。後又有「永嘉之亂，衣冠南渡」。晚清末年，受太平天國起義的影響，大批客家人移居海南島、臺灣、香港、澳門、南洋群島，甚而遠至歐美各國。作為漢族分支的客家人與當地土著部落融合，形成了鮮明的地方文化特點，他們對中原政權比較疏遠和淡薄，與外部世界有更密切的商業和文化聯繫，較易接受新思想，因此成為清末民初時期國民革命的重要根據地。

美國呼籲共同承認中華民國❶

一九一三年四月四日

華盛頓四月三日電：國務卿布萊恩❷近日向這裡的外交使團透露，美國政府準備於四月八日正式承認中華民國，當天中國國會將選舉出正式的民國總統。普遍認為，袁世凱將當選。布萊恩國務卿呼籲各國政府在當天共同承認新生的中華民國。

一些在中國事務中有利益牽連的國家對美國的行為提出異議，但是威爾遜❸政府認為，此事繼續拖延下去對中國來說是不公平的。儘管美國政府官方表示，將認真考慮各方的異議，但這更多是一種禮貌性表態，不會產生任何實質作用。普遍認為，布萊恩先生已得到幾個大國使節的承諾，將會和美國一起承認中華民國。此間人士相信，當美國政府付諸行動後，將會出現對其倡議的簡單響應，儘管各國行動步調不一。

反對立即承認中華民國的那些國家，它們希望能在中國社會各方面狀況基本穩定後再予承認。威爾遜總統和布萊恩國務卿對此並不贊同。他們認為，總統通過議會合法選舉產生，則承認民國政府的要件即全部滿足。這樣的一個選舉足以表明中國事態正在好轉。中國人民選擇一個憲政的總統，便是共和制政府將會持續的明證。

美國政府承認中華民國的具體方式尚未透露。不過，據稱威爾遜總統將發表一份與布萊恩國務卿共同簽署的聲明，這份聲明將連同威爾遜總統的賀電一同發送給袁世凱總統。

布萊恩國務卿向各國表明美國政府態度的方式，成為此間外交使團成員茶餘飯後的談資。他們中大多數人認為，將各國外交使節一起召集到美國國務院，遞送表明美國政府態度的文書，是民主黨政府簡潔從政的巔峰之作。但必須承認，只有當照會成功送達外國使館後，才可能發生應有的外交效果。

有評論家分析，美國有關各國共同承認中華民國的倡議將緩和美國與各大國的外交紛爭。最近，白宮搶在其他在華有利益牽連的國家之前宣佈退出六國貸款，已在大國之間造成了嚴重的外交影響。

注釋

❶辛亥革命後，歐洲列強和日本以承認中華民國為要挾，企圖迫使民國政府滿足他們瓜分中國領土和奪取中國財政主權的無理要求。美國塔夫脫政府為了在中國實現其「金元外交」目的，與其他西方列強聯手，一再推遲對中華民國的承認，違背了美國民眾要求政府承認中華民國的主張。威爾遜就任美國總統後，於一九一二年五月二日在西方大國中率先承認中華民國，在客觀上產生了有利於中國的政治效果。

❷布萊恩（William Jennings Bryan, 1860-1925），律師出身，一九一三年～一九一五年任美國國務卿，當時總統為威爾遜。

❸威爾遜（Thomas Woodrow Wilson, 1856-1924）出生於維吉尼亞州一個大學教授家庭，一八七九年自普林斯頓大學畢業，一八八六年在約翰・霍普金斯大學獲得博士學位，一九〇二年就任普林斯頓大學校長，一九一〇年任新澤西州州長，一九一二年當選美國第二十八任總統。一九一六年連任。第一次世界大戰結束前夕，威爾遜提出《公正與和平》十四點方案，史稱「威爾遜主義」（Wilson Doctrine）。威爾遜主義根據啟蒙運動時期以人為本的理念，認為人類可通過教育和學習克服固有缺點而日臻高尚，各國人民之間可用和諧的眼光看待分歧，達成諒解，友好解決矛盾，避免戰爭。此外，「國家之間的利益矛盾是非零和的」，即國家之間可以通過合作與協調的手段來解決相互矛盾，建立集體安全體制，用集體安全來替代大國均勢，以此規避衝突和戰爭，實現雙贏。實現途徑是建立保衛世界和平的國際組織。一九二〇年獲得諾貝爾和平獎。

袁世凱正式當選民國總統❶

一九一三年十月七日

題記：在持續十二小時的投票中以三分之二多數獲勝——當選已被各大國認可。

北京十月六日電：臨時大總統袁世凱今天在北京舉行的議會兩院選舉中，以三分之二的多數票當選為民國總統，任期五年。

在八百五十名參眾兩院的議員中有七百五十九人參加投票。由於有二十多位候選人，因此進行了三輪投票，孫中山和伍廷芳在第一輪投票中落選，留下臨時總統袁世凱、副總統黎元洪。但黎之前曾聲稱如果被留用，他將不會就任。

最後的投票結果如下：

袁世凱五〇七票，黎元洪一七九票，袁獲三分之二多數當選。

宣佈結果令人振奮。投票過程持續十二小時，整個過程令這個新興共和國難以忘懷。

第一輪投票因參眾兩院議員不熟悉程序頗費周折。當投票結束時發現，袁得票四七一票，黎元洪一五三票，其他二十餘名候選人分享餘下票數。第二輪投票袁得票四九七票，黎元洪一六二票。因此必須進行第三輪投票。

袁當選照會已迅速發往各駐華外交代表機構等待認可。

此前民國外務部保證民國當選總統將履行滿清政府所簽協定，並繼續維護國際慣例。

注釋

❶一九一三年四月八日，中華民國第一屆國會在北京召開。議員中年事最高的雲南參議員楊瓊被公推為臨時主席，此後數月內依法進行了議長選舉、中華民國大總統選舉。國會全院委員長為林森，參議院議長張繼，副議長王正廷，眾議院議長湯化龍，副議長陳國祥。九月十一日，通過熊希齡內閣名單。十月六日，兩院選舉袁世凱為中華民國第一屆正式大總統。十月七日，選舉黎元洪為副總統。十月十日，袁世凱正式宣誓就任正式大總統。

民國將有新國歌❶

一九一四年七月二十六日

題記：從英語的譯文來看很像是政治宣言。

北京七月一日電：民國將要有新的國歌了。歌詞由民國著名政治家、農商總長張謇寫成。共有三段歌詞。配樂很有東方韻律，此歌很快便被民間傳唱，以下是歌詞大意：

巍巍崑崙，凝視華夏大地
滔滔江河，孕育古老文明
黎民當家作主，帝王離我們而去
唯有孔孟遺訓，吾等要緊緊牢記
堯舜時代，先人告誡
民有五族，不能分離
天下為公，重民輕君
矯枉過正，發展農工

文教興旺，民氣大和
國泰民安，江河有光

注釋

❶這是民國初年張謇任農商總長時撰寫的歌詞，曾被民國政府採用，一度傳唱。後來，由於袁世凱稱帝，洪憲黨人寫成新國歌將其取代。張謇寫的歌詞內容共三章，其一云：「仰配天之高高兮，首昆侖祖峰，俯江河以經緯輿兮，環四海而會同。前萬國而開化兮，帝包羲與黃農。巍巍兮堯舜，天下兮為公，貴胄兮君位，揖讓兮民從。嗚呼，堯舜兮天下為公。」其二云：「天下為公兮，有而不與。堯惟舜求兮，舜惟禹顧。莫或迫之兮，亦莫有惡。孔述所祖兮，孟稱尤著。重民兮輕君，世進兮民主。民今合兮族五，合五族兮固吾圉。吾有圉兮國誰侮，嗚呼，合五族兮固吾圉。」其三云：「吾圉固，吾國昌，民氣大和兮敦農桑。民生厚兮，勤工通商，堯勳舜華兮，民燮德章，牖民兮在昔，孔孟兮無忘，民庶幾兮有方。昆侖有榮兮，江河有光。嗚呼，昆侖其有榮兮，江河其有光。」歌詞內容一再強調「天下為公」、「民主、民生、五族共和」等主張，體現著張氏愛國愛民的情懷，其重視發展農工學商的思想在他的歌詞中也清晰可見。

退位幼帝受到優待

一九一四年八月二日

北京七月一日電：在中國這片充滿矛盾的土地上，出現了一個共和制政府善待退位皇帝的奇觀。民國政府不僅頗加禮遇這位遜帝，還對他的學習和福利給予特殊的關照。

這位已被廢除的「宣統皇帝」現在已九歲了，他在太傅陳寶琛[1]的指導下學業精進，已學完「五經」中的《詩經》和《尚書》。目前正在學習《禮記》和《春秋》。他擅長書法，能寫四平方英寸大的漢字。這對一個像他這樣年紀的孩子來說，算得上是技藝超群了。近些年來，他還開始學習外語。這個小傢伙不再孤獨，因為溥倫貝勒[2]的兒子是他的侍讀，每天早晨都進宮陪讀。

很有意思的是退位幼帝的父親醇親王卻是一個不大起眼的人物，他在清宮裡沒有什麼實權[3]。負責照顧小皇帝的是溥倫貝勒，據說這位往來於皇室和民國之間的滿清皇族比太傅們更贊成皇帝學習些新東西。

袁世凱的總統府和退位皇帝的皇宮之間友好相處，表明了這個新共和國內部民族間的團結與祥和。

注釋

❶陳寶琛，字伯潛，號弢庵、陶庵，一八五二年生，福建閩縣（今福州市）人。同治戊辰科（一八六八）進士，授翰林院庶吉士。歷任翰林院編修、侍講，充日講起居注官、內閣學士兼禮部侍郎。入閣後以直言敢諫聞名，與張之洞、張佩綸、寶廷等被譽為「清流黨」。一八九一年因參與褒舉唐炯、徐延旭統辦軍務失當事，遭部議連降九級，回原籍賦閒達二十年之久。其間熱心家鄉教育事業，親赴南洋募資建設漳廈鐵路。辛亥革命前夕起用，任山西巡撫，未到任，被留作溥儀之師傅，並任弼德院顧問大臣。清室傾覆後，積極慫恿溥儀復辟，深得寵信。一九三一年十月，溥儀被日本誘往東北充當偽滿傀儡，次年他也跟蹤而去，但被鄭孝胥排擠南返。一九三五年病逝於天津，得遜清晉贈「太師」，特謚「文忠」。

❷溥倫（一八六九～一九二七），滿清宗室，字彝庵，愛新覺羅氏，滿洲鑲紅旗。道光帝嗣曾孫，隱志郡王奕緯之孫，郡王銜多羅恭勤貝勒載治第四子。同治帝駕崩時，曾有望繼大寶，為慈禧太后所阻。光緒七年（一八八一）襲封貝子。光緒二十年（一八九四）加貝勒銜。光緒三十年（一九〇四），率清國代表團出席美國聖路易斯世界博覽會，以中國古典建築形式建造的「中國村」引起轟動，被西方媒體譽為「本屆博覽會上最漂亮的東方建築典範」。回國後任資政院總裁、農工商大臣，是宣統年間皇族內閣重要成員。贊同宣統帝遜位。

❸此說不確，醇親王載灃是清朝最後三年的實際統治者。愛新覺羅·載灃，滿清宗室，光緒九年正月初五日（一八八三年二月十二日）出生於北京太平湖醇親王府內。為奕譞的第五子，光緒帝載湉胞弟，宣統帝溥儀生父。光緒十六年（一八九〇）襲王爵，成為第二代醇親王。因義和團運動中德國公使克林德（Klemens Freiherr von Ketteler）在北京遇害，他於光緒二十七年（一九〇一）被委為頭等專使大臣赴德國道歉謝罪。光緒三十

四年（一九〇八）任軍機大臣。同年十一月其子溥儀入承大統，載灃任監國攝政王。次年代理陸海軍大元帥。辛亥革命爆發後，被迫辭去攝政王職。一九二八年遷往天津幽居。一九五一年二月三日病故，葬於北京西郊福田公墓。

《重構中國》書評

一九一五年五月十六日

愛德溫・舒曼（Edwin L. Shuman）

題記：《重構中國》（*The Remaking of China*）的作者阿道夫・韋利（Adolph S. Waley）對新生的民國及袁世凱總統的性格和志向進行了適時的研究。《重構中國》由紐約杜頓出版公司（E. P. Dutton & Co.）出版，每本定價一美元。

當中國的和平受到日本威脅時，人們不禁對關注中國內政、尤其是介紹肩負化解危機重任的袁世凱總統的書產生了全新的興趣。韋利先生的著作《重構中國》適時推出，書中以大篇幅描述了袁世凱登上中國權力巔峰的故事。作者是一位英國人，他對舉世震驚的中國革命進行了仔細研究，並將各個主要事件逐一整理，形成簡略得當的描述。他的筆觸帶著對共和制的不信任及對君主制的偏愛，以此評論中國人和中國的革命運動。即使如此，在這種偏見可被容忍的程度之內，作者的論斷看起來還是非常有趣的。

袁世凱智囊深受日本政治理念熏陶

韋利先生對民國締造者孫中山先生真誠的愛國情懷表示敬重，同時也認為孫的繼任者袁世凱更像一位專制暴君而非總統。然而，作者卻相信袁世凱是更適合統治中國的人，因為他是最具鐵腕、最具現實主義精神的總統。韋利先生相信，袁世凱正在效仿拿破崙三世（Napoleon Ⅲ）準備恢復帝制，但這沒有改變作者對袁氏的評價。

袁世凱對康有為委以重任（譯注：大概指主持名教、尊孔復古等），因此對中日危機產生了重要影響。眾所周知，正是在康有為倡議下，光緒皇帝發佈了著名的變法詔書，開始一八九八年的百日維新。康有為一直就是保皇派，但現在的問題是他的很多觀點來自日本。作者寫道：

「孫中山先生及其領導的政黨失勢、康有為及其追隨者重回中國政治舞臺等事件，對於預測中國的未來至關重要。孫中山先生的革命理念源自歐美，而康有為則完全受日本政治思想的影響。康有為和他最出色的弟子梁啟超對日本知之甚深，他們因此堅信，國家強大的真正祕訣在於既吸納西方文明的精粹，同時保留民族本身悠久的歷史文化傳統。」

袁氏翻手爲雲、覆手爲雨的政治風格

讓我們來看一下中國的拿破崙在面對危機時是如何處理的。袁世凱第一次出現在韋利書中是一八九八年，當時，光緒帝在康有為建議下，命令袁世凱趕往天津拘捕並處死直隸總督榮祿，而後帶領一萬精兵迅速折回北京囚禁慈禧太后。袁世凱到天津，來到他的朋友榮祿的私宅說，「你當我是信得過的自家兄弟嗎？」

「那是當然。」榮祿答道。

「如此就好。皇上派我來殺你，但我現在要抗令，因為我忠於老佛爺，對你一片赤誠。」

第二天，光緒帝被囚禁，慈禧太后再次臨朝「訓政」。袁世凱以令人折服的方式解除困境，選擇倒向更強勢的一方，這符合他的個性。當年，身為山東巡撫的袁世凱在義和團運動中就保護了省內的外國人。袁世凱的另一項功績是他領導了禁煙運動。

慈禧太后於一九〇八年去世。一年後，視袁世凱為政敵的攝政王載灃解除了袁的官職，把他遣回河南老家。再過兩年後，孫中山的革命軍在中國南方勢如破竹，這位攝政王又將流放的袁世凱召回，要他拯救風雨飄搖的滿清帝國。袁世凱認真考慮了兩週，最終接過了載灃遞來的橄欖枝，成為滿清內閣總理大臣。

編練新軍成爲袁世凱最大政治資本

即使是袁世凱的死黨，他們也不得不承認，袁氏「為擴張政治勢力、在權力階梯上繼續往上爬，已經數度背叛，膽大妄行」。滿族人認為，袁世凱擔任總理大臣期間，實際上為清朝滅亡推波助瀾。韋利先生也認為，袁氏對滿清朝廷的忠誠非常令人懷疑。袁世凱深受清廷倚重，他可以自行頒佈命令，其中一項就是讓滿清最優秀的將領卸甲歸田，轉而由自己的死黨掌控軍權。作者接著寫道：

「袁清楚地認識到，一旦清廷垮臺，皇權將很容易地落到一位鐵腕人物手中。此人應該擁有自己完全掌握的忠誠的軍隊。基於這一認知，袁世凱堅信，由他親手培育出來的中國新軍定會誓死效忠於他。確保袁世凱輝煌一生的最大成就，就是成功在編練了新軍。正是基於這個大膽的預測，袁世凱一直在等待這一時刻的到來。首先，這是為實現國家太平及他本人野心所必須完成的使命。其次，要在危機四伏中順應時代的潮流，推翻滿清皇室的統治，他需要有自己的軍隊能夠無條件地服從他的命令。」

折衝南北摘取革命果實

袁世凱掌握軍權後，接下來就是說服南方共和派。革命黨佔領南京，兵鋒所向，勢如破竹，勝利在望。於是，袁世凱祕密成為共和派領袖，但同時又從清廷支取俸祿。作者承認，袁世凱本來是一個眾所周知的堅定的君主制擁護者。乍看起來，他在政治上的華麗轉向很令人奇怪。但作者接下來說，袁世凱對於拿破崙的事跡瞭如指掌，他知道什麼是通向皇權的墊腳石。上海舉行南北和談[1]，由伍廷芳代表南方革命政權出席會議，而袁世凱則指派唐紹儀作為代表參加。但是，他私下又計劃叛變清廷，與民國合流。

有一種觀點認為，袁世凱與這次叛變無關，是唐紹儀背叛了清廷和袁世凱本人。韋利先生對此進行了仔細的分析，得出結論是：

「如果說袁世凱是在祕密為民國前途謀劃（同時也滿足個人私欲）的話，他任命唐紹儀出任和談代表的意圖就非常明顯。因為唐紹儀是袁世凱的密友，而這位廣東人又深受革命黨領袖的歡迎，因為大多數革命黨人來自廣東。唐紹儀因此成為南北和談最合適的人選，能立即與南方共和派和談。但是，顯而易見，他並不代表清廷，而是袁世凱本人的代表去與革命黨領袖商談。其條件是，一旦民國成立，袁世凱將成為首任大總統。」

將成爲第二位康熙大帝

孫中山先生這位為建立共和歷經流放與死亡威脅的民國首位臨時大總統，剛剛就任不久，其勝利果實就被強勢的敵人摘走了。孫中山先生一開始是信任他的繼任者袁世凱的，但袁氏的倒行逆施很快引發孫中山的二次革命，並被迫流亡日本。此後，袁世凱採取更為專制的手段，最終解散國會，取締在國會中佔大多數的國民黨人，進而公然推行獨裁統治。韋利先生認為，袁世凱不僅期待成為儒教領袖，更要成為新的皇帝。他將袁世凱與統一中國並實現國家富強的康熙大帝進行了對比：

「所有事實表明，袁世凱將成為中國的第二位康熙大帝。大家有理由相信，袁世凱的出眾智慧和強勢性格正與他將要承擔的重任相匹配。在他的領導下，中國將恢復一個強國的實力，實現國家與民族的自立。中國將在各領域全面西化的同時，繼續保留符合中國人精神特性的民族文化傳統。」

作者認為，正是因為袁世凱恢復了中華秩序，他個人其他過失都可被原諒。「所有事實表明，袁世凱是最符合中國國家利益的人選，」作者寫道，「如果按我們的標準來判斷，袁世凱攫取國家權力的方式確實不擇手段，但他行使權力的方式卻完全出自於真摯的愛國情懷。」

讀者對此也許無法贊同作者那麼肯定的意見。這位在偽裝之下完全是一個利己主義者的鐵腕人物將如何應對日本的威脅和侵犯，尚有待我們的觀察。此外，特別值得一提的是，正是在袁世凱推動下，中國於一九一三年接受了西方列強的善後大借款。而在美國退出銀行團後，日本加入，向中國提供了部分借款。

總之，本書在異常精簡的篇幅裡，以清楚明快的方式，向我們講述了中國革命的主要事實，頗具權威性。

注釋

❶時間為一九一一年十二月至次年二月。

徐世昌當選民國總統

一九一八年九月七日

北京九月六日電：前清廷弼德院❶副院長徐世昌以多數票當選為中華民國新總統。

徐世昌得勢於晚清末年，他是日俄戰爭後清廷負責中日俄三方談判的主要官員。徐還是滿清「皇族內閣」的協理大臣，一度傳言可能接任總理大臣。一九一七年六月，反叛的督軍們在天津開會，奉徐世昌為大元帥。一九一七年夏，宣統皇帝復辟❷，曾邀徐世昌出任要職。之後有傳言稱，徐世昌可能接替馮國璋出任總統。上個月，北洋軍閥們提名他為大總統。

注釋

❶弼德院為清末仿日本樞密院而設立的國務顧問機關，於宣統三年（一九一一）五月成立，徐世昌任弼德院顧問大臣。一九一七年張勳擁溥儀復辟後，清室曾委任徐世昌任弼德院院長、康有為任副院長，但徐世昌推脫未就。一九一六年三月袁被迫取消帝制，恢復民國年號，起用徐世昌為國務卿。因徐世昌要求討袁護國軍停戰議和遭拒，徐辭職並力薦段祺瑞繼任。同年六月袁世凱去世，黎元洪繼任大總統，段祺瑞出任國務總理。段以北洋正統派首領自居，與黎元洪分庭抗禮，史稱「第一次府院之爭」。十一月，徐以北洋元老資格調解黎元洪和

段祺瑞之間的權力鬥爭，後又調解直系首領馮國璋和段祺瑞的矛盾。一九一八年十月，徐世昌經皖系操縱的安福國會選舉為總統。

❷ 指張勳復辟。一九一七年六月十四日，張勳利用黎元洪與段祺瑞的矛盾，率五千名「辮子軍」，借「調停」之名進入北京。三十日，他在清宮召開「御前會議」，把十二歲的溥儀擡出來宣佈復辟，改稱此年為「宣統九年」，通電全國改掛龍旗，自任首席內閣議政大臣兼直隸總督、北洋大臣。康有為被封為「弼德院」副院長。復辟僅十二天即破產。

徐世昌宣誓就職

一九一八年十月十七日

題記：外國人未被邀請參加就職典禮，副總統一職空缺，每張選票發三百大洋。

北京十月十六日電：徐世昌今天宣誓就職。媒體和外國人未被邀請出席儀式，原因據說是總統府覲見廳內部空間不足，而實際上那裡可容納上千人。政府不邀請外國人參加儀式的真正原因，是他們料不準外國公使館對新總統的態度。

在招待會上，外交使團長向徐總統表示了祝賀，得到總統回應。

議會昨天開會選舉副總統，但出席議員未達到法定人數。於是，議長驅車前往動物園，一些議員正在那裡用餐。議員們聽聞議長要來的風聲便趕緊撤離了。據說每位議員投票即可獲得三百大洋，所以當時銀行裡十分熱鬧。但是，由於選舉失敗，黨團領導人遂停止簽發支票。

上海和平談判有所進展❶

一九一九年四月二十日

北京四月十九日電：中國國內局勢因上海和平會議的恢復獲得改善，許多引起爭議的問題都非正式地進行了討論。據估計，各方除有關北京安福國會問題外，可能達成協議。

為儘快地達成和解，和談代表們提議會址選擇在上海的原德國俱樂部，以避免會外「極端分子」為阻礙必然的和解而搗亂。

北京政府提出的解決方案包括削減南北雙方軍隊數量，將現在超過一百二十五萬人的軍隊削減到四十個師，並且今後還要進一步削減，以減輕國家沉重的財政負擔。

目前，每年的軍事開支已佔到國家稅收的五分之四。北京政府方面還建議，民政與軍政分立，以及開展經濟建設。

預想中的經濟計劃包括建設國有高速公路、鼓勵教育、貯備糧食，形成政府壟斷。簡言之，實行國家社會主義制度。

注釋

❶孫中山組織二次革命失敗後，袁世凱以「叛亂」罪下令解散國民黨，並驅逐國民黨籍國會議員，導致國會由於人數不足無法運作而休會。一九一六年六月袁世凱死後，同月二十九日，繼任總統黎元洪申令恢復民國元年約法、恢復國會。一九一七年五月發生「府院之爭」，總理段祺瑞被黎元洪解職，眾議院議長湯化龍也跟隨辭職。六月，張勳復辟，解散國會。段祺瑞「再造共和」後，拒絕恢復國會，仿民國元年之例由各省選派代表，於十一月十日重新組織「臨時參議院」，另行選舉「安福國會」。同時，吳景濂、王正廷等於一九一七年七月響應孫中山護法號召，率領一百三十多名議員南下廣州，召開國會非常會議，九月一日選舉孫中山為大元帥，開始護法戰爭。因此，當時中國存在兩個「國會」，其中，北方新國會（一九一八年八月十二日～一九二〇年八月）被「安福俱樂部」控制。

北京政府因和談失敗而倒閣❶

一九一九年五月十七日

題記：上海和平會議因面臨國家分裂暫時休會，南北和解計劃失敗。由於尚有妥協希望，總統拒絕讓顧問們離開。

巴黎五月十六日電：根據北京發給出席巴黎和會代表團的電報，民國內閣已宣佈總辭職，但未被總統接受。

另據報導，中國南北雙方代表在上海舉行和平會議，但已破裂。

華盛頓五月十六日電：此間民國官員分析，北京政府倒閣可能是因為試圖調和南北雙方立場的上海和平會議破裂所致。然而，雙方最終達成協定的希望仍未放棄。

他們指出，該會曾於三月一度中斷，由於中間人士斡旋重新復會。他們預測，總統之所以不願接受辭呈，表明他力圖為實現和解再做努力。

據報導，北京政府曾於五月七日指示參加巴黎和會的中國代表團不要簽署和平協定。但是，此消息未得到中國官方證實。剛剛於今年三月三日才重新組成的內閣宣佈解散，似乎不太可能與中國人對「山東問題」❷的情緒有關。

南北雙方代表已在上海談判數月，但會議大多數時候都陷於僵局。主要癥結是對北京政府控制的議會如何定位。近來有報導說，雙方出現了一些和解的跡象。

注釋

❶段祺瑞於一九一八年十月十日請辭國務總理後，由內務總長錢能訓兼代，並於同年十二月組成新內閣。一九一九年六月十二日，因受五四運動影響，錢能訓內閣辭職。

❷「山東問題」是指日本於一九一四年藉對德宣戰之機強佔山東膠州灣及膠濟鐵路的歸還問題。膠濟鐵路是山東問題中最關鍵、難度也最大的問題，亦是中日之間長期爭執的主要焦點。中國代表團要求收回膠濟鐵路，日本則提出膠濟鐵路由中日合辦，雙方分歧較大。中日雙方決定先從較簡單的問題著手，再集中討論鐵路問題。十二月五日，日本宣佈：放棄中德一八八九年條約中規定的用人、投資、供給物料等優先權；對中國一直堅持的立場予以承認。經過堅決抗爭，中國收回了青島海關。在討論官產、公產問題時，在美英調停下，中國經過再三爭執，基本上得到解決。但國民代表蔣夢麟、余日章認為局勢危急，發電回國表示應速通告全國死力抗拒，舉行國民示威運動。十二月十二日，北京四十餘所學校的數千學生遊行示威，要求尊重民意，將魯案提交華盛頓大會，無條件收回膠濟鐵路等。十二月十四日，日本代表提出借款贖路的辦法，要求中國向日本銀行家籌借一筆長期貸款來贖買鐵路，在貸款使用期間應聘用由日本金融家推薦的總工程師、車務長和會計師各一人，仍

企圖長期控制這條鐵路。中方認為，鐵路已修好並已在運行，根本不需要鐵路借款。中方首先堅持用現款贖路，但中國當時不具有這一實力。為推進談判，中國做出一定讓步。日本政府在中方堅持下，同時受到中國輿論堅決反對和美英壓力，不得不表示退讓。一九二二年一月十八日，日本代表同意中國以國庫券贖路，期限十五年，五年後可先行付清；該路雇中日會計長各一人，職權相同，並雇日人為車務長。美英都迫切希望中日交涉取得成果，因此對日本方案表示滿意，遂轉而對中國施加影響，極力勸說中方接受。北京政府明白日本提案是「最後辦法」，「雖不能完全滿國人之望，特事勢如斯」。於是在一月二十七日正式電令中國代表簽字。經過兩個多月，三十多輪艱難談判，中國利用當時較為有利的國際形勢和列強矛盾，在中國人民的堅決抗爭下，迫使日本在山東問題上做出一定程度的讓步，在法律形式上結束了日本對山東的軍事佔領和政治控制。

外蒙王公希望重返中國懷抱

一九一九年十月三十一日

題記：外蒙古厭倦了自治，希望重返中國，並請求北京政府支付外蒙王公的年金俸祿。

北京十月二十四日電（美聯社）：北京政府駐庫倫❶辦事大臣陳毅自外蒙首都庫倫向北京發報，稱收到了「蒙古各盟旗」王公們的請願書。

請願書稱，幾年前，在某些人陰謀煽動下，外蒙宣佈自治，自此以後，飽受俄國欺辱。現在，他們非常羡慕內蒙仍能從中央政府那裡獲得種種優待。

外蒙王公們向中國政府表示，希望取消自治，願意重回中國的懷抱，受到中央政府保護。同時，他們希望北京政府能夠接手庫倫政府對俄國人欠下的債務，並支付王公和喇嘛們的年金俸祿。

陳毅建議北京政府接受這項請願，又說，「如果政府猶豫不決，將永失良機。」

據悉，北京政府已向陳毅發電，指示他接受這一請願，並表示同意向王公們每年撥付八十萬銀元的年金俸祿。

中國外交部獲得指令，正與俄羅斯駐華使節進行談判，討論廢除一九一四年中俄簽署的承認外蒙自治的《恰克圖條約》❷。

一九一一年辛亥革命爆發後不久，外蒙王公們自行宣佈獨立。一九一二年十一月三日，沙俄政府宣佈承認外蒙獨立，並在庫倫與外蒙簽訂條約和協定，將外蒙置於沙皇俄國保護之下，宣稱廢止了中國的宗主權，並禁止中國軍隊駐紮外蒙。

但是，中俄雙方此後又簽署條約，俄羅斯承認外蒙是中國領土的一部分，中國對外蒙擁有宗主權。同時，中國承認外蒙自治。中國駐科布多、烏里雅蘇臺和庫倫的佐理專員負責在外蒙行使司法管轄權❸。

一九一三年十月，沙俄向外蒙提供了二百萬盧布戰爭貸款。

注釋

❶庫倫（Urga），即今外蒙古首都烏蘭巴托（Ulaanbaatar）。一九一一年辛亥革命後，隨著清朝統治的逐漸瓦解，在沙俄駐庫倫領事的策動下，外蒙古活佛八世哲布尊丹巴在庫倫宣佈獨立，建立「大蒙古國」政府。隨後俄蒙軍隊包圍了清朝政府駐庫倫的辦事大臣衙門，解除了清軍的武裝，並將辦事大臣三多及其隨從人員押送出境。此獨立未被當時的清朝政府和後繼的中華民國政府承認。

❷即《恰克圖協定》。一九一三年，沙俄當局迫使袁世凱執政的北京政府簽訂了《中俄聲明》。聲明規定：外蒙

古承認中國宗主權。中國、俄國承認外蒙古自治。外蒙古為中國領土的一部分。中國不得在外蒙古派駐官員、軍隊，不得移民。一九一五年六月七日，中俄蒙在外蒙古恰克圖（Kiakhta）簽定《恰克圖協定》，將此聲明具體化。據此，同年六月九日，外蒙古宣佈取消「獨立的大蒙古國」。袁世凱冊封哲布尊丹巴八世為「呼圖克圖汗」，並赦免獨立運動人士。外蒙古實行自治，但實際上為沙俄所控制。

❸一九一七年俄國十月革命之後的蘇聯政府兩次發表對華宣言（分別在一九一七、一九一九年），宣佈廢除沙俄與中國簽訂的不平等條約，但事實上繼續支持外蒙古獨立。蘇聯在一九一九年七月二十五日發表對蒙古聲明，稱外蒙古是一個獨立的國家，要求與之建立外交關係。一九一九年十一月七日，由於遠東的沙俄殘餘勢力（白俄）與蘇聯均忙於內戰而無暇顧及對外蒙古的援助，庫倫當局求助於中華民國總統徐世昌、北京政府首腦段祺瑞，徐世昌派徐樹錚率兵進入外蒙古。十一月二十二日，徐世昌下令取消外蒙古自治，恢復舊制。同時取消《中俄聲明》和《恰克圖協定》。

要自治還是要銀票

一九一九年十一月一日

蒙古是東方一個遙遠的國度。可是，最近外蒙古的內部動蕩還是贏得了住在紐約格林威治村❶或世界上其他地區的自由主義知識分子的同情。當然，格林威治村的房租近來是越來越高了，已非那些嚮往文學和藝術殿堂的窮酸文人們所能承租得起了。

數年前，外蒙各盟旗的王公們按捺不住內心對自由的憧憬，自行宣佈自治。儘管長期以來，中國對外蒙擁有宗主權，但辛亥革命爆發後，她自顧不暇，竟然未提出反對。當然，也許在縱貫幾千年的中國歷史中，分久必合，合久必分，此類事件曾無數次重演，中國人早已洞悉事件的經緯，而且知道它將如何演義。

現在，演義的結果終於揭曉。外蒙確曾一度非常享受自治，相信自由崇高至上。然而接下來，自由的壞處也一一呈現。外蒙人發現自己失去了中國政府的庇蔭後，就得直接面對俄國人的威脅。很快，他們就抱怨俄國人欺負他們。通常情況下，俄國人侵犯中國領土時，總會被其他覬覦中國的列強察覺，進而引發列強之間的衝突。但是，外蒙離列強實在太遠，基本上不會引起他們的嫉妒。

沙俄向外蒙提供一筆貸款，外蒙人仔細研究後，發現對自己並無益處，但是，又不得不如期簽署貸款合同。十月革命的爆發讓外蒙鬆了一口氣，此時此刻，自治已然失去了它全部的魅力。外蒙各盟旗的王公們與他們在內蒙的鄰居做出一番對比後，失落感更加強烈。

內蒙的部族首領和王公們謹小慎微地選擇了繼續接受中國的宗主管轄權。於是，他們仍然可以享用到中國政府給予的種種好處。最重要的是，他們繼續拿著北京政府撥付的年金俸祿。外蒙王公們說，自治是件非常好的事，可是，如果沒有年金俸祿的話，生活又能像什麼樣子呢？

鑒此，外蒙王公們給中國政府呈遞請願書，稱他們是上了陰謀家的當才提出自治的。現在，王公們希望「取消自治」，重回中國的懷抱。他們希望北京政府能夠同時接手俄國貸款這個燙手山芋。最要緊的是，他們希望北京政府能夠同意立即重新發放他們的年金俸祿。而繼承了幾千年中國歷史智慧的睿智的中國人，張開雙臂，擁抱回頭浪子，並立即同意向外蒙王公撥出八十萬銀元的年金俸祿。

這一事件著實令人同情和憐憫，卻亦屬尋常。身體與靈魂的自由，尤其是行為與不行為的自由，是我們所有人都嚮往和憧憬的。我們中的大多數人曾經享受或正在享受著這種自由。這是人類最殷切的渴望。然而，與此同樣殷切、也同樣閃耀著生活理想之光輝的，是對每日三餐的渴望。毫無疑問，外蒙各盟旗的王公們現在的心情一定非常舒暢，因為他們知道八十萬銀元即將到手。人生的一些實際的小願望即將實現，而另一些不切實際、不負責任的夢想則將被犧牲掉。可是，有什麼關係呢？外蒙王公們可以大快朵頤了。

注釋

❶格林威治村（Greenwich Village），位於美國紐約市曼哈頓區百老匯大道的華盛頓廣場以西、十四街以南、休斯頓街以北一直到哈得遜河的一片舊城區。這裡在十九世紀曾經是工廠區，後來聚居了許多崇尚自由的藝術家和新潮文藝青年，因此而聞名於世。

中國退位幼帝近況

一九二〇年十一月十四日

濮蘭德

中國自一九一二年建立民國後，無論是陛下，還是皇上，就再也沒有了。這裡就像南美洲國家一樣，總統似走馬燈不斷更換，議會也變化無常。女人們還沒爭取到選舉權，但是新的婦女解放運動又開始了。護法派與軍閥之間的戰爭，還有其他各種民主訴求層出不窮。然而，奇怪現象還是出現了，即中國仍然有一個皇帝，儘管他的頭銜未在全中國獲得人們認可與尊敬，但依舊保留了皇家先前所有的尊貴和宮廷禮儀。

一個共和制國家，卻仍然保留著皇帝作為倫理綱常的一部分，備受列強禮遇，這種不可能存在的安排，令歐洲人印象深刻；但中華民族精神非常特有的天性，即無論在經濟領域或政治領域，中國人總是反對走極端。中國治國之道的基本原則（國民黨〔Young China〕也跟其祖先一樣絕對遵行）是，不可斷絕退路，要留有餘地，未雨綢繆。

就中國人而言，儘早恢復帝位的這個意圖，透過幼帝宣佈自願退位的詔書文字，表示得相當清楚。

這種「應有的禮節」和首都官場對於帝位的態度，在一九一七年七月張勳以其私心，藉政變企圖復辟的鬧劇之後，很明顯地表現出來。那些關心中國事務的人士想來不會忘記：事先沒有任何警示，而且確實他沒有任何默許的表示，皇帝就被張勳強迫恢復帝位了。以皇帝名義發出了一週的詔書，象徵皇權的龍旗在紫禁城上空飄揚。但是，當這個小鬧劇不光彩地收場時，張勳的軍隊被禮送出京，無論在北京或在各省，對皇帝都沒有任何不恭之辭。與此相反，民國政府還以適當方式發表聲明，表達了對陛下的尊敬，並對張勳這個有野心的陰謀家擅自闖入皇宮禁地打擾陛下安寧表示遺憾。

少年天子可效仿光緒推動憲政

當民國建立時，幼帝僅僅只有六歲，今天他已十五歲了。因此，他的未來究竟如何，越來越引起人們的關注。不僅僅是對他的家庭，更對他那些令人尊敬的監護者們，民國總統徐世昌就是其中之一。尤其令人感興趣的是他的婚姻，按照皇家傳統，這件事必須提前決定。在京城高官中流行的說法是，解除中國政治困境的最好辦法是滿清皇室同意溥儀迎娶徐世昌的女兒為妻。

普遍的想法是，如果這樣做了，滿漢不通婚的家法就將因皇帝迎娶漢家姑娘而破除。那麼，中國南方的反清運動將在很大程度上失去動力，而準備重建一個皇權受到削弱與制約的君主立憲制國家的道路將會展開。

讀者將發現，我是站在目前北京政府、尤其是北方知識分子群體的觀點來看待這個問題的。

在北京，特別是接受過西方教育的年輕官員們不會反對這個想法。但是在南方，特別是居住在租界內受到條約保護的那些七嘴八舌喜歡空談的學生和新聞記者們宣稱，恢復帝制是不可能的，共和制度是國民意志唯一的表達形式。

我可以毫不猶豫地斷言，他們錯了，恢復帝制運動將贏得絕大多數人發自內心的擁護。他們歡迎它，不僅因為「天子至高無上」的思想在中國延續了幾千年，建築在儒家體系的牢固根基之上，而且由於現政權從上到下無不腐敗麻木而且混亂無序。如果這樣的意識獲得眾人的認同，那將使公眾輿論逐漸認識到，這位年輕皇帝不僅聰慧機敏，而且他所受的教育將能夠使得他打破先前的偏見與幻想，效仿不幸已故的先帝光緒一樣，畢生推動憲政事業，並將自己的一切獻身於中國人民的幸福與進步。

幼帝學習和日常起居情況

在我最近訪問北京期間，結識了溥儀的英文教師莊士敦❶，從他那裡知道了好些少年天子的教育和生活起居情況。

幼帝的教育嚴格遵循儒家倫理和祖宗家法，他白天的每個小時都規定好了學習、運動和娛樂的日程。除英文教師外，還有另外三位老師來準時上課。他的課業從清晨六點開始，由支持光緒推行憲政改革的大學者兼詩人陳寶琛教授中文課❷。

莊士敦形容溥儀是少有的天資聰慧的少年，性情開朗，喜愛學習，尤其喜歡地理和國際政治，在交談時最喜歡了解海外遊歷趣聞。民國總統徐世昌（是與幼帝關係密切的監護人，堅定的帝制擁護者）對安排他明年到歐美各國微服私訪的計劃相當贊成，準備由莊士敦和李經邁❸帶少量隨從陪同。

一九一二年，民國締造者們同意每年提供皇室四百萬銀元津貼，但溥儀的活動範圍被限縮於紫禁城內，宮廷日常生活仍如其舊。從此，皇帝再也不能踰越宮禁半步，夏至和冬至也不能莊嚴地行經皇城與京城，在天壇舉行隆重的祭典了。他不能再代表人民到先農壇向神農祈福，或是接受藩部使臣的朝覲。置身繁文縟節的紫禁城小朝廷內，一切旨令、禮儀、尊號仍存不廢。

宣統帝喜歡運動，但是，宮內空間有限，鮮能滿足他健身的愛好。有時他也騎馬，由於宮禁森嚴，他騎馬只能由一位僕人牽著，繞著宮內的石板地一圈一圈慢走，這類運動很難激起他的興趣。不久前，莊士敦希望民國政府允許宣統帝搬進頤和園，可減少太監們的影響，並且還可以學習打網球，在昆明湖內進行划船訓練。

注釋

❶莊士敦（Sir Reginald Fleming Johnston, 1874-1938），英國人，生於蘇格蘭的愛丁堡。牛津大學畢業後考入殖民部，歷任香港總督府祕書、威海衛英國租借地行政公署長官等職。一九一八年被末代皇帝溥儀聘為英語教師，同時教授數學、世界史、地理。一九二四年十一月協助溥儀逃往東交民巷日本使館。一九二七年任英國駐威海衛總督。一九三〇年十月返國後，任英國外交部顧問、倫敦大學漢學教授。一九三一年代表英國外

交部來華辦理庚款及歸還威海衛等問題。後曾到偽滿洲國訪問溥儀。著有《紫禁城的黃昏》（*Twilight in the Forbidden City*）等書。

❷其他兩位師傅是朱益藩、梁鼎芬。

❸李經邁（一八七六～一九三八），字季高（季皋），安徽合肥人。李鴻章次子。初為工部員外郎，一九〇五年授出使奧地利大臣，次年授光祿寺卿。一九〇七年因母病回國，歷任蘇、豫、浙等省按察使。一九一〇年以隨員往日本、歐美考察軍事。一九一一年署民政部右侍郎。辛亥革命後，隱居上海，與宗社黨人來往密切。一九一七年張勳復辟時，任外務部左侍郎。

前美國公使芮恩施講述袁世凱

一九二一年十二月四日

在本報十二月的「亞洲專版」（issue of Asia）中，曾在威爾遜總統時期出任美國駐華公使多年的芮恩施[1]博士講述了袁世凱的政治興衰史。

芮恩施先生將袁世凱描述成一位真正偉大的中國政治家，是俾斯麥[2]與狄斯雷利的結合體。袁世凱的一生似乎印證了民國政治家周自齊先生的觀點，即中國的民主在蓬勃發展，將衝垮一切舊制度。芮恩施先生說，「想要了解錯綜複雜的遠東事務，就必須研究袁世凱，了解其為人處世，敗在何處。」

一九一三年十一月十七日，新任美國駐華公使芮恩施履新並發表演說。袁世凱總統請他坐在八匹馬拉的大車中，由一隊騎兵護送。當芮恩施終於站在慈禧太后「幽禁」光緒皇帝多年的宮殿（譯注：中南海）大門前時，不由得眼前一亮。這裡現在成了袁世凱的總統官邸。

袁總統像歷史上所有的皇帝一樣，喜歡隆重的儀式。袁與腓特烈大帝（Frederick the Great）一樣喜歡陣容龐大的軍事儀仗隊。芮恩施檢閱過威風凜凜的儀仗隊後，進入覲見室。只見袁總統端坐堂上等候他，兩側有三十位將軍肅立。

袁世凱選擇用西式禮節與芮恩施公使握手，但他「顯然還是一位謙和而不失威嚴的舊式中國人」。在後來一次訪談中，袁世凱為取悅美國共和黨，對他將「中國的民主黨」（國民黨）逐出國會並隨後解散該黨做了一番解釋❸。

他說，「這不是一屆完美的國會，因為大部分議員都是空談的理論家和年輕的政治家。他們總是企圖干涉政府的施政行為，還想就所有事情立法。國會的真正職能應該是為民國制訂一部永久憲法，可是，他們並沒朝這個方向努力。」

當芮恩施公使離開袁的總統官邸時，他的腦海中只有一個印象，即袁是「一位繼承了古老帝制的大元帥」。袁世凱接受了國會，將它視為不得已必須面對的麻煩，但決不允許它干涉到自己的政治事務。

袁曾在與芮恩施的某次會面中說，「你看，中華民國是一個非常年幼的孩童。必須有人好好餵養她，不能讓她吃大魚大肉，或者服用外國醫生開出的那類猛藥。」

一天，袁世凱總統宣佈，「我決定，在冬至之日舉行祭天大典。」已故的民國總統顧問莫理循博士可謂是西方世界中最了解中國的人。他對此的評語是，「這意味著袁正著手恢復帝制。」

十二月末的一天，袁世凱總統遵循舊制，在天壇舉行盛大的祭天儀式。兩個月後，他又祭祀孔子。芮恩施聽說，祭祀現場奏起了「改良版的中華遠古音樂」。第二年二月初，又舉行了一場盛況空前的國事活動和歌舞會，中國邊境省分的少數民族和蒙古活佛盡皆來朝。此時，眾人皆知袁世凱已厭倦了民主的外衣，迫不及待想要稱帝。袁世凱否認了這一野心，但他「聽從了朋友們的意見」。北京的高層官員們認可了。

芮恩施從美國述職回來後發現，好幾位擁戴帝制的高官正等候見他。他們告訴公使，「稱帝呼聲太高，如果不順應民意，恐激起兵變，天下恐將大亂。」一位官員說，「袁將成為我們寺廟裡供奉的佛。」此時，日本開始干預，希望列強與其一道反對民國總統恢復帝制。除美國外，所有國家都提出了「善意的忠告」。然而，到北京的各省代表們依舊投票，一致要求袁世凱恢復帝制。國會通過決議，擁戴袁世凱為中華帝國皇帝。

芮恩施說，「新帝國完全是一派尊貴氣象」。舉行即位儀式的大殿粉飾一新，地上鋪設了嶄新的地毯，新龍袍旒冕定製完工。可是，突然之間，年輕將軍蔡鍔在雲南「成立軍政府宣佈起義」，公然反對即將登基的皇帝。起義的聲勢越來越大，直接威脅到袁世凱政權。起義軍要求袁世凱「立憲」，並推行改革。袁畏縮了，宣佈正式登基大典延期舉行。然而起義向全國各地持續蔓延，此起彼伏。

三月二十二日，袁世凱宣佈取消帝制，恢復「大總統」名號。他雖然保住了總統一職，但權力日漸衰落，繼而又發生了財政危機。袁的健康每況愈下，正考慮準備辭職，卻在此時一命嗚呼。袁世凱死後舉辦了盛大的國葬。

老獅子不在了，人們接受了袁世凱在彌留之際的提名，同意黎元洪繼任總統。關於袁世凱的死，芮恩施這樣說道，「這是一場從策劃、得逞到潰敗的驚世戲劇的最後謝幕。」從舊時代走過來的中國人決不會預料到這場恢復帝制的鬧劇。新生的中國，將在陣陣劇痛之中緩慢地學習民主。

注釋

❶芮恩施（Paul Samuel Reinsch, 1869-1923），美國學者、外交官，當時著名的遠東事務權威之一。一八九八～一九一三年任威斯康辛大學政治學教授，一九一三年出任美國駐華公使。一九一九年辭職後，受聘為北京政府法律顧問。一九二〇～一九二二年又兩次來華，後病逝於上海。著有《一個美國外交官在中國》（*An American Diplomat in China*）等書。芮恩施出使中國期間，經歷了日本向袁世凱提出二十一條要求、中國政府在「一戰」中與德國斷交及對德宣戰、五四運動等重大事件。

❷俾斯麥（Otto Eduard Leopold von Bismarck, 1815-1898），生於普魯士的勃蘭登堡，曾在哥廷根大學（Georg-August-Universität Göttingen）和柏林大學學習法律、歷史和外語。一八四七年當選普魯士議會議員。一八五一～一八五八年被任命為普魯士邦駐德意志聯邦代表會的代表。一八五九年任駐俄公使，一八六一年改任駐法公使。一八六二年任普魯士首相兼外交大臣，極力推行「鐵血政策」，主張通過戰爭，由普魯士統一德國。他相繼發動了對丹麥、奧地利和法國的戰爭，逐步實現了德國統一。一八七一年出任德意志帝國第一任總理，並受封為親王、勞恩堡公爵（Duke of Lauenburg）。人稱鐵血宰相（Eiserner Kanzler）、「德國的建築師」及「德國的領航員」。此後的二十年間，他權傾朝野，同時成為十九世紀下半期歐洲政治舞臺上的風雲人物。一八九〇年被新皇帝威廉二世（Wilhelm II）下令辭職，從此退出政壇。後病逝於漢堡附近的莊園。

❸一九一三年十一月四日，袁世凱以「叛亂」罪下令解散國民黨，並驅逐國民黨籍的國會議員，導致國會由於人

數不足無法運作而休會。袁世凱另行召集「政治會議」和「約法會議」來取代國會。一九一四年一月十日，袁世凱正式解散國會。二月二十八日，袁世凱下令解散各省議會。五月一日，成立參政院行使立法職能。

中國的未來掌握在青年手中

一九二一年十二月四日

兩天前，出席華盛頓會議的中國代表團顧問周自齊先生❶在華盛頓接受記者採訪時表示，中國的未來掌握在年輕一代的手中。只有年輕人才能夠真正理解中國與現代世界的關係。周先生本人剛過五十，但他表示，像他這樣的老人可以為年輕人提供政見參考，但決策和執行則應交由年輕一代來完成。

周自齊認為，中國的督軍制已經過時。當今中國權重一方的只有四位督軍。周先生認為他們將自相殘殺，最後只剩一個。據記者報導，周先生還說，即使像袁世凱總統那樣了不起的人物，也無法統治中國。中國的民主發展將推翻任何一位獨裁者。中國將形成由現代金融、商業和教育體系組成的新秩序。

注釋

❶周自齊，字子廙，一八七一年生，山東單縣人。早年就讀北京同文館，後留學美國。一八九六年起進入外交界，歷任駐美公使館祕書、駐紐約領事、駐古巴代辦、駐舊金山總領事、駐美公使館代辦。一九〇九年回國，

曾署外務部左參議，後升為右丞；並任游美學務處總辦和清華學堂監督，主持考試選派三批留美生，籌建游美肄業館（後改名清華學堂）。一九一一年冬任袁世凱內閣度支部副大臣。一九一二年春任山東都督兼民政長。次年八月赴北京任中國銀行代總裁，九月改任熊希齡內閣交通總長，十二月兼代陸軍總長。一九一四年春任財政總長，後兼鹽務署督辦、中國銀行總裁。一九一五年任農商總長。周自齊因支持袁世凱稱帝，任大典籌備處委員，被列為洪憲帝制禍首「十三太保」之一，遭黎元洪通緝亡命日本。一九一七年七月回國。次年二月獲特赦後，歷任參議院副議長、總統府高等顧問、總統府財政委員會委員長、幣制總裁、財政總長。一九二二年四月署理國務總理兼教育總長，同年六月，短暫攝行大總統職務。黎元洪復職大總統後，周退出政界，遊歷世界，考察電影工業，回國後擬籌辦孔雀電影製片公司。一九二三年十月在上海病故。

第二篇

捍衛憲政

建立憲政中國，是中國革命先行者孫中山先生和追隨者的革命理想。否定憲政即為否定國民革命，即為國民革命之叛徒。毛澤東的老師徐特立是長征隊伍中年齡最大的紅軍戰士，早年曾揮刀剁指，奮力血書「請開國會、斷指送行」八字。不過，也要考慮到當時中國四萬萬人口中，全國各級學校的學生加到一起只有九百萬，可能接受過憲政思想啓蒙的人口不足國民總數百分之五。在一個九成五人口不知「共和」為何物的國家「創建共和」，難以形成廣泛的社會共識，這也不奇怪。瑞士歷史學家布林克哈特（Jocob Burkhardt, 1818-1897）在《歷史講稿》（*Jugements on History and Historians*）中寫道：「對過去做道德批判很容易犯錯。它是把現在的希望套用在過去。它按照既定的原則臧否人物，對當時的緊急狀態考慮得太少。」

新內閣名單被國會否決

一九一二年七月二十二日

北京七月二十一日電：今天，袁世凱總統告知來自各個黨派的代表，唯一在任的內閣成員、國務總理陸徵祥已同意再向國會❶遞交一份新內閣名單。本屆國會新近組成，將討論內閣改組事宜。

總統表示，希望兩天前全盤否決內閣名單的國會能意識到，故意妨礙議案通過是失策，將會延緩國外對中華民國的承認。

國會目前正就一項立憲提案進行辯論，今天正式通過了參議院組織條例。關於蒙古族和藏族是否在眾議院內佔據一席的問題，目前仍在討論。

注釋

❶一九一二年八月二十七日，臨時大總統袁世凱頒佈《中華民國組織法》、《參議院議員選舉法》和《眾議員議員選舉法》，規定民國國會分設參議院和眾議院。其中，參議員產生辦法，二十二個行省中每省選十名；蒙古、西藏、青海各選二十七名、十名、三名；另由中央選八名；華僑選六名，合計二百七十四名，六年一任，

兩年一選。眾議員名額依各地區人口多寡而定，每八十萬人口選一名，每省（包括人口不足八百萬的小省）至少選十名，蒙古、西藏、青海則與參議員人數相等，合計五百九十六名，每屆任期為三年。一九一二年十二月初至一九一三年三月，各地依法選出參眾議員。登記選民四百萬，佔全國人口百分之九．九八。當選議員中，國民黨籍議員約佔百分之四十五。據此，本文所稱「國會」實為當時的臨時參議院。

宋教仁遇刺

一九一三年三月二十一日

題記：中國前總長宋教仁被刺重傷，凶手逃跑。

上海三月二十日電：中國前教育總長宋教仁❶今天在本地遭槍擊，傷勢嚴重。凶手已經逃逸。宋教仁先生是在準備動身前往北京參加國會大會時，在火車站遇刺的。

注釋

❶此說有誤，實為農林總長。宋教仁，字遯初（鈍初），號漁父，一八八二年生，湖南桃源人。中國國民黨創黨元老。一九〇三年十一月參與創建華興會，宗旨為：「驅除韃虜，恢復中華」。一九〇五年入讀日本政法大學，創辦《二十世紀之支那》（後改為《民報》），為同盟會機關報）。一九一〇年底返回上海受聘《民主報》主筆，宣傳革命。辛亥革命爆發後，主持起草近代中國首部共和制憲政法律文書《鄂州臨時約法草案》，任民國法制院院長、農林總長，起草《中華民國臨時政府組織法》。一九一三年三月二十日晚應袁世凱電邀，從上海乘火車赴北京時遇刺，二十二日凌晨辭世，年僅三十一歲。孫中山稱他「為憲法流血，公真第一人」。

謀殺宋教仁嫌犯越獄逃跑

一九一三年七月二十六日

上海七月二十五日電：今天下午，儘管南北雙方已達成停戰協定，但直到晚上九點，雙方仍槍聲不斷。南方增派了五百名粵軍和一千名湘軍，繼續進攻軍械庫（譯注：江南製造局），但被擊敗，傷亡慘重。吳淞口守軍獲得政府軍支援。

上海市內狼藉一片。城郊大火衝天，成千上萬人無家可歸，難民露宿街頭。黃浦江邊大飯店的頂層花園上，擠滿了觀看交戰的外國人。今晚，英國軍艦上的探照燈一直照射著海關和軍械庫。

有報導說，叛軍已撤退到長江流域，政府穩佔上風。

英國軍艦「漢普郡號」（Hampshire）、「彌諾陶號」（Minotaur）和「蒙茅斯郡號」（Monmouthshire），法國巡洋艦「迪普萊克斯號」（Dupleix）和「蒙卡爾姆號」（Montcalm），荷蘭巡洋艦「荷蘭號」（Holland）以及日本巡洋艦「須磨丸」今天雲集上海黃浦江面。法國軍艦上的水兵已登陸。日本軍艦艦長，也是日本艦隊司令今晚將與其他各國艦長開會商討時局。

震旦大學❶一位法國牧師今天被叛軍防線的流彈擊中，傷勢嚴重。有一幢監獄大樓突然起火，約二百名犯人越獄逃跑，其中包括暗殺前教育總長（譯注：應為農林總長）宋教仁先生的嫌疑犯應桂馨❷。宋教仁今年三月在上海遇刺身亡，他的猝逝是本次叛亂的主要起因。此地零星搶掠行為仍在繼續。

注釋

❶震旦大學（Aurora University）是天主教耶穌會在華創辦的教會大學。原名「震旦學院」，一九〇三年由馬相伯設立於上海。一九〇八年遷入法租界新址。一九三二年改名震旦大學，經國民政府教育部核准立案。一九五一年，該校各院系分別併入上海各有關高校。

❷應桂馨，浙江鎮海人，青幫人物，曾任陳其美滬軍都督府諜報科長、孫中山臨時大總統府庶務科長。一九一三年三月二十日，宋教仁遇刺。案發後，上海縣知事、上海地方檢察廳懸賞緝捕，滬寧鐵路局出資懸賞。三月二十三日，凶手武士英（真名吳福銘）因古董商王阿法舉報被捕，並從應桂馨家搜查出手槍一柄，槍內兩枚餘彈經檢驗與宋教仁體內取出彈頭匹配。經交涉，應桂馨、武士英從上海公共租界會審公廨轉入上海地方監獄。移交不久，武士英中毒暴斃。應桂馨越獄後，先到青島躲避。一九一四年一月，在京津鐵路客車中被亂刀砍死。宋案發生後，國人皆指為袁世凱指使。時任國務總理趙秉鈞引嫌辭職，並在應桂馨死後一個月也中毒身亡。但也有人質疑此案與前滬軍都督陳其美有關。即不排除宋基於某種政治原因為本黨同志所害。

在美華人爲討袁戰爭發起募捐

一九一三年七月二十八日

題記：袁世凱密謀稱帝，紐約和舊金山總部為中國反袁戰爭募集資金。本地僑領表示，起義軍是為阻止國家獨裁腐敗而奮起抗爭的。

在美華人對於中國當前的內戰❶群情激憤，他們一面倒地支持起義軍，譴責臨時大總統袁世凱及北京政府。三天前，旅美華僑在舊金山和紐約成立了兩個旨在支持中國起義軍的籌款總部。昨日，紐約總部召開會議，推舉十位商界領袖組成委員會，其中九人已趕赴波士頓、芝加哥和中西部以東其他大城市募集資金，只有一名委員留守紐約總部。

昨日獲悉，舊金山總部也派人赴西部各城市向華僑募捐。據一名推動反袁運動的華人稱，兩個總部正透過電報與檀香山、古巴、新加坡及南洋群島的華人聯繫。這位華人對《紐約時報》表示，「我們也非常遺憾，不得不再次進行內戰。但我們下定決心，一定要將國家從獨裁和腐敗中拯救出來。我們下定決心，要將袁世凱趕下總統寶座。袁世凱摧毀了我們從滿清王朝手中拯救出來的國家。他殘忍地殺害了反對他獨裁統治的中華愛國志士。

「我擔心，美國人民這次恐怕難以理解我們再次發動內戰的原因。美國報紙正在報導這場戰爭，可是這些報導言辭間對革命軍帶有偏見。但這不能怪報紙，因為各家報社都承認，他們只能報導經袁世凱政府審查過的新聞。顯然，袁世凱政府不會批准對其獨裁不利的新聞報導。我們每天從身在中國的朋友那裡得到的消息與新聞報導完全不同。我們接到的電報說，現在形勢發展對革命軍有利。革命運動已迅速蔓延至全國，袁世凱的勢力日漸衰敗。我們對推翻袁世凱的統治充滿信心。

「請讓我來告訴你為什麼反袁。首先，他利用國家財產來實現個人野心。他的野心路人皆知，就是要稱帝，成為袁始皇。為此，他網羅了一批追隨者，這些人大部分是滿清舊臣，被袁世凱完全掌握。他們全都是一些見利忘義之徒，而且對此毫不諱言。袁世凱給其中一些人授予官職，其他人則留在北京，美其名曰『總統顧問』。他們整天無所事事，只是從政府拿薪水。這些人大部分都是袁的私人特務，除此之外什麼也不幹。他們每個月名義上的薪水是六十銀元，但其中有一個人親口告訴我，他們每月實際所得約八百銀元。我們不能讓他們這樣花費公帑。袁世凱政府甚至比滿清政府還要腐敗。

「張振武和方維將軍去年八月被槍殺。當時，袁世凱派人請他們做特別顧問，張、方兩位將軍以為袁世凱真心需要他們的幫助，於是奔赴北京。抵京不久，袁世凱就派出槍手到二人所住飯店將其殺害。當時，袁世凱派出的特務要求與二人會面，兩位不幸的將軍並不知道厄運正等著他們。槍手將他們殺害，據稱為此獲得大筆酬勞。

「林述慶將軍[2]被下毒殺害。袁世凱政府的陸軍總長段祺瑞和首席顧問梁士詒[3]設宴招待林將軍。林述慶是辛亥革命領導人之一，指揮鎮江義軍參加南京戰役，他是一個誠實的人，反對袁世凱的一些政策主張，袁向他行賄未果。林述慶的誠實卻害他送了性命。他無法活到壽終正寢，在宴席上被下毒殺害。

「袁世凱最臭名昭著的卑鄙行徑當屬殺害宋教仁。宋教仁先生是中國近年來最傑出的政治家之一，曾任農林總長，不幸被謀殺。他是一位真正的共和派，反對袁世凱獨裁統治，也敢於批評袁的政策。這位不幸的政治家在上海遭槍擊。槍手被捕後供出指使他們殺人的是袁世凱的內閣總理❹，總理因此在全國壓力下引嫌辭職。

「你認為我們應該讓這樣一個人繼續做我們的總統嗎？顯然你不會這樣想的。

「我希望美國人民能同情我們的行動。我們不是為戰爭而戰爭，我們是為在這個國家建立民主與憲政的基石，為自由的信念而戰。」

注釋

❶指孫中山等革命黨人於一九一三年發動的討伐袁世凱的戰爭，又稱「二次革命」。一九一三年二月，中國首次根據《臨時約法》的規定進行國會選舉。由同盟會為骨幹組成的國民黨獲得席次最多，預備由宋教仁出任內閣總理。但宋於三月二十日在上海滬寧車站遇刺。凶手應桂馨、武士英被捕獲，應氏與國務總理兼內務總長趙秉鈞祕書洪述祖之間來往函電報要點被「通電」公佈，袁世凱被認為是幕後策劃者。孫中山主張武力討伐袁世凱，但國民黨內意見不一，黃興等部分領導人傾向於不破壞臨時約法，以法律方式抗爭。四月二十六日，

北京政府向英、法、德、日、俄五國銀行團簽訂借款合同，國民黨人認為袁此舉意在擴充北洋軍隊，而借款未經本屆國會批准屬非法。因此，國民黨員江西都督李烈鈞、廣東都督胡漢民、安徽都督柏文蔚聯合通電反對貸款，被北京免除都督職務，北洋軍第六師進入江西。李烈鈞宣佈江西獨立，並通電討袁，獲得上海與江蘇、安徽、湖南、福建、四川、廣東等省響應。但江蘇討袁軍在徐州跟北洋軍和張勳的武衛前軍會戰失利，上海討袁軍屢攻江南製造局未克，隨後，廣州、南昌、南京相繼失陷，孫中山、黃興、陳其美等逃亡日本，二次革命失敗。十一月四日，袁世凱以「叛亂」罪下令解散國民黨，並驅逐國會內國民黨籍議員，國會由於人數不足無法運作，被迫解散。梁漱溟在一次公開演講中說：「現在很清楚擺在外面的，就是武人勢力的局面。至於說到助長這種武人勢力的原因，卻不能不責備革命先輩，他們無論如何，不應用二次革命那種手段。二次革命實在是以武力為政爭的開端。」蔡鍔將軍聲明：「宋案應以法律為制裁，故審判之結果如何，自有法律裁判。試問我國現勢，弱息僅存，邦人君子方將戮力同心，相與救亡之不暇，豈堪同室操戈，自召分裂！誰為禍首，即屬仇讎。萬一有人發難，當視為全國公敵。」民國建立後，反對武力解決問題成為國內普遍輿論，因此，以「宋案」、「大借款」案為藉口發動國內戰爭，大部分國人對此不予理解也不予支持。

❷林述慶，字頌亭，一八八一年生，福建閩安人。一九〇二年入福建武備學堂，翌年加入革命團體「福建學生聯合會」。一九〇六年投奔新軍第九鎮統制、原福建武備學堂總辦徐紹楨，任第十七協三十三標三營管帶，參加祕密革命活動。一九〇九年改任第十八協三十六標一營管帶，駐紮江陰，加入同盟會。武昌起義爆發後，聯絡各營官兵於十一月七日起義，光復鎮江，成立鎮江軍政府，為都督。派人游說鎮江江面「鏡清」、「保民」、「楚觀」等十四艘軍艦官兵起義，後參與攻克南京，被孫中山譽為「光復南京第一功」。南北議和告成後，袁

世凱加以籠絡，授予陸軍中將加上將銜、總統府軍事顧問。一九一三年三月二十日宋教仁被謀殺後，林述慶對此非常氣憤，常當眾拍案叫罵，還表示要回南方召集舊部反袁復仇。四月十日，袁世凱心腹、總統府祕書長梁士詒邀請林述慶單獨赴家宴，在酒中置毒，林歸家後中毒身亡，年僅三十二歲。

❸梁士詒，字翼夫，號燕孫，一八六九年生，廣東三水人。早年曾就讀佛山書院。光緒二十年（一八九四）進士，歷任翰林院編修、國史館協修、北洋編書局總辦。一九〇三年任議訂藏約全權大臣唐紹儀的參贊，赴印度與英國談判。一九〇五年冬任鐵路總文案。一九〇七年春任郵傳部京漢、滬寧、正太、汴洛、道清五鐵路提調與交通銀行幫理，旋改任鐵路總局局長。一九一一年武昌起義後，任袁世凱內閣郵傳部大臣。一九一二年三月任袁世凱總統府祕書長、交通銀行總理及財政部次長，成為「交通系」首領。一九一四年五月改任稅務處督辦。不久任參政院參政。一九一六年六月袁死後，被列為帝制禍首而受通緝，避居香港。一九一八年二月返回北京，任交通銀行董事長與安福國會參議院議長。一九二一年十二月，在張作霖支持下出任國務總理，次年一月下臺。後因奉系戰敗，又遭通緝，逃往日本。一九二五年任段祺瑞政府財政善後委員會委員長兼交通銀行總理。一九二七年被張作霖聘為政治討論會會長，又任稅務處督辦。一九二八年被國民政府通緝，赴香港。一九三三年在上海病逝。

❹當時閣揆為趙秉鈞。趙秉鈞，字智庵，一八五九年生，河南汝州人。書吏出身，一八七八年入左宗棠部，隨軍赴新疆。一八八三年在伊犁充勘劃中俄邊界辦事員。甲午戰爭後開始追隨袁世凱，由典史、同知、直隸州知州、保定府知府累遷為直隸巡警道。一九〇二年創設警務學堂，成立巡警隊，創辦偵探隊及巡警學堂。一九〇五年十月升任巡警部右侍郎。是中國近代警察制度的奠基人，有「屠夫」之稱。袁任直隸總督兼協辦大學士

時，趙為民政部侍郎，後擢尚書。一九〇九年春被撤職，閒居天津。一九一一年武昌起義後，任袁內閣民政部大臣。一九一二年三月袁世凱就任臨時大總統時，充內務總長，八月代理國務總理，不久即實任，仍兼內務總長。一九一三年七月十六日因宋教仁案被迫辭職，改任步軍統領兼管京師巡警，旋兼北京警備地域司令官，同年十二月出任直隸都督。一九一四年二月二十七日，在天津督署內中毒身亡。

民國官員赴美考察司法制度

一九一三年十一月四日

根據週日（譯注：十一月二日）抵達美國的中國代表團成員羅彤（Lo Tong，音譯）、胡成信（Hu Chen-shin，音譯）和宋發（Far Sung，音譯）所言，民國政府的多個部門正進行認真改革，各部負責人已派出多個考察團赴歐美學習觀摩。他們回國後提供的考察報告，將為國會審議相關立法提案提供參考。昨夜，以上三人已動身前往華盛頓。他們將在那裡深入了解美國司法體制，特別是關於法官、法庭、監獄和管教所的設置和運作情況。胡先生是司法部的高級書記官，畢業於天津大學。羅先生是司法部刑事廳長官，畢業於日本帝國大學。宋先生則來自財政部。

胡先生和羅先生都能夠講一口流利的英語。他們昨天出現在紐約華爾道夫飯店（譯註：Waldorf-Astoria），對這座城市進行了簡短的訪問。但他們均表示，當他們從華盛頓歸來後，希望能夠對我們的法庭和監獄系統做一次細緻完整的調研學習。他們將在華盛頓停留兩到三月。據胡先生介紹，他們在這個國家的停留時間取決於考察學習的具體情況。

「我們有許多領域需要學習，」胡先生說道，「包括你們的司法系統、你們的監獄和公共法律事務。我們先前在巴黎和倫敦分別逗留了四天及一週，進行調研考察。但我們考察的重點在大西洋的這一端。我們希望在華盛頓對貴國司法部和最高法院進行考察學習，隨後我們將會返回紐約，盡可能多地觀摩學習你們的法庭、刑罰和管教所。

「當然，由於時間關係，我們尚不能對貴國政府部門的各項政務處理系統和事權劃分等進行研究。迄今為止，民國司法部仍然沿襲舊的體制。現在，我們不知道究竟是歐洲還是美國的司法體制更適合我們，在機構重組時可作為參考。我們希望搞清楚司法體制的運轉方式。一旦尋找到適合我們國情的體制，本代表團將向民國政府提出建議，無論是在刑事法或民事法方面。

「北京的一切都安安靜靜，秩序井然，」胡先生回答記者提問時說，「民國政府正在穩步前進，貿易逐漸繁榮起來。不只是北京，全國各地都是如此。內陸和沿海地區之間開始有了貿易往來。

「我們的國會將很快討論死刑問題。舊中國採用斬首方式執行，近年來有許多觀點反對這種殘忍的處決方式。辛亥革命後，大多數死刑犯都執行槍決。我們正認真考慮引入電刑，並展開了許多討論，比較哪種方法更加人道。

「代表團將重點考察監獄。我們將竭盡全力，認真考察學習貴國管教所是如何工作的。當然，我們也會考察緩刑和無期徒刑的執行方式。去年，民國司法部召集各省司法官員開會，並討論了與緩刑相關的問題。少年法庭也是我們頗感興趣的問題之一。總之，我們的國會很快將推動司法改革。

「在天津大學，」胡先生回答記者提問時說，「大多數教師都是美國人。它是中國目前最大的大學，現任校長是中國人，我們的學生正學習如何打棒球。」

孫中山策劃再次發動革命

一九一四年五月十日

題記：孫中山特使馬素❶來到英國倫敦，稱共和已亡，袁世凱總統是獨裁者，是中國的韋爾塔❷。而威爾遜總統拒絕承認墨西哥總統韋爾塔，卻承認袁世凱政府，他對此表示吃驚。

倫敦五月九日電：據孫中山先生在南京任中華民國臨時大總統時的私人祕書馬素預測，流亡東京的孫中山和他領導的國民黨正迫切地尋找良機，預備不久將在中國發動大革命，也許不到一年就起事。馬素先生代表落敗的革命黨人出任特使，目前正在倫敦。他奉命來喚起英國輿論，聲討袁世凱總統。

馬素先生接受《紐約時報》記者採訪時，稱呼袁世凱是「中國的韋爾塔」，並對威爾遜總統承認袁世凱感到不可思議。據馬素說，袁世凱搞政治謀殺，雙手沾滿血腥，罪行遠甚於威爾遜總統拒絕承認的韋爾塔。他說：

「要想了解中國的現狀，有必要回顧幾年前的歷史。滿清王朝被推翻後，各國承認了中華民國。不久後，袁世凱解散國會，實行獨裁。

「我很詫異列強的對華態度，以及為什麼他們繼續與袁世凱打交道。他們承認的應該是共和政體，而不是獨裁者。威爾遜總統率先承認中華民國時，當時美國駐北京代辦也特別強調，這是對一個共和國的承認。

「國民黨發動『二次革命』的另一個原因是本黨理事長宋教仁先生在國會開會前夕被暗殺。調查發現，北京政府的高層領導參與此事，國務總理（譯注：指趙秉鈞）涉嫌教唆殺人。有證據顯示，袁世凱默許了此次暗殺。

「國民黨要求徹底調查此案，但袁世凱總統沒有下令調查，而是袒護總理，為其開脫。袁世凱還派軍駐紮華中與華南地區城市，嚴防起義。同時，袁世凱未經國會同意，簽署了『五國借款合同』❸。這完全是違憲的。美國沒有加入『善後大借款』，我對此感到欣慰，因為借款違反了民國所有法律和原則。

「去年五月，在簽署『善後大借款』合同後，中國陷入內戰。由於袁世凱擁有充足資金和外國銀行的支持，我們不幸失敗了。之後，袁世凱不斷迫害革命黨領袖、反袁人士和所有支持共和的人。

「袁世凱威脅議員，把他們關在國會內八天八夜。議員們滴水未進，被迫選袁為第一任正式總統。此後袁世凱很快解散國會，實行獨裁。舊官僚重新掌權，舊式科舉制度恢復，並禁止西方新式教育。中華民國名存實亡。

「事實上，中國在倒退，中國人在教育和其他方面所享有的自由甚至不如滿清末年。現在，袁世凱還準備建立國教，公然違反民國憲法。種種倒行逆施不可能持續。我們雖然失敗，但革命精神尚存。我們決不放棄。

「孫中山先生說，他將以推翻滿清的方式來推翻袁世凱。孫先生派我們作為特使來到倫敦和巴黎，任務就是要向歐洲各國說明中國現狀，尋求各國支持。我知道袁世凱的同黨以及善後大借款中的獲利者對革命黨人大肆詆毀。但是，袁世凱殘酷迫害革命黨人的行徑只會讓我們更團結、更嚴密、更堅定。孫中山先生有堅定的信心，決不允許自己畢生奮鬥的事業被袁世凱毀掉。我們正尋找有利時機，也許一年後，也可能不到一年，中國將爆發二次革命。

「我們還準備派特使赴美。令人不解的是，威爾遜總統認為墨西哥總統韋爾塔是殺人犯而不願承認他，但卻承認了袁世凱。袁世凱的所作所為比韋爾塔更惡劣。袁世凱得到威爾遜總統承認後不久，未經審判也未給出任何理由，就下令處決了張振武和方維兩名革命軍將領。袁世凱將張、方二人邀請到北京，由陸軍總長（譯注：指段祺瑞）設宴款待，宴會尚未結束，就將二人逮捕槍決。因此，我對威爾遜總統的承認感到非常困惑。」

馬素原為《民國西報》❹主筆。去年十一月，該報被袁世凱查封。馬素險些被捕，他在法國領事的幫助下逃到上海。上海法租界的警長得到消息，稱有兩名特務從北京趕來暗殺馬素，馬於是緊急逃往東京，後轉來倫敦。《紐約時報》記者在倫敦見到馬素。這位革命黨特使在流亡中不忘心靈的慰藉，他的留聲機裡正放著唱片《你讓我墜入愛河》（*You Made Me Love You*）。

注釋

❶馬素，字繪齋，一八八三年生於上海。香港聖約瑟書院畢業，曾在上海南洋公學任教。一九一一年成為孫中山在滬私人祕書，辛亥革命時參加攻取江南製造局。次年任《民國西報》法文總編。一九一四年赴英入倫敦大學政治經濟學院，一九一五年赴美就讀於紐約，並任國民黨在美國、加拿大、墨西哥的代表。一九二〇年任廣州軍政府駐華盛頓的外交代表。一九二四年回國。卒年不詳。

❷韋爾塔（José Victoriano Huerta Márquez, 1850-1916），墨西哥政治家，一九一三～一九一四年任墨西哥總統，實行軍人專制。美國總統威爾遜要求韋爾塔下臺被拒後，藉口「坦皮科（Tampico）事件」對墨西哥開戰，佔領其重要港口維拉克魯斯（Veracruz），墨西哥的聯邦軍隊節節敗退，韋爾塔被迫辭職。此後，他輾轉流亡牙買加、英國、西班牙，一九一五年曾試圖爭取德國皇帝威廉二世的支持發動政變，殺回墨西哥。但在美國新墨西哥州被逮捕，遭到軟禁，次年在德州因酒精中毒去世。

❸五國借款又稱「善後大借款」。一九一三年四月二十六日，民國政府與英、法、德、俄、日五國銀行團簽訂合同，借款總額二千五百萬英鎊，年息五厘，期限四十七年；債券九折出售，按百分之八十四實交，扣除百分之六的傭金，淨收入二千一百萬英鎊。借款指定用途，扣除償還到期的庚子賠款和各種外債、遣散各省軍隊、抵充政府行政費外，僅餘七百六十萬英鎊，而到期歸還本息竟達六千七百八十九萬英鎊。借款以中國鹽稅、海關稅及直隸、山東、河南、江蘇四省所指定的中央政府稅項為擔保。從一九一二年二月到一九一五年十月期間，民國政府實收一億零五百五十七萬八千零四十六銀元（計九百九十八萬二千五百一十二英鎊），只佔借款總額的百分之三十七。作為抵押的關、鹽兩稅統歸五國銀行團掌握，鹽稅收支由銀行團聘用外籍顧問和會計，設立

鹽務稽核所負責稽核、監督、徵解。

❹英文晚報《民國西報》（*The China Republican*）創刊於一九一二年四月六日，每天下午出版，週日休刊。館址設在英租界，即今天的上海博物院路。該報是同盟會在上海外僑和對華友好人士中宣傳共和革命的重要陣地。該報受孫中山直接領導，揭露軍閥破壞共和的陰謀，反對帝國主義不平等條約，主要用英文撰稿，從一九一三年起兼用法文。總編為馬素，副總編韋玉等。

《民國西報》評袁世凱獨裁

一九一四年八月九日

毫無疑問，民國成立後，中國近幾個月的政局進入了一個新階段。自袁世凱就任總統以來，中國國內政治和對外關係發生了許多大事，比過去歷史上任何一個時期都多。對內，袁世凱總統顯示的政策取向是要不斷蠶食將他推舉為總統的國民的利益。袁世凱政府的獨裁專制與它無力保護國家主權完整，二者合而為一。

民國元年真是一個多事之秋，中國丟掉了外蒙古，西藏也面臨著相似的命運。這在某種程度上動搖了中外人士對共和制度的信任，因為如果這種政體不能夠有效地維護國家的領土完整和主權統一，那麼建立這樣一個具有內在凝聚力的共和國的希望就將會顯得無限地渺茫。這種觀點認為，在中國建立共和制度的時機並不成熟。乍看起來，這樣的一種認識似乎很有說服力。但是，如果我們仔細思考，就會發現它實際上回避了問題的實質所在。問題是在過去一年中，究竟是一個什麼樣的政府在治理中國，才導致了各國人士認定民國的失敗？

非常不幸的是，首屆民國政府的官員們對於國民的真正需求置若罔聞，他們只關心自己的官位，而且個人野心越來越大。有識之士怎麼可能指望一個無時無刻不在進行陰謀勾當的政府有能力保住外蒙呢？

我們的同行《北京每日新聞》❶指控我們誹謗袁世凱大總統。首先，無論同行說了什麼，它都失去了作為一個獨立的言論機構應該擁有的價值觀。據我們所知，《北京每日新聞》不是一個獨立的言論機構，而是由它的主子袁世凱所掌控的。因此，無論袁如何胡作非為，它都是一派頌揚之辭。但是，我們必須因此讚揚我們自己，因為我們是在公然地誹謗，至少能夠讓袁總統知道是誰在反對他。我們是光明磊落的，並非當面表示善意，同時在背後策劃陰謀。

刺殺宋教仁，設下鴻門宴謀害張振武和方維，這是袁世凱政府慣用的伎倆。從最早開始，我們就反對袁世凱當總統。我們清楚他的為人，無法信任他。中國人民對袁世凱也缺乏信心。大家都不會忘記，在一八九五年的戊戌變法中，袁世凱無恥卑鄙地背叛了光緒皇帝。在世界各國人士的眼中，義和團起義使中國蒙羞，並讓我國負擔了四億五千萬兩白銀的賠償。而義和團起義是受壓迫的中國人民對戊戌變法失敗的反應，袁世凱應對戊戌變法的失敗承擔最主要的責任。這次失敗令中國蒙羞，並使我們至今仍屈辱地處於外國列強的監護之下。袁世凱在辛亥革命中的所作所為同樣毫無光彩可言。

每當我們想到這些，對於這個數年來一直阻礙中國進步、不斷為國家製造新痛苦、令國民幾乎無法承受的人，我們除了譴責還能做什麼呢？《民國西報》被稱為國民黨的機關報，我們屬於國民黨，支持國民黨的政策主張，然而，我們不像《北京每日新聞》從袁世凱領取津貼那樣從自己支持的政黨獲取財務奧援。

作為國民黨員，我們必須服從黨的領袖孫中山先生。我們服從孫先生的一切決定，除了支持袁世凱。我們一貫對此持反對意見。對孫中山先生沒有支持袁世凱無人抱怨。在過去一年中，孫先生給予了袁世凱太多的支持，而這些寶貴的政治信任和支持都被濫用。袁世凱不配獲得這樣的支持。

我們敢斷言，當宋教仁先生被無情殺害後，連國民黨內那些最堅定支持袁世凱的人也嚴重動搖了。我們從應桂馨家裡搜查出的文件中發現了應桂馨與北京方面的電文往來，強烈暗示這是政府所為。袁世凱、國務總理趙秉鈞和其他相關的人應對此做出澄清，如果他們能夠澄清什麼的話。他們沒有理由抱怨國民黨領導人不再支持他們，因為道德高尚的人是不會與殺人嫌疑犯有任何牽連的。

召集天主教會在北京舉辦祈禱彌撒，為國家祈福（如我們的同行《北京每日新聞》所報導的那樣），這是毫無意義的。我們知道，袁世凱也知道，誰是殺人的凶手。偽君子無須再掩飾，大丈夫就應該敢作敢當。如果事態再像今天這樣發展下去，中國很快就需要大量的祈禱儀式了。當有關宋教仁先生遭暗殺的文件被公諸於世後，所有針對我們的攻擊都將得到最有力的回答。這些文件肯定讓這樁世界歷史上最驚人的陰謀之一真相大白。走著瞧吧！

——轉載自中國上海，《民國西報》

注釋

❶《北京每日新聞》（*The Peking Daily News*）又稱《北京日報》，是一九〇九年在北京由華人創辦的一份英文報紙。旋與稍早一年發行、同為華人自營主編的《英文北京日報》（*Chinese Public Opinion*）合併，仍維持"The Peking Daily News"之名。一九三七年停刊。

《亞細亞日報》再次遭到炸彈襲擊

一九一五年十二月十八日

中國上海十二月十七日電：今晚，《亞細亞日報》❶大樓受到一枚炸彈襲擊。該報是一份中文報紙，去年九月創刊，旨在鼓吹取消共和，恢復帝制。炸彈明顯地是從對街一間民房的屋頂扔過來的。它在大樓的陽臺上爆炸。威力並不大，無人傷亡。

《亞細亞日報》是唯一刊登袁世凱登基大典的相關公告的上海報紙。去年九月，報社大樓的前門即遭炸彈爆破，造成三人死亡。自那以後，一樓門面已重修，具有抗爆炸功能。

注釋

❶《亞細亞日報》是袁世凱就任中華民國臨時大總統後創辦的御用報紙，分北京、上海兩地版。北京版創刊於一九一二年六月，主編為薛大可，撰稿者為樊增祥、丁佛言、易實甫等，曾發表大量鼓吹帝制和擁戴勸進的文牘、函電，為袁世凱稱帝大造輿論。上海版創刊於一九一五年九月十日，公開宣佈「以贊助帝制運動為宗旨」，藉贈閱報紙三月和免費登載廣告兩月等優惠條件，拉攏讀者。革命黨人於一九一五年九月十一日和十二月十七日兩次向該報投擲炸彈。袁世凱取消帝制後，該報於一九一六年三月停刊。

袁世凱宣佈取消帝制

一九一六年三月二十五日

題記：民國總統袁世凱聲明他不能坐視國家毀滅而不顧，下令取消帝制，呼籲團結統一以免國家陷入內爭。

華盛頓三月二十四日電：中國公使館今日收到北京政府來電，是袁世凱於三月二十一日簽署的正式命令。此前，袁世凱曾在中國短暫稱帝，恢復共和後，重任中華民國大總統。

致公使館的電文稱，鑒於外交總長兼國務卿陸徵祥「身擔數職」，三月二十一日已簽署命令免去其國務卿一職，並任命徐世昌為國務卿。公使館在電報中還注意到，日期相同的另一項命令取消了「洪憲」年號或「皇帝」稱謂，而昨天三月二十三日簽署的命令恢復了「民國」紀元。

袁世凱的命令談及中國政體時表示，應恢復共和，這無疑是當今各國統治者所寫的人類紀錄中最引人注目的一份。耐人尋味的是，大總統語氣幾近謙卑，將中國目前遭遇苦難的所有責任獨攬於身。

「誠不足以感人，明不足以燭物，實予不德，」袁總統說道，然後他聲稱，「庶希古人罪己之誠，以洽上天好生之德。」袁世凱在命令中最後說到，他「不能坐視淪胥而不顧」，懇請全體將吏軍民團結一致擁戴共和。命令全文如下：

民國肇建，變故紛乘，薄德如予，躬膺巨艱。憂國之士，怵於禍至之無日，多主恢復帝制，以絕爭端而策久安。癸丑以來，言不絕耳。予屢加呵斥，至為嚴峻。自上年時異勢殊，幾不可遏，僉謂中國國體，非實行君主立憲，決不足以圖存，倘有葡、墨之爭，必為越、緬之續。遂有多數人主張恢復帝制，言之成理，將吏士庶，同此悃忱，文電紛陳，迫切呼籲。予以原有之地位，應有維持國體之責，一再宣言，人不之諒。嗣經代行立法院議定由國民代表大會解決國體，各省區國民代表一致贊成君主立憲，並合詞推戴。中國主權本於國民全體，既經國民代表大會全體表決，予更無討論之餘地。然終以驟躋大位，背棄誓詞，道德信義，無以自解，掬誠辭讓，以表素懷。乃該院堅謂元首誓詞，根於地位，當隨民意為從違，責備彌嚴，已至無可諉避，始以籌備為詞，藉塞眾望，並未實行。

及滇、黔變作，明令決計從緩，凡勸進之文，均不許呈遞。旋即提前召集立法院，以期早日開會，徵求意見，以俟轉圜。予本憂患餘生，無心問世，遁跡洹上，理亂不知。辛亥事起，謬為眾論所推，勉出維持，力支危局，但知救國，不知其他。中國數千年來史冊所載，帝王子孫之禍，歷歷可徵，予獨何心，貪戀高位？乃國民代表既不諒其辭讓之誠，而一部分之人民，又疑為權利思想，性情隔閡，釀為厲階。

誠不足以感人，明不足以燭物，實予不德，於人何尤？辜我生靈，勞我將士，以致群情惶惑，商業凋零。撫衷內省，良用矍然；屈己從人，予何惜焉？

代行立法院轉陳推戴事件，予仍認為不合事宜，著將上年十二月十一日承認帝位之案，即行撤銷，由政事堂將各省區推戴書，一律發還參政院、代行立法院，轉發銷毀。所有籌備事宜，立即停止。

庶希古人罪己之誠，以洽上天好生之德，洗心滌慮，息事寧人。蓋在主張帝制者，本圖鞏固國基，然愛國非其道，轉足以害國；其反對帝制者，亦為發抒政見，然斷不至矯枉過正，危及國家。務各激發天良，捐除意見，同心協力，共濟時艱，使我神州華裔，免同室操戈之禍，化乖戾為祥和。

總之，萬方有罪，在予一人！今承認之案，業已撤銷，如有擾亂地方，自貽口實，則禍福皆由自召，本大總統本有統治全國之責，亦不能坐視淪胥而不顧也。方今閭閻困苦，綱紀凌夷，吏治不修，真才未進，言念及此，中夜以憂。長此因循，將何以國？嗣後文武百官，務當痛除積習，黽勉圖功，凡應興應革諸大端，各盡職守，實力進行，毋託空言，毋存私見。予惟以綜核名實，信賞必罰，為制治之大綱，我將吏軍民尚其共體茲意！此令。

前民國總理唐紹儀公開抨擊袁世凱

一九一六年五月二十一日

題記：唐紹儀是中華民國前總理。最近，兩位美國女記者韋爾（Elsie F. Weil）和艾瑪森（Gertrude Emerson）在上海採訪他，這是唐三年來首次敞開心扉，暢談時局。唐紹儀公開抨擊袁世凱總統，他坦率地說，袁世凱已失去影響力，必須辭職。唐先生還是民國駐美國公使顧維鈞❶的岳父。

一個又一個傳聞總是私下裡在上海偷偷播散。然而，今年三月末的一天，有個消息卻公開傳播出來。不管是在碼頭上衣衫襤褸、汗流浹背裝卸重箱的苦力們，還是身著綾羅綢緞、站在櫃檯後優雅抽著銀質水煙斗的商人，不管是穿著新式服裝的中國人，還是昂首闊步、舉止誇張的美國人，都在議論袁世凱取消帝制的消息❷。辭職、退休、流放、甚至死亡的字眼，都在人們口中流傳。上海是催生中國革命思想的搖籃。自袁世凱掌權以來，人們第一次敢於公開發表言論了。

中式打扮比任何西式服裝更能襯托他的相貌不凡

唐紹儀先生是中華民國前總理、袁世凱的拿破崙式夢想的堅決反對者，也是中國新思想的代表人物。唐紹儀先生自從與袁世凱公開決裂後，一直住在租界裡。我們來到他位於靶子路❸的家裡進行採訪。唐宅是一幢方形磚瓦結構的洋房，寬敞明亮，弧型的露天陽臺下，有一個美麗的花園。客廳裡生著火，暖意融融。椅子有舒適的靠背，擺放恰到好處，低矮的茶几置於其間。

唐紹儀先生很快就過來了，與我們熱情握手，像在其他類似場合一樣，用有些正式的禮節問候我們，令人倍感親切。儘管唐紹儀先生受過良好的西方教育，熟知西方禮儀，他仍是一個中國人，也是當今中國最傑出的思想家。他身穿中式服裝，一襲青色綢緞長衫，灰綠色絲綢長褲，黑色小褂，黑色布鞋，頭戴一頂黑色綢緞瓜皮帽。這身打扮比任何西式服裝更能襯托他的非凡相貌。

他說，「你們遠道而來，到我們這個飽受內亂折磨的貧窮國家採訪，這是件好事。」

即使再發動一百場革命，也必須保留共和制度

當我們問及他是否願意評論袁世凱總統所作所為的重要意義時，他身體略向前傾，用手指轉動著他的瓜皮小帽，眼鏡後的目光變得深邃起來。

「袁世凱總統已經顏面盡失，不得不辭職了。」他毫不遲疑地回答，「用你們美國人的話來說，他已經叫苦連天了，而我們還沒怎麼對他施加壓力呢。我與袁世凱曾是摯友，因此我也給他發了一封很長的電報，督促他接受業已無法改變的現實，儘快辭職。我告訴他，他違背了自己就任總統時的誓辭，再也無法獲得中國人民的信任了。中國人現在認為他再也沒有過去的勇氣和能

力了。我們也許無法擁戴袁世凱，但對於這位國家的領導人走到今天這一步，在中外都傳為笑料，我們也同樣感到遺憾。

「我非常關注中國現狀將會產生什麼樣的後果，因為我過去跟總統及政府有密切的關係。也許我是袁世凱交往最久的朋友。我離開北京去美國學習時只有二十二歲，那年袁世凱二十四歲。我們從那時起就是知己。但是，一九一二年六月我辭去總理一職後，沒有人再敢拍著桌子對他說話，沒有人敢批評他或直言相諫。所有清醒的人都希望袁世凱辭職。即使我們再發動一百場革命，也必須保留共和制度。」

在任何一個國家，政府都掌握在少數人手裡

我們問唐先生，「那怎麼對待『民意』呢？事實上，中國老百姓只要生活安康，是不會在意有什麼樣的政府的。」

「中國老百姓也許不在意，但有包括商人在內的幾十萬中國人真正關心中國的未來。在任何一個國家，政府都是掌握在少數人手裡的，在奉行民主的美國也是如此。中國人沒有實質的宗教信仰，沒有教堂，也不相信上帝。如果你問中國人他信仰何種宗教，九成五的人會告訴你『我的良知』。我們中國人反對袁世凱，不僅是因為他試圖建立一個君主國，更是因為他違背了對國家的承諾。

「共和制對中國而言是最好的體制。中國人的精神從孔孟時代起就是民主精神。中國各地區

和城鎮都實行自治。在中國城鎮中，常常十年間都沒有行政長官。在我生長的村子裡，四十年都沒有一個村長。我認為中國是世界上最民主的國家。我們從來不像英國人那樣去問『你是誰』，『你父親是誰』。在中國，哪怕你是出身最低賤的苦力的孩子，只要你受過教育，都有可能獲得國家最崇高的職位。通過考試的學生中有九成來自窮人家庭。

「袁世凱辭職後，副總統（譯注：指黎元洪）將自動繼任總統一職。我們將權力交付憲法和副總統，直到參眾兩院改革。副總統並非很聰明的人，但品行端良，相信他能保衛共和。民國可能需要兩到三年才能良好運作。根據第一部憲法，總統任期為五年。如果袁世凱下臺，副總統繼任，時間當為兩年半。屆時將會完成新憲法的起草。現在的憲法太過繁冗，國會議員人數太多，需要精減一半。新憲法可能會採用法國模式，由總理組成責任內閣，總統擁有否決權。」

不能只從中國僕人和下屬職員那裡獲得消息

當我們問及，為什麼袁世凱撤銷帝制案之前十天，北京的外國使團似乎沒有人能想到事情的演變時，唐先生臉上閃過些許笑意。

他評論說，「北京使團的情報工作不太成功。他們的外交官們沒有與民國政府的官員拉近距離。外國商人只與中國的買辦打交道。歐洲人嫉妒日本人總是最先得知中國的政治消息，這是因為日本的領事官員和使節們非常聰明，知道與我們的官員搞好關係。如果其他使團也這樣做，而不是只從自己的中國僕人和下屬職員那裡獲得消息，情況肯定會好一些。連貴國公使芮恩施博士也不了解我們的官員。古德諾博士❹只是被當成了一個工具。他是一個偉大的學者和教授，是一個偉大共和國家的公民，但他被帝制派蒙蔽了，因為他並沒有真正洞悉情勢。

「我的外國朋友常對我說，袁世凱是唯一能夠統治中國的人。我告訴他們，我為我的國家感到遺憾。如果袁世凱明天死了，那中國該怎麼辦呢？」

即使日本現在是軍國主義政府，但中日友好是兩國利益的最佳選擇

記者大膽地問，「也許袁世凱比日本人要好。日本顯然希望在中國獲得更大利益，而袁世凱擋了日本人的道。」

唐紹儀回答說，「日本人的確想要推翻袁世凱。但這是出於私人原因。不論外界怎麼說，日本是希望中國建立一個強而有力的政府的。我們都必須向前看。一個強大的陸上鄰居要好過一個虛弱的五流國家。日本在過去九個月中改變了看法。他們本可以輕而易舉地向中國政府施壓，要求通過包括第五號條款❺在內的《二十一條》的。

「日本只需要三十六小時就能武力佔領中國。日本在中國的邊境上的朝鮮和滿洲訓練軍隊，擁有世界一流的交通設施，能快速集合海軍和陸軍進入中國領土。日本在數個戰略要塞上都有優良的軍隊醫院，去年在福州建立了三個擁有世界最先進設備的醫院。日本在漢口等地還有裝甲車庫和軍營。另外，許多日本人以商人身分做幌子，潛入中國政府部門，為日本政府收集資料情報。日本人比我們更了解中國的人口情況和地形。最近，天皇政府鐵路部門發行了一本關於中國

的旅行指南圖書，裡面關於中國的地圖和統計資料非常準確詳細，堪稱奇跡。

「然而日本人並不短視，不會只考慮眼前的可能性。日本有六千萬人口，他們怎會如此沒有理智地想到要征服一個擁有四萬萬人口的中國呢？歷史表明，中國融合了包括韃靼人、蒙古人、滿洲人在內的異族，甚至所有來到中國土地上生活的外國人也不例外。日本需要的是一個文明強大的鄰居，一個能與之發展最佳商業和社會關係的國家。即使日本現在是激進的軍國主義政府當權，中、日兩國迅速發展並保持友好往來也是兩國利益的最佳選擇。」

袁世凱吹噓自己是拿破崙第二，但中國不需要拿破崙

這時唐夫人過來上茶，暫時打斷了採訪。唐夫人是一位魅力非凡的女主人。唐先生則盡主人之誼，將茶杯遞給我們，並像慈父一樣勸我們多吃些蛋糕，因為這是他的女兒親手製作的。蛋糕非常美味！

「你們見過我的女兒了嗎？」他問道，「就是顧維鈞公使的夫人❻。我知道我的女婿就中國君主制的問題向美國新聞界發表了聲明。我希望他現在能回國，而不應再追隨袁世凱了。……你們喜歡中國茶嗎？對不起，我這裡沒有牛奶。」

記者表示自己從不在茶裡放牛奶。唐先生對此感到很有趣，因為他不知何故，一直誤以為所有外國人喝茶時都放牛奶。這個小插曲有了後續故事。我們離開上海時，一個信差來到我們住的飯店，送上兩盒上等中國茶葉，作為記者訪問中國的紀念品。

唐先生突然再次開口，「我們給了袁世凱四年時間，讓他展示能為這個國家做的貢獻。而他沒能給予人民任何言論或行動上的自由。他強迫解散了國會，重新選舉自己為終身大總統，將那些承諾幫助他登上帝位的人籠絡在身邊。袁世凱吹噓自己夢想成為拿破崙第二，可是我們不需要在中國出現一個拿破崙。我們需要的是一個傑出領袖，能率領一個負責任的內閣治理國家。

改革全是紙上談兵

「袁世凱任大總統期間一事無成。鹽稅漲了，稅銀並沒有流入私人口袋，而是任由政府揮霍。中國的窮人更窮了。稅收急劇增長，其中百分之七十八都用於軍隊開支。總統時時提及對於教育問題的關注，但他從未推動任何教育發展。在我家鄉的省，原來政府每年會撥出六十萬兩白銀用於教育，但袁世凱上臺後，每年只剩下二十萬兩白銀了。其他省分的情況也大致如此。更有些時候，政府完全不在教育事業上進行任何投資。

「我可以大膽地預測，如果百分之七十八的歲入不是用於軍事方面的揮霍而是投資教育事業，就不會有革命爆發，袁世凱今天也許還能繼續掌權。政府其他部門和領域的情況也是如此。改革全是紙上談兵，像是滿屋子紙片散落在地。袁世凱沒有對財政預算進行過任何實質性改革，也從未改進水道，建立國際通訊系統，或是開發礦產等各種自然資源。他也沒有採取任何措施，引導建立一個健康睿智的良好政府。

民選領袖如此害怕面對公衆是怪事

「優秀人才是無法與袁世凱總統共事的。袁不相信任何人，只相信他眼皮子底下的人去替他辦差事。袁的策略就是讓一個政黨反對另一個政黨，形成制衡。有時他會派同樣政黨的人去互相監視對方，向他報告彼此對某一計劃的想法態度。袁世凱害怕炸彈和暗殺，於是把自己鎖在高牆內。對於一位由人民選舉出來的領袖而言，如此害怕面對公眾是極為奇怪的。在他執政的四年間，走出官邸的次數不超過六次。他本應坐在敞篷車裡，向他的子民表示自己對他們的信任，或者至少表明自己並不害怕他們。

「當然，袁世凱是一個非常勤勉的人。他在工作日從不休息，但他對現實情況卻所知甚少。儘管他一直承諾要引入西方式改革，但他對西方世界毫無了解。過去在我們還是朋友時，我常對他說，『你應該帶上眼鏡，仔細看看外面的世界。你從來沒走出過中國，甚至沒有真正出過省。除了那趟從漢口到南京的旅途，你對中國幾乎一無所知。你的視野集中在一個狹隘的小圈子裡，看不到外面的世界。』

袁世凱的私人生活是國家的道德恥辱

「我希望美國人民能注意一個至關重要的問題，就是中國的道德改革。我們希望有一個具有崇高道德理念的總統。袁世凱總統的私人生活是國家的道德恥辱。袁世凱本人就是父親的偏房之子，因此他從未覺得這一道德體系有何不妥。袁世凱總統有五位夫人，共為他生育了二十八個孩子。他另外還有數個小妾和舞姬。一旦他去世，所有的孩子將會鬥得你死我活，恨不得掐斷對方的脖子。中國歷史顯示，在過去四百年間，只有一個皇子不是死於暴力或其他非自然死亡。最大的原因就是缺乏有道德的家庭生活。

「中國家庭生活的缺陷就在於一夫多妻制。妻妾成群是家族的悲哀。我們希望能讓後世子孫明白，納妾是一種罪行。

「我們國家的缺點是過分重視死者。袁世凱助長了這一風氣，他耗費巨資造自己的陵寢，為修建其在河南的祖墳就花了十萬美元。這種心態不好，而且浪費錢財。我當然希望我們的人民尊敬死者，但這並不是要對死者敬畏太甚，造成死者遠比生者更受重視的習俗。這樣不對。

任何君主制擁護者都不是眞正的愛國者

「還有一點，我不認為任何一個君主制擁護者是真正愛國，從心底對國家懷有無私感情的。帝制案的最初六個倡議者全都是抽鴉片的大煙鬼！我知道這些大煙鬼是什麼樣子的，除了那杆煙槍，他們什麼也顧不上。你能指望這樣的人如何在意自己的國家呢？我不是要辱罵吸食鴉片的人，因為我自己家中就有人抽大煙，然而鴉片之惡甚於酗酒。酗酒讓人變成野獸，而吸食鴉片讓人變得懶惰乏力，卑鄙狡詐。無論從哪一方面來看，這些支持君主制的大煙鬼們的意見都未見精妙之處。然而袁世凱總統恰恰就是聽從這六個國內最惡劣的大煙鬼的建議，形成了他稱帝的全盤計劃。」

青年應爲國家注入新血

我們問唐紹儀是否有意在新政權建立後再度出山。眾所周知，袁世凱總統曾允諾任命某人（譯注：指駐南京的第三軍軍長王芝祥）為直隸都督——直隸省是北京所在地，一九一二年南方革命黨同意讓臨時政府定都北京——但後來又食言，委以他職。民國總理唐紹儀拒絕在任命書上簽字，認為此舉違反了共和制的基本理念。當他抗議袁世凱總統背信時，袁對他說，「我的好兄弟，你應該站在我的立場上想想，你非常清楚該怎麼處理此事。」

第二天，唐紹儀就離開北京前往天津，一週後辭去總理一職。

唐先生簡要地回答說，「出於道義考慮，我決不會再擔任政府職務。當然作為一個公民，我會傾我所能幫助政府。但我已經老了，不適合再出任公職。青年應該站出來，為這個國家貢獻更年輕、更有活力的想法。」

唐紹儀喜愛收藏文物

採訪結束後，唐紹儀引我們走過大廳，參觀其他房間，向我們展示他精采的瓷器藏品。這也許是全中國最好的私人收藏，各類宋明時期的瓷器，皎白（Clair de Lune）、郎紅（Sang de Boeuf）、桃紅（peach blow）、青花（blue and white）等釉色的瓷器，都放在倚牆而立的博古架上，每件古董都有精心雕刻的柚木底架，盛於綢緞作襯墊的粉色盒子裡。唐先生用美學家的手指愛撫過每件藏品。這位偉大的政治家，永不妥協的理想主義者的光芒，這時突然淡去了。

他取下來一只青瓷大花瓶，像海仙女的蒼白顏色，有浮雕的龍盤繞瓶身——五爪金龍戲珠。

「這是我的至愛之物。」他說道，「它非常珍稀。五年以來，我要手下走遍中國，想找一個可與之配對的花瓶。銀行大王摩根❼會不會有興趣收藏它呢？」

看來至少有一些帝王之物是唐紹儀不憎惡的。

注釋

❶顧維鈞（西名V. K. Wellington Koo），字少川，一八八七年生，江蘇嘉定（今屬上海市）人。早年入美國哥倫比亞大學，獲法學博士學位。一九一二年回國，任大總統英文祕書、內閣祕書、外交部參事、憲法起草委員等職。一九一五年任駐墨西哥公使，旋調任駐美國兼古巴公使。一九一九年任中國出席巴黎和會全權代表。一九二〇年任駐英公使，並任國際聯盟非常任理事。次年任國聯理事會主席。旋充中國出席華盛頓會議全權代表。一九二二～一九二六年先後任北京政府外交總長、財政總長、代理國務總理等職。一九三一年任國民政府特種外交委員會祕書長、外交部長，參加國際聯盟李頓調查團。一九三二年任駐法公使，一九三六年升大使。其間先後兼任海牙常設仲裁法庭法官、出席國聯大會中國首席代表。一九三七年赴布魯塞爾參加九國公約國會議，爭取國際制裁日本，未果。一九四〇年起任駐英大使。一九四五年六月出席舊金山會議，參加起草聯合國憲章，並代表中國在該憲章上簽字。一九四六年調任駐美大使，並兼任中國駐聯合國代表團團長。一九五六～

一九六七年任海牙國際法庭法官、國際法院副院長等職。退休後定居美國，完成口述回憶錄，記錄其五十多年外交工作經歷。一九八五年十一月病逝於紐約。

❷一九一六年三月二十二日，袁世凱宣佈取消帝制，六月六日袁病死。

❸靶子路（Range Road），或稱老靶子路，現名武進路。上海虹口區的一條東西向馬路，填河而成，臨近租界舊靶場，故名。

❹古德諾（Frank Johnson Goodnow, 1859-1939），美國政治學家和教育家。生於紐約布魯克林區。一八八三～一九一四年在哥倫比亞大學教授法律，一九一四～一九二九年任約翰・霍普金斯大學校長，先後教授行政法、歷史和政治學，創建美國政治學會，一九〇三年成為該學會首任主席。一九一三年曾到北京任民國政府法律顧問，一九一五年發表〈共和與君主論〉一文，認為共和制度不適宜中國。後病逝於巴爾的摩。

❺一九一五年一月十八日，日本駐華公使日置益晉見袁世凱，遞交二十一條要求的文件，要求袁政府「絕對保密，盡速答覆」。尤其是其中第五號要求中國政府聘用日本人為政治、軍事、財政等顧問、中日合辦警政和兵工廠等，企圖把中國完全置於日本控制之下。

❻唐紹儀第五女唐寶玥（西名May Tong），一九一三年六月與顧維鈞在上海結婚，一九一八年十月在美京華盛頓病故，遺一子一女。按：顧唐聯姻一事，詳見第七篇，一九一三年七月十八日的〈顧維鈞迎娶民國總理女兒〉報導。

❼摩根（John Pierpont Morgan, 1837-1913），美國金融家。一般均以J. P. Morgan簡稱之。生於康乃迪克州哈特福德（Hartford），一八九五年創辦摩根國際銀行，為政府融通資金，興辦鋼鐵、鐵路、航運業。他是十九

世紀末、二十世紀初最有力量的商人，也是著名的慈善家和藝術品收藏家。

君主立憲制是中國的選擇

一九一六年六月四日

梁士詒（中國海關稅務處督辦）

題記：梁士詒被譽為「謀士」、「宰相」。他是唐紹儀一九〇六年赴印度談判西藏問題時的參贊。一九〇七年出任大清郵傳部鐵路總局局長兼交通銀行幫理，後署理大清郵傳部大臣和交通銀行總理，民國建立後出任袁世凱總統府祕書長。一九一三年五月至九月，任財政部次長。目前，他是海關稅務處督辦。

梁士詒的政治實力體現在他對北京政府的控制。他能夠對當局各個部門的事務施加影響。他巨大的個人影響力及對中國銀行業和鐵路系統的控制，使得他擁有取之不竭的權力資源。在當前的革命中，他為整個湖南的軍隊提供資金。最近的帝制運動，被認為是他的策劃。在共和制度下，他所能擁有的權力顯然更大，但他沒這樣做，從而更證明他對帝制的擁護。而近來北京街頭謠傳梁士詒正祕密從事顛覆袁世凱的行動。

他不會講英語，這篇文章是中國前外交總長伍廷芳的兒子伍朝樞翻譯給兩位美國女記者看的。它寫於最近的立法院會議召開前不久❶。

中國到底應該實行共和制還是君主制？國民會議毫無異議地一致贊成中國採取君主立憲制，顯然中國將成為一個君主立憲制國家❷。民意表明，只有君主制才能將中國從內憂外患中挽救出來，帶領她步入世界強國之林。

大總統是咱們新皇帝的名字

在中華泱泱五千年歷史中，我們一直被專制官僚政府掌控。直到最近二十年，西風東漸，我們開始意識到民選政府的必要性。包括政府官員們自己也對此表示認同。我們的政府相信，只有通過代議制才能造就富強的國家和良好的政府。然而，考慮到當下中國普通民眾的素質，我們無法直接照搬教育水準較高的西方國家的民選政府模式。於是，我們的政府選擇一種漸進方式，力求在現階段既定環境之下，最大限度地實現民選政府的目標。

人們普遍認為，構成中國之脊梁的廣大民眾，他們是世界上最熱愛和平、最容易統治的人民，但他們根本不知道「政治」二字為何意。真實的情況是，他們效忠君主，尊敬長官，並且只有最基本的要求，即官府能夠保護他們的生命和財產，除此以外別無他求。即使官府並沒有保護好他們的生命和財產，通常情況下，他們也不會揭竿而起反抗官府，而是重新尋找工作營生。

這種深植於民族血脈的國民特性能夠從釐金的事例中找到更充分的證據。所謂「釐金」是向所有內陸交易的商品徵收千分之一的稅，在各省之間以及省內皆設有徵稅關卡。一八五三年，太平天國起義，全中國陷入一片混亂狀態，滿清政府為鎮壓起義軍，開始徵收釐金。在此期間以及後來的辛亥革命，再到一九一三年失敗的革命❸，全國商業保持了相當的穩定。一九一三年海關稅收金額未見任何波動。這些資料表明，儘管政局動蕩、政府更替，但總體說來，多數中國老百姓的營生仍然保持在先前的水平。

也許對國內的少數人來說可以談論共和制，但對於大多數國民而言，這不是一個明智的想法。「大總統」是“President”的中文說法。有一次，當某官員在內陸省分考察時，詢問一位村民是否知道「大總統」的含義。

「當然！」那人答道，「這是咱們新皇帝的名字。」

據悉，另一個稍有見識的村民問，「中國的大總統到底是洋人還是華人呀？」

忠君思想是維持國體的基石

美國實行共和制已有一百四十年歷史，而中國實行君主制已有五千年歷史。想要中國國體從根本上轉變為共和制，就像強迫美國突然轉變為君主制一樣令人匪夷所思。而這中間還有其他的緣由。西方國家基本上都是宗教國家，無論在古代、中世紀還是現代，基督教在國家政治事務中始終扮演著極為重要的角色，儘管它的作用近來有所削弱。但是在中國，宗教從來沒有發揮過如此強大的作用。相反，是一套儒家倫理道德體系將不同民族和不同地域緊密地聯繫起來。

在中國政治思想中始終佔據主導地位的是儒家思想，提倡所謂「四德」和「五倫」，忠、孝、節、義是最基本的道德準則；君臣、父子、夫婦、兄弟、朋友是支撐社會的人倫關係。其中忠君是維繫整套國家政治體系的基石，也是國家建立「德政」的核心。如果忠君思想不復存在，那麼中國整套傳統價值體系就將崩塌，國家便會陷入十分危險的境地。這一點特別對軍隊帶來的危險不可低估。中國人的內心始終保持著這些基本的原則。然而，近年來，他們失去了立身處世的原則，失去了對君主的忠誠。因此，社會秩序變得一團糟。

民主不是隨心所欲的通行證

現在南方各省發動的叛亂❹是人為造成的，並不能代表民意。如我們現在所能了解，唯一的民意便是謀求和平。人們認為，在民選政府統治的國家，以正當方式組織起來、為民喉舌的機構，如國會與議會、商會以及報社，其成員當然可以表達民意。然而總有一些個人在社會上沒有政治力量，當他們訴求自身利益時，便會失望而歸。我們當中一些受過思想啟蒙的人士，自然明白自由不等於隨心所欲的通行證，各種民意表達機構僅能在有限的範圍內施加有限的影響；但是，大多數未受過良好教育的人，他們質疑政府的管治，以為民選政府意味著每一個人都可以掌控國家事務。

在官僚階級內部，也有人認為政府是在故意拖延向民選政府轉變的步伐。正如在大多數國家一樣，我們也有一個激進黨和一個保守黨。兩黨在不同政策之間出現的衝突，造成一種局面，給企圖製造麻煩的人以可乘之機，這些人包括學生、記者，還有政客。目前，大約有一千九百名中國學生在日本的大學裡深造，在過去數月，中華革命黨在東京集會，策動南方各省的這場革命，卻只有寥寥百名學生到場（原注：日本報紙說，有七百名學生出席集會）。由此可見，受過良好教育的知識群體並不支持這場革命運動。

中國遇到的一個麻煩，是在其他國家從未出現過的，便是外國租界問題。一八九七年，中國與德國簽訂通商條約，隨後在一八九八年，又與俄國、英國、法國簽訂通商條約。由於當時滿清政府的失策，這些租界就這樣建立起來。生活在租界內的中國人無法與外界自由交流他們的想法，最終變得與中國普通民眾的生活隔離開來。僅在上海就有二十五萬中國人居住在外國租界。由於中國政府在租界內沒有行政權和司法權，一些對政府不滿的人便躲在租界內製造麻煩，而政府對此也束手無策。媒體散播反政府輿論，由於租界的庇護而享有豁免權，政府也很難控制。另一個與當前叛亂相關的原因是短時間內我們很難妥善解決人口過多的難題，商業貿易匱乏，由此造成國民就業機會稀缺。

叛亂起因並非許多人想像的「地域之爭」。在長江南北，並無界限之分。北京政府中有七成官員是南方人，他們明顯位居要津。另一方面，也有許多北方人在南方擔任要職。南北雙方之間並無根本分歧。此次叛亂也不是國策方針之爭或主義之爭。它是一個小集團將其自身利益凌駕於國家利益之上所致。以暴制暴，南方各省的軍隊毫無疑問將會被北洋政府指揮的優勢兵力鎮壓下去。

中國憲政願景

共和制的致命弱點是它的不穩定性。中國如果想要在世界各國的殘酷競爭中存活下去，注定要走上君主立憲制的道路。正如總統令所頒佈，恢復帝制將在平定叛亂、全國重歸正常和諧後進行，而立憲計劃也正在加速推進，預計兩個月內即可完成。

至於具體程序，主要將經過三方之手。十人起草委員會目前正在起草憲法草案，隨後將呈送至由七十人組成的參政院，最終提交給立法院❺獲取批准。立法院是新近成立的，意在將去年選舉產生、用以討論憲法的國民會議轉變成一個立法機構。其法理依據是不久之前的約法會議為國民會議和立法院初步制定的選舉區域、選舉方法、選舉資格或其他施行細則，都完全一致。

目前，起草委員會尚未完成憲法起草，但我們可以肯定它將主要體現兩個原則，即兩院制和對違憲的政府部門或政府官員具有彈劾權。我們將建立一個責任內閣，與法國模式比較類似，即總理和內閣閣員負責處理國務，而不是英國制度中的集體問責內閣。我們還將建立一個與美國類似的審計院，同時將有一個行政法院❻，負責受理行政訴訟。該法院的設計基於我們認為普通法院無法裁決行政事務。同樣地，在商事法院，我們將有法律專家對特定領域的案件進行仲裁。

審查預算是國會最重要的工作內容之一。眾議院將負責對國家財政的必要監控。主要程序是由各省將預算支出先提交至中央政府相應各部，例如，司法預算提交司法部，以此類推。然後，由財政部將各部收集的預算支出匯總，提交內閣會議討論，隨後提交立法機構，可能叫國會或議會，也可能叫其他名字。

立法機構將派出一個審查委員會進行審議，各部總長或其代表必須到場接受質詢。但是，當審查委員會向眾議院報告、相關議案已提交三讀後，將不再允許政府代表出席。如果議案通過，將呈送參議院評審，並最終以法律形式呈送給國家元首。迄今為止，袁世凱未駁回過任何預算提案。但今年，軍隊開支和公務員薪水都將縮減。

在一個君主制國家，永遠不可能期待君主是全能聖人。因此在政府職能中，必須有各部總長和民選國會加以制衡，而他們的權力也需要被法律清晰地界定。目前，總統手中掌握著整個政府權力，但將來他的權力將受到約束。他將擁有否決權及對重要官員的任免權，並有權召開議會或國會、宣佈休會，以及在一定限制條件下解散議會或國會。

當國會休會但國家出現緊急情況需要立即採取行動時，總統將有權頒佈擁有法律效力的法令，直到下一次國會召開。此外，總統的權力還包括外交權、宣戰權、請和權、赦免權、頒賞榮典權及簽署極刑權。

國會有權通過或者駁回預算。當內閣各部總長違憲時，國會有權加以彈劾，有權審核所有收支帳目。內閣有權啟動議案，但國會議員在不涉及財政、國防的情況下也可啟動議案。在美國模式下，國會議員有權啟動財政開支議案，這可能導致金錢揮霍、政治腐敗以及耗費大量時間等一系列嚴重後果。國民擁有的最大權利是自由——人身自由、居住自由、貿易自由、結社自由、宗教自由和言論自由。所有合乎規定的民意表達機構都將被鼓勵和承認——包括議會、國民會議、新聞界、商會。商會對貿易糾紛進行的仲裁將擁有法律效力。

目前有三個重要的政府組織：每週一次的御前大會議；每週一次的內閣會議，袁世凱並不主持；以及剛剛設立的政治討論會。

政治討論會有十一位成員，其中包括三名外國人，他們是英籍政治顧問莫理循博士、日籍法律顧問有賀長雄博士、美籍法律顧問韋羅貝博士（Dr. W. F. Willoughby）。七名中國成員是國務卿兼外交總長陸徵祥、稅務處督辦梁士詒、審計院長孫寶琦、內務總長朱啟鈐、農商總長周自齊、司法總長章宗祥、財政次長龔心湛。立法院第一次會議於五月一日召開。同時，將成立參議院，或者將現有參政院直接轉變成參議院，或者通過選舉或提名方式產生，以此實現兩院制。

推行憲政後，中國政府將運轉得更加有效。通過實現國家發展三大計劃，即促進商業貿易、改革軍隊、實行全民教育，相信中國必將逐漸屹立於世界民族之巔。

注釋

❶本文應寫於一九一六年三月二十二日袁世凱取消帝制之前。兩位女記者，指的是韋爾與艾瑪森，她們在北京結識外交部參事伍朝樞，透過他採訪民初政界人士。（詳下文）

❷一九一四年一月十日，袁世凱下令解散國會，先後代之以御用的「政治會議」、「約法會議」和「參政院」。袁世凱透過政治會議頒佈了《諮詢政治會議救國大計令》，為其徹底解散國會提供依據，並且據此設立約法會議。在約法會議上，頒佈《中華民國約法》，通過《參政院組織法》和《立法院組織法》，同時還通過了《修正大總統選舉法》。參政院正副院長和參政員均由袁世凱任命。一九一五年九月二十八日，參政院議決以「國民代表大會」來決定變更國體問題。十月八日公佈國民代表大會組織法，以國民會議初選當選人為基礎，選出

代表組織之，二十五日開始選舉。至十一月五日完成選舉。十二月十一日，在袁世凱操縱下，各省國民代表共一千九百九十三人全票贊成中國實行君主立憲制。

❸指孫中山發動的討伐袁世凱的二次革命。

❹指一九一五年十二月袁世凱稱帝後，唐繼堯、蔡鍔、李烈鈞將軍從雲南發起的護國運動，南方各省紛紛響應，宣佈獨立。

❺一九一四年五月一日，袁世凱頒佈《中華民國約法》，設立參政院，作為總統的諮詢機構。一九一六年二月二十八日，袁世凱頒令提前召集立法院，以國民會議復選當選人為立法院議員復選當選人。四月一日，袁又頒令國民會議與立法院議員選舉分別辦理。截至六月六日袁世凱去世，立法院仍未能成立。

❻指「平政院」。自清末立憲以來，西方法律制度逐漸傳入中國，行政訴訟制度成為憲政制度的組成部分。一九一一年十二月二日頒佈的《中華民國鄂州約法及官制草案》第十四條規定：「人民得訴訟於法司求其審判；其對於行政官署所為違法損害權利之行為，則訴訟於行政審判院。」次年三月十一日頒佈的《中華民國臨時約法》第十條規定：「人民對於官吏違法損害權利之行為，有陳訴於平政院之權。」一九一四年五月一日，袁世凱頒佈《中華民國約法》，由此建立中國歷史上第一個行政訴訟審判機關平政院，主管行政訴訟，負責糾察行政官員違法不當行為，並就行政訴訟及彈劾事件行使審判權。

伍廷芳寄望中國青年

一九一六年七月九日

題記：袁世凱總統去世後不久，前中國駐美公使伍廷芳博士[1]接受了兩位美國女記者韋爾（Elsie F. Weil）和艾瑪森（Gertrude Emerson）的採訪。伍博士稱，中國下一代國民的思想觀念將有巨大改變，並取得偉大的成就。

上海法租界春光明媚。垂柳吐出了翠綠的新芽，白色的玉蘭花盡情綻放。鱗次櫛比的西式小樓讓人想起紐約的長島（Long Island）。黃浦江上，破舊的小漁船與遠洋巨輪交錯而過。大馬路上，人力車夫們拉著洋車在小轎車的隊伍裡穿梭不息。這個充滿西方格調的東方大都市一切皆如往常。然而，從北方傳來了消息，袁世凱宣佈取消帝制，回歸共和。上海人對此毫不掩飾他們的喜悅之情。兩年多來，革命黨人再次有了言論自由，而不必擔心掉腦袋了。

北京傳來的這條消息是我們此次政治採訪的重要背景。我們驅車前往伍廷芳博士府上，對他進行個人專訪。伍博士是前中國駐美公使、孫中山組建臨時政府時的外交總長、中國現代司法制度的創立者和一位退休的革命黨人。他現居住在上海法租界內最好地段的一所宅子裡。伍家寓所頗有紐約第五大道的風範，四周綠草如茵，圍牆以鑄鐵柵欄築成。室內的擺設富麗堂皇，正如從證券交易所賺足錢的紐約股票經紀人在他們腦海裡所憧憬的那樣。

管家微笑著鞠躬行禮，引導我們進入客廳。客廳內鋪著棕色地毯，柔軟綿厚。黑漆雕花的家具，牆上掛著裝裱的詩詞及箴言的卷軸，金紙黑字，氣勢非凡。伍博士很快就出來了。他身穿一套迷人的暗紅色真絲錦緞馬褂，頭戴一頂瓜皮小帽。他在家中等候我們的到來。賓主分坐在黑色的小凳上，中間是一個小方桌。

討論政治不是一件愉快的事

「請告訴我，」伍博士的英語好極了，語調輕快。說話間，他迫不及待地探身過來，雙手在桌上交扣，側著頭。「你們來中國多久了？準備從上海去哪裡？準備在中國待多長時間？什麼時候回美國呢？」

我們直接問他，並向他保證，「您為什麼不再到美國訪問呢？您一定會受到熱烈歡迎的。」

「嗯，我現在不準備去，但以後會的。」他神情嚴肅地答道，「我告訴所有人，我會活到二百歲。嗯，也許我得減去五十歲，因為我希望在兩百歲前死去。不管怎麼樣，我保證將在一九五九年再去美國。你們聽見了嗎？到時候我在美國能見到你們嗎？你們會在紐約、芝加哥還是舊金山呢？」我們調皮地說，會在舊金山碼頭歡迎他。他對這個答覆表示滿意。

「但是，一九五九年實在太久遠了，還要等很長的時間。那時候，任何事情都可能在中國發生。不如請您現在告訴我們，您對袁世凱放棄稱帝有什麼看法？」我們抓緊時間切入正題。

「你剛才說什麼？」他瞇起眼睛，傾身向前。「請你們諒解，我的聽力有時不太好。」當不聽為妙時，伍博士就經常耳聾，他就這樣讓粗魯無禮的發問者感到為難或難堪。

我倆可不管，同時大聲地向他喊，「您對袁世凱撤銷帝制案有什麼看法呢？」

「哦，這次我聽到了。」他開心地讓步了。「中國現在處於轉型期。事實上，我本人不想捲入到這些事情中去。討論政治可不是一件愉快的事情。」

「可您是中國第一批、也是最著名的共和派，又是南京臨時政府時期的外交總長，對於君主制在中國這個問題肯定有自己明確的看法吧！」我們不依不饒地追問他。

伍博士整了整自己的帽子，兩隻手在桌上扣得更緊。他並不喜歡被兩個美國女孩子這樣苦苦相逼。她們本來應該只討論上海是個多麼可愛的地方，在老城廂（the native city）購物多麼讓人激動。如此唐突地提出這個問題來似乎不太禮貌，也不符合東方人的處世方式。

現在的北京政府不願嘗試新事物

「好吧，那麼我就告訴你們。」伍博士揮舞一下雙手，把假想中的敵人趕跑了。「我再也不想談論政治了。我不是一個預言家，也不知道將來會發生什麼事情。我確實有一些想法，」——他狡猾地轉過頭去——「但是，我不想說。可以這樣講，中國很快必將發生一次巨變。中國現在的進步太慢了，我們太落後了。辛亥革命後，我們以為會發生什麼驚天動地的大事。年輕人的思想確實非常進步，但現在我們又退回到另一個極端了。革命興起時，沒有人會反對新的思想，激進分子總能抓住機會去推行和貫徹他們的想法。

「現在的北京政府不願再去嘗試新事物了。政府裡有許多在國外受過教育的人，但他們中大部分人都相當保守，反而成了革新運動難以踰越的阻礙。可是，再過一二十年後，這些人會辭職或過世，那時，新來的人們肯定會引入進步的政策。

北京的氣息令人喪失革新的動力

「你們在北京時，注意到那裡不同尋常的東西嗎？」他問道。

「宮廷的高牆嗎？」我們猜測。

「不是。」

「滿天的塵埃？」

「不是，再猜。」看到我們這麼愚笨，伍博士顯得很快活。

「蔬菜？動物？還是礦井？」我們兩人中的一位脫口而出。這次猜謎，猜了二十多個答案。

「都不是，是精神上的。」伍博士表情神祕地答道，「每一個城市都有自己獨特的氣息，就像人類身上的氣味一樣。巴黎、紐約、芝加哥，都有自己獨特的氣息。每個城市的氣息各不相同。你們看，北京是一個古都，中國人在這裡生活，不知經歷了多少個朝代。只要你願意，也可以變得很激進、很願意改革，但是，你肯定會被這個城市無處不在的保守精神所影響，在不知不覺之間，自己就也變得保守起來。所有的政府官員都不再靈敏，從而喪失了革新的動力。

「外國使團最早搬回北京，重新生活在這個城市歷經無數朝代都不可撼動的保守和僵化的氣氛當中。你們的駐華公使芮恩施博士來看我時，我警告過他，要仔細留心北京的特殊氣氛。我告訴他，所有北京政府的同仁都會不自覺地在這種氣氛的影響下變得保守。他們都被北京特殊的政治環境影響了。能告訴我芮恩施博士現在怎麼樣了？是不是跟使團其他人一樣，掉進這個陷阱裡去了呢？」

我們感覺到，伍博士的提問裡，似乎包含著宿命的無奈。

建立青年政府和遷都，可斷然解開北京的難題

不待我們回答，他自顧自說下去，「我第一次去美國時，在那裡生活了六年。回來時對革新充滿熱情。在美國，一切都是嶄新的。人們每天都在談論變化和革新。報紙上公然譴責不受歡迎的人，充滿了對具有共和精神的愛國者的讚頌。我剛回國時，熱切希望將陳舊過時的一切徹底清掃，包括修訂國家司法制度、廣泛傳播社會科學知識啟迪民智、選拔受過科學教育的專家進入政府部門工作、建立高效率政府等等。我滿腦子都是美國精神，不斷向在北京政府中當權的官員朋友們闡述自己的想法，全然不存半點私念。

「他們會說，『好的，我們一步步來做。』或者說，『嗯，真是個好主意，我們會儘快試一下。』他們總是有各種的藉口來敷衍我，給我含糊的、遙遙無期的承諾。這樣過去六七個月後，我的熱情也就被澆滅了。當有受過西方教育的新人懷抱理想和熱情來到北京，像我當年一樣熱中

於談論改革時，我就會慢吞吞地告訴他們，『不對，這做不到。我們不可能做出這樣的改變。』最後，當我意識到自己被北京的政治文化氣氛毒害已嚴重落伍時，只得像我的許多同事一樣告病還鄉。北京最近有很多這樣的病例，你們注意到了嗎？」

伍博士強調說，除非政府成員的大多數都是年輕人，他們對祖國的建設與進步具有巨大熱情和崇高理想，否則，中國是不可能進行激進改革的。

「要消除北京的保守主義是非常困難的事，」他說道，「我們必須以斷然的手段解開難題，立即將首都遷出北京。當然，此事極難。北京有外國使團、有他們的房屋和軍營，還有大筆外國投資，這些都必須列入考慮範圍之內。但是，至少中央政府可以遷到離北京兩三英里遠的地方。這是一個折中方案，聊勝於無。

「我們為什麼不能向日本學習呢？」伍博士突然收起嘲諷的口吻。「他們在四百年前將首都由京都遷往東京。日本人民相當聰明，我建議我的同胞們向大海彼岸的朋友們好好學習。」

與日本做朋友總比做敵人好

「請告訴我們，」當伍博士提及日本時，我們迫不急待地打斷他，「您是怎樣看待日本對華政策的？」

「請你們來告訴我吧。」他把問題又還給我們，「你們對日本對華政策有什麼看法呢？」

我們自然回答說，有兩種觀點，一種是反對日本的，另一種觀點認為中日是近鄰，雙方應保持友好關係。

「我介乎這兩種觀點之間。」伍博士馬上說道，他似乎理清了思路。「我們當然不喜歡日本在《二十一條》中威脅恐嚇中國。如果一個國家因為擁有十倍於美國的陸海軍實力，就要求美國讓出加州作為其保護領地，你們能高興嗎？我們中國人也是這樣想的，但是，我們非常無助。日本有強大的陸軍和海軍，而我們幾乎什麼都沒有。我們也必須面對現實，與日本做朋友總比做敵人好。」

「許多年輕人認為日本居心不良，」我們兩人中的一位提示，「我們在北京碰到不少年輕一代。我們與您的兒子進行過幾次有意思的談話，對他印象十分深刻。」

未來的全部希望寄託在年輕人身上

「他是一個好孩子！」提到兒子，伍博士雙目放光，臉上全是一個父親的驕傲。我們就是拿著他兒子伍朝樞❷的信件才得以見到伍博士的。伍朝樞先生年輕有為，是北京政府外交部中前途最看好的人才之一。據說，正是為了不影響兒子的遠大前程，伍廷芳博士才保持沉默。

「您對年輕的中國深具信心嗎？您是否認為，現在成長中的年輕一代將對中國大有建樹？」

「一定，一定會的。」伍博士答道，「下一代將創造出中國的奇跡。年輕人一旦掌權後，他們會取得了不起的成就。他們將破除舊思想，為中國帶來一些陽光和清新的空氣。我們有許多在國外、尤其是在美國接受教育的年輕人。他們可以把各種工業、機械、政治知識帶回來，而且有過這樣的經歷，他們必定促使中國躋身於現代化國家之列。我們未來的全部希望，都寄託在年輕人身上。」

注釋

❶伍廷芳，本名敘，字文爵，號秩庸，後改名廷芳。祖籍廣東新會，一八四二年生於新加坡，三歲隨父回廣州芳村定居。一八七四年自費留學英國，入倫敦學院攻讀法學，獲博士學位及大律師資格，成為中國近代第一個法學博士。後回香港任律師，成為香港立法局第一位華人議員。洋務運動開始後，一八八二年進入李鴻章幕府出任法律顧問，參與中法談判、馬關談判等，一八九六年被清廷任命為駐美國、西班牙、祕魯公使，簽訂中國第一個平等條約《中墨通商條約》。辛亥革命爆發後，任中華民國軍政府外交總長，主持南北議和，促成迫清室退位。南京臨時政府成立後，出任司法總長。一九一七年赴廣州參加護法運動，任護法軍政府外交總長、財政總長、廣東省長。一九二二年陳炯明叛變時，因驚憤成疾，逝世於廣州。

❷伍朝樞，字梯雲，廣東新會人，一八八七年生於天津。伍廷芳之子。曾留學美、英兩國，一九一二年返國任湖北都督府外交司司長。一九一三年當選民國第一屆國會眾議院議員。一九一五年任政事堂參議兼外交部參事。一九一七年赴粵參加護法運動，一九一九年春代表廣州政府參加巴黎和會。一九二三年任廣東大元帥府外交部長。一九二四年任國民黨中央黨部商務部長。一九二五年任廣東軍政府外交部長。一九二七年任南京國民政府外交部長。一九二九年任駐美公使。一九三一年任廣東省政府主席、南京國民政府司法院院長（未就職）。一九三四年病故於香港。

北京政變❶影響遠東力量平衡

一九一七年六月十日

《今日中國》（*Present Day China*）作者加德納・哈丁（Gardner L. Harding）

一九一六年六月六日，袁世凱去世。以後幾乎整整一年，動蕩、暴亂、政變等等，一再衝擊內憂外患的北京政府。袁世凱的繼任者黎元洪總統是一個溫和的自由主義者，在過去一年裡，他執掌著一個尚能有效運轉的臨時政府，以典型中國式的中庸和妥協姿態，周旋於激進的南方軍政府和守舊、令人厭惡的北洋軍閥之間。但是，在兩週以前，黎元洪免除了北洋軍閥首領段祺瑞的國務總理職務，向北洋軍閥發起了堅決的挑戰。

依法罷免，但引發軍事政變

黎元洪此舉完全符合憲法，他同時獲得了國會與內閣大部分成員的堅定支持。然而，近來中國保守勢力開始擡頭。黎元洪對是否參加歐戰的態度一直搖擺不定。也許他有很好的理由，但是自從今年三月十四日中德斷交以來，中國政府迄今未就參戰問題明確表態。北洋軍閥的各位將領對是否站在協約國一方參加歐戰這一關鍵問題也舉棋不定，此事一直懸而未決。坦白說，他們沒有名副其實的外交政策。這次，他們利用參戰問題挑起事端，要求北京政府儘快讓段祺瑞復職。

過去一週，北洋軍閥集結了一支強大的軍隊對抗北京政府。他們將黎元洪軟禁在總統官邸，並派出一名保鏢緊隨黎的左右加以監視。北洋軍閥贏得了中國十八個省中十一個省的支持，切斷了北京與外地交通的五條主要幹道，並控制了華北和中原地區，實力迅猛擴張，令世人矚目。他們推出了一個大元帥和全套新內閣，不僅跟總統和國會作對，也跟新頒佈的憲法和中國激進的青年運動作對，甚至跟中國整個處於自由主義萌芽階段的現行政治制度的目標與權威性作對。

黎元洪與段祺瑞

一九一一年辛亥革命爆發後，黎元洪和段祺瑞分別為南北兩方軍隊指揮，他們在武昌城外進行了異常血腥和殘酷的戰鬥。段祺瑞（譯注：應為馮國璋）下令在漢口縱火，給長江以南的人民造成極度的恐懼，為此恐怕也永遠不能原諒他。段祺瑞將革命軍死死地圍困在武昌。儘管黎元洪率領的革命軍勇氣十足，但畢竟訓練有限，戰鬥經驗不足，最終被段祺瑞打敗。如果論精明和殘暴，當今中國無人比得上段祺瑞，正是他在辛亥革命後製造了南北軍事對峙。正因如此，袁世凱重掌大權後，立即任命段祺瑞為陸軍總長。

一九一五年，袁世凱恢復帝制。儘管袁世凱竭盡全力誘惑和拉攏段祺瑞，並將其加封為親王，但段頂住了舊主子的巨大壓力，絲毫不為所動，並同其他中國人一起反對袁世凱稱帝。我們永遠無法獲知段為什麼反對帝制，是因為他清醒地認識到袁世凱的龍袍旒冕如紙一般脆弱，還是因為他對共和制度真的忠心耿耿呢？但有一點很清楚，就是他的所作所為確實推動了中國的進步。

段祺瑞以政治家的獨到眼光看到，他要麼維持共和制，要麼率領皖系軍閥為袁世凱血戰到底，二者必選其一。他選擇了支持中國統一。據說，他當時喬裝成苦力逃出北京城。一九一六年六月，當昔日宿敵黎元洪做了總統後，他就成為國務總理最有力的候選人。

因為袁世凱的倒行逆施和突然去世，整個北洋軍閥都倍受打擊。而黎元洪奉行自由開放的理念，不走極端，他把內閣中的其他職位都給了自由主義者，以此來回應時代進步的潮流。

政客和軍閥堅定支持段祺瑞

北京政府內部連續兩天進行辯論，其間不時被兩派的發言打斷。中國政府終於在三月十四日宣佈斷絕與德國的外交關係，這讓美國國會感到很有面子。

但在投票表決前，北京政府內部烏雲密布，段祺瑞實際上已跟思想開明的每一位部長、國會和總統攤牌了。

是何種無聲的勢力迅速膨脹以至於迅速打破了當時的權力平衡呢？段祺瑞的同夥們發動的勢如破竹的軍事政變給了世人答案。由政客和軍閥組成的反動陣營堅定支持段祺瑞。這些人，趁著自由中國的洋朋友們一時疑惑，讓辛亥革命和隨後發生的一切看起來只不過是偉大的中國歷史進程中的一個小插曲。他們是中國舊統治階級的代表。

段祺瑞明顯要結盟日本而非美國

今年三月初，段祺瑞未與國會協商就企圖與德國斷交。段的盟友們開始插手其中。段祺瑞炮製了一封發給中國駐日公使❷的電報，準備宣佈中國決定與德國斷交，並指示這位極度親日的公使通過日本與協約國談判。這就如同任命本野一郎❸而不是伍廷芳為中國外長一樣。儘管本野一郎肯定會非常樂意牽線搭橋，但黎元洪搶在電報發出前截獲了它。

段祺瑞隨即乘坐一輛專列避走天津，隨行的有北京近一半新聞記者。毫無疑問，現在我們也能清楚看到，段祺瑞當時就在謀劃政變了。表面看來，黎、段之間和解了。因為段祺瑞在兩天後返回北京，在國會面前擺出最溫和友善的姿態，並親眼見證了中國片面與德國斷交。中國這樣做，與其說是日本授意，不如說是美國授意，而這也是美國人必須認清的整件事情的核心所在。因為中國是唯一聽從美國呼籲與德國斷交的中立國。德國宣佈實行「無限制潛艇戰」後，促使華盛頓方面最終決定參戰。中國在黎元洪總統的領導下，在此問題上明確堅定地與美國外交政策保持了一致。

無論日本對中國的這一決定是否感到憤怒，段祺瑞都明顯是要與日本結盟，而非與美國結盟。段祺瑞受挫後數週內，北京的開明政治家們公開與他對抗，激烈爭論參戰問題。儘管在國會徹夜開會討論時，段祺瑞派出的軍警和流氓包圍了國會，但國會還是拒絕了段的參戰提議，雙方最終徹底決裂。絕大多數議員投票支持不參戰，直到段祺瑞被免除國務總理職務。

陳友仁譴責段祺瑞「將中國出賣給日本」

兩天後，北京首屈一指的華人報紙《京報》（*Peking Gezette*）發表文章，用無可否認的鐵證譴責段祺瑞試圖「將中國出賣給日本」。段立即逮捕了該報主編陳友仁❹。陳友仁是一位接受西方教育的報人，是中國最獨立、最強硬的報紙主筆。問題很明顯了，段祺瑞以這種即決的做法宣告，他的權力是凌駕於黎元洪總統之上的。五月二十二日，黎元洪大刀闊斧，免除了段的國務總理職務，於是挑起段的同夥們要推翻中國立憲政體。

段的同夥們確實做出了斷然回應。我們現在要面對的等於是一個中國臨時政府，以大元帥徐世昌為首，曹汝霖任外交總長，王士珍任國務總理，前總理的兄弟段芝貴任陸軍總長❺，湯化龍任內務總長。他們全體代表了強大的反對派重振旗鼓，東山再起，這些人曾隨袁世凱的去世而倒臺，然後在段祺瑞底下結成一個非常頑強難纏的集團。事實上，袁世凱的經歷使他們領悟到，不論是共和制還是君主制，政治手腕嫻熟的元首們都能實現獨裁。

徐世昌曾出任軍諮大臣和東北王

就個人而言，他們都是閱歷豐富的政客，而他們大致通過兩種途徑獲得實權。例如，徐世昌是袁世凱的國務卿，這本來是一個清廷設立的職務，袁世凱重設此職並擴大其職權，就是為了取代總理一職。

徐世昌在中國東北任欽差大臣時，為中國做過貢獻。當時，中國正身陷中、日、俄三角鬥爭的外交泥淖中。日俄戰爭結束後，中國政府與美國合作，力圖保持東北中立。清廷為此需要派出忠誠、強悍的大臣來到這塊受盡外人欺凌的地方。一九〇七年，清廷做出明智決定，任命徐世昌為欽差大臣兼東三省總督。在徐世昌和其繼任者錫良治理東北期間，東三省出現了前所未有的開明和強盛。錫良的任期直到一九一一年才結束。

曹汝霖爲北京政府「四大金剛」之首

然而，事實上，本次政變的真正策劃者卻是曹汝霖。曹早年留學日本專攻法律，後被任命為民國政府外交總長，他是一個非常聰明的政治家，也是一批素以親日聞名的中國政客的領頭羊。一九一五年，日本向中國提出簽署《二十一條》[6]的最後通牒，作為外交次長的曹汝霖自始至終參與了這場對日外交交涉。面對日本的最後通牒，中國進行了艱難無望的抗爭，當時的外交總長陸徵祥頭腦聰明但態度消極，卻幾乎贏得了抵抗日本的所有聲譽。《二十一條》最關鍵條款是著名的「第五號」，日方在談判最後關頭，才同意該項延期再簽。曹汝霖的政治對手一直宣稱，曹向日本人祕密承諾，只要日方需要，馬上可以啟動第五號條款。因為這個指控，國會一再拒絕通過段祺瑞要求曹汝霖為外交總長的提名。

曹汝霖有一位日本妻子和許多日本親戚。他在日本學習法律期間，成績優異，返國後還時常回訪日本。他在中國政界被稱為「四大金剛」[7]，列為四位政府高官之首。這四人在思想和處世方式上均為地道的親日派。曹汝霖現任北京政府交通總長兼交通銀行總裁，在其任職期間，中國交通銀行向日本巨額舉債。報紙主筆陳友仁在其文章中評論說，中國債務陡增，加劇了時局危機。值得一提的是，正是「四大金剛」中的另一位，駐日公使章宗祥與段祺瑞合謀，要讓中國在日本授意下參戰。單就曹汝霖本人而言，大家公認他人品極佳，並非虛偽之徒，也沒有任何證據顯示其賣國。但是，他所推行的外交政策，其原因與結果卻天下共知。

社會陷入以軍力對抗憲政的蒙昧之中

代理國務總理王士珍，過去是參謀總長，以及段祺瑞召開之軍事會議（譯注：督軍團）的首腦，他是玩弄黑幕政治的高手，總使事態更為複雜化，進而陷入僵局。

前總理的兄弟段芝貴，也是實力雄厚的皖系軍閥首領，皖系軍閥與直系軍閥已成宿敵，他們瓜分了中國政府的所有肥差。

段祺瑞宣佈「重組」中國軍隊。但從根本上講，這是不可能的，尤其當前是以武力操縱政治的時候。中國現今危機四伏，軍隊並不屬於國家。中國現在大約有十至十二個武裝割據的軍閥集團，他們各佔一方，自行其是。

如果中國有開明的政府，來日將把這些軍隊整編為國軍。當這一天真的到來時，軍閥們應該可以獲得巨額的財富作為補償。

同時，舊制度的閘門已經關閉。軍閥們挾軍隊以自重，左右大局。一九一一年以來，中國陷入了軍閥混戰的慘境，在一股軍方與蒙昧主義者對抗整個立憲運動的潮流中，恐有覆沒之虞。本次政變的首領們也許是鐵腕人物與操守正直之人，但他們可能無法駕馭工具，今後他們獲得任何權力，都不得不仰仗於掠奪成性的軍隊。

迄今為止，南方軍政府在廣州按兵未動。去年，當雲南護國軍發動討袁戰爭時，佔據兩廣的軍閥陸榮廷和雲南都督唐繼堯頂住了北洋軍閥的挑釁，兩個南方軍閥證明他們與其對手北洋軍閥相比毫不遜色。事實上，南北軍閥之間形成勢均力敵的局面是非常可悲的。如果沒有外國勢力的支持，他們誰也無法戰勝對方。而且，本次政變導致矛盾激化，南方軍閥正準備進行抵抗，南北分離的陰影仍然籠罩著中國。

一個穩定的中國是美國利益所在

然而，我們要考慮到日本這一日益重要的因素。一個分裂的中國，對於南北雙方而言都是巨大的災難。日本政府已對外宣稱密切關注這次政變。任何一位公正的讀者都能想明白，綜合看來，中日領導人之間的聯繫是如此緊密，他們關於中國參加歐戰的看法也極為相近。我們不能忽視這一點。認為中國應與美國站在一道參戰的人下臺了，而親日派得勢。中國原本是響應美國向全世界發出的呼籲而與德國斷交的，如果中國是在親日獨裁政權的率領下參戰，而日本通過與中國簽訂某種祕密諒解備忘錄而在華獲得最大利益，相信美國人難以接受。

美國人確實必須警惕中國現在所發生的一切。遠東地區的權力角逐從未停止，而美國迄今對此涉足很淺。我們無法得知一個動蕩不安的中國是否符合日本的利益，但我們清楚一個穩定的中國是美國的利益所在。

注釋

❶一九一六年八月二十一日，段祺瑞因「再造共和」有功，出任國務總理兼陸軍總長，掌握北京政府實權。一九一七年二月十六日，段祺瑞力主加入協約國，黎元洪反對，兩人因對德宣戰問題發生激烈衝突。三月四日，段祺瑞及全體國務委員到總統府會商對德問題，促請總統黎元洪令駐協約國公使向駐在國政府磋商與德國絕交條件。黎元洪主張，絕交案應先提交國會審議。五月十日，眾議院開全院委員會審查對德宣戰案，段祺瑞嗾使公民請願團包圍該院，迫於當日通過該案，並侮辱、毆打反對派議員。十九日，眾議院議決緩議對德宣戰案，須先改組內閣，各省督軍要求解散國會。五月二十三日，黎元洪免段祺瑞國務總理之職，以伍廷芳為代理總理。二十七日，黎元洪任命李經羲為國務總理，隨後，安徽、河南、浙江、山西、山東、陝西、福建、奉天、直隸和黑龍江等省紛紛宣佈獨立。六月十四日，張勳以調解黎、段衝突為名帶兵進京，七月一日擁清廢帝溥儀復辟。

❷指章宗祥。章宗祥，字仲和，一八七九年生，浙江湖州人。一八九九年留學日本東京帝國大學，獲明治大學法學士學位。一九〇三年回國後，在京師大學堂任教，清廷賜進士出身。曾任法律館纂修官、工商部候補主事、民政部財例局提調、憲政編查館編制局副局長、內閣法制院副使等職。辛亥革命後，受袁世凱派遣，隨唐紹儀參加南北議和。一九一二年起，先後被袁世凱委以總統府祕書、法制局局長、大理院院長等職。一九一四年任

司法總長。一九一六年任駐日公使，在段祺瑞指使下，與日本政府祕密談判，出賣國家領土與主權。一九一九年初代表北京政府參加巴黎和會。一九一九年，五四運動爆發，成為廣大學生要求嚴懲的三大賣國賊之一。一九二〇年任中日合辦的中華匯業銀行總經理。一九二五年任北京通商銀行總經理。一九二八年後，長期寓居青島。抗日戰爭期間，再次充任日偽漢奸角色。抗戰勝利後，遷居上海，旋即逃往加拿大。一九六二年十月去世。

❸本野一郎（一八六二～一九一八），日本明治和大正年間的政治家與外交家。一九〇五年任駐法大使，一九〇六、一九〇八年兩度出任駐俄大使。一九一六～一九一八年任日本寺內正毅內閣外相。

❹陳友仁（西名Eugene Chen），祖籍廣東順德（或曰香山、興梅），一八七五年生於西印度群島的千里達（Trinidad），自幼受英國教育。一八九九年成為執業律師。一九一二年任北京政府交通部法律顧問。一九一四年創辦英文《京報》，自任總編輯。一九一九年任南方軍政府出席巴黎和會代表團團員，並遊歷西歐各國。次年回國，奉孫中山之命在滬創辦英文《上海時報》。一九二二年起任孫中山的外事顧問、英文祕書，孫逝世後，在北京創辦英文《民報》。一九二六年當選國民黨第二屆中央委員，任廣州國民政府外交部長。一九三一年當選國民黨第四屆中央委員，先後任廣州國民政府、南京國民政府外交部長，對於廢除不平等條約、收回租界用力甚深。一九三三年參加福州事變，任「中華共和國人民革命政府」委員兼外交部長，事敗後流亡巴黎。一九三八年回香港參加抗日活動，香港淪陷時被日軍拘禁押解到上海，多次拒絕參加汪偽政府。一九四四年五月在上海病逝。

❺此說不確。段芝貴是袁世凱心腹，與段祺瑞關係密切，外界稱段祺瑞為「老段」，稱段芝貴為「小段」。二人

並非兄弟，但他們都是安徽合肥人，同屬皖系。

❻一九一四年，第一次世界大戰爆發後，中國提出德國交還山東權益被拒。日本以進攻青島德軍為藉口，不顧中國的中立地位和中方反對，悍然出兵山東，殲滅德軍後，繼續把持膠濟鐵路，隨意徵發中國民眾和物資，禁止中國軍隊靠近。一九一五年一月十八日，日本駐華公使日置益向袁世凱當面提出二十一條要求，並要求中國絕對保密。由於《二十一條》喪權辱國，袁世凱通過拖延手段尋求外交解決途徑，同時暗中向外洩露有關內容。英、美等國獲悉條約內容後向日本施壓，中國談判代表多次拒絕條約部份內容，中國國內反日情緒高漲。鑒此，日本調整立場。五月七日，日方向中國發出最後通牒。袁世凱政府迫於其武力威脅，於五月九日晚十一時接受日方部分要求，並發表聲明稱此約由於日本最後通牒而被迫同意。

❼指曹汝霖、陸宗輿、章宗祥、汪榮寶。

幼帝重新登基

一九一七年七月三日

題記：黎元洪總統拒絕辭職，但宣統皇帝已再度黃袍加身。美國高官表示「與我們無關」。中國加入協約國的計劃中止。

天津七月二日電（《倫敦晨報》〔*London Morning Post*〕）：黎元洪總統拒絕下臺。張勳復辟的突然發生，使反對派不知所措。但是毫無疑問，張勳恢復帝制，弄巧成拙，受到南北兩大政治力量的反對。除非清帝重新退位，否則內戰不可避免。

天津七月二日電：據北京今天的報導，少年天子宣統已經重新回到黎元洪總統佔據的皇宮，他的周圍全是辮子軍的將領們。宣統皇帝已頒發詔書，任命張勳將軍為「御前議政大臣兼直隸總督」，並提出新內閣名單，其中包括進步黨創始人康有為、前國務卿徐世昌。張勳還派人會見黎元洪總統，逼其辭職，但黎氏沒有理睬。滿清皇室冊封他為一等公。

改革派梁啟超稱張勳政變為自取滅亡，並斷言不會成功。

在京的外國人在北京街上看見有許多部隊出入，這是張勳政變的前奏。凌晨三點，幼帝被張動的士兵帶入皇宮。據報導，皇帝立即登基，未舉行任何儀式。

黎元洪總統恐已被叛軍俘虜。

張勳政變非常令人意外，各國公使館的多數使節和外交官都在北京城外度周末。據說，此次軍事行動策劃十分周密。

華盛頓七月二日電：美國國務院今天宣佈，美國駐華公使芮恩施來電，部分證實了中國首都發生政變、宣統帝重新登基之事。

六月二十一日，在北京的外國公使館收到通告稱，和以徐世昌為大元帥的天津臨時政府談判，達成暫定協議之後，南方諸省已取消獨立宣言。通告也承認安徽督軍張勳掌握著臨時政府的實際控制權。

中國駐美公使館於六月二十五日宣佈，以已故李鴻章之子李經羲❶為總理重組內閣。據信，中國內亂即將開始。但是，中國公使館、日本大使館和國務院表明，從北京收到的信息顯示那裡的局勢已經緩解。

由於中國準備與德國斷交，內政出現危機。主戰派包括軍人和政客，他們主張組建強而有力的中央政府，但黎元洪總統、國會及共和派形成主和派。國會宣佈，他們不像前總理段祺瑞那樣主張參戰，但也不是非常反對戰爭，多數議員試圖阻止通過參戰決議。當段祺瑞遞交主戰提案後，形成僵局，黎元洪總統立即宣佈將段解職。

段被解職促成北洋督軍團重新聚集天津，他們是在北京會面並同意參戰後來到天津的。督軍團被強烈懷疑是心向滿清的，自建立共和以來，據悉已有人在中國帶頭鼓吹支持復辟，而在袁世凱死後此風益熾。

段祺瑞的解職在中國形成了一個三方角逐的局面，這三方包括保皇派、開明的共和派及保守的共和派，而後者又與保皇派關係曖昧。由保皇派和保守的共和派組成的督軍團沒有恢復段的權力，而是徹底拋棄他，決定恢復帝制。因為當他們推翻黎元洪後，發現無人能夠行使最高權力。

隨著張勳政變成功，此間官員預計，中國現代史上最嚴重的內戰即將爆發。以開明的共和派為核心的南方諸省，包括文、武各界人士都決心捍衛共和，他們中許多領導人物都是在歐美接受教育，並受到有實力的軍人的支持。

美國政府不會立即做出反應，高層人士表示，「他們的所作所為與我們無關」。此言一出即令許多人吃驚，因為美國向中國發過照會，而中國是按照美國的建議來解決其內部分歧的。

華盛頓關心的是，如果北京政變導致內戰爆發，日本方面對華有何企圖。一位日本官員稱，日本將對中國進行干預。如有必要，日本將保護本國和其他國家的利益。眾所周知，一旦日本決定在華動武，她也不會尋求任何別國支持或援助。

最近，日本正以十分隱祕的方式進行軍事調動。據中國報紙稱，日軍已在山東登陸，並俘虜了一些德國人。近日，日本國內有人煽動，應派遣更多部隊奔赴滿洲。

此間官員表示，儘管復辟行動遭到南方反對，發生暴力衝突勢在難免，但在華外國人不會受到干擾。他們說，沒有任何跡象表明會再發生拳亂那樣的事件。如果南方省分武裝反抗，尚不清楚國務院是否會承認他們的交戰地位。

總而言之，北京政變的消息使美方官員大失所望。儘管有人懷疑有德國間諜在華活動，但是否有外國勢力參與這次政變陰謀尚不得而知。顯而易見的是，中國對德宣戰從目前看被懸置了。

注釋

❶此說不確，李經羲是李鴻章的姪子。李經羲（一八五九～一九二五），字廙生，號仲仙，安徽合肥人。歷任道員、按察使、布政使、巡撫等職。一九〇九年升雲貴總督。辛亥革命時逃往上海。一九一三年被袁世凱任命為政治會議議長。一九一四年改參政院參政，十月任審計院院長。袁世凱稱帝後，他與徐世昌、趙爾巽、張謇被封為「嵩山四友」。一九一七年五至七月間，任北京政府國務總理兼財政總長。曾參與張勳復辟，事敗，被免職。後退居上海。

黎元洪逃入日本使館避難[1]

一九一七年七月五日

題記：中國內戰爆發，副總統馮國璋宣佈抵制復辟，華南討逆浪潮洶湧。

中國天津七月四日電：昨晚九點，被免職的民國總統黎元洪和兩名隨從匆匆逃出總統府，進入日本駐華使館尋求避難。日本方面考慮到事態的嚴重性，同意提供避難保護。

黎元洪在避難期間拒絕一切採訪。

據稱，黎從日本使館通電副總統馮國璋，令其接任總統一職，並在南京組建臨時政府。黎還下令恢復段祺瑞國務總理的職務。

昨晚，前總理段祺瑞在前司法總長梁啟超、前國會議長湯化龍陪同下來到直隸省馬廠。馬廠已有大批軍隊雲集，由段祺瑞出任討逆軍總司令，籌劃制止滿清復辟。

倪嗣沖（譯注：安徽督軍）和張懷芝（譯注：山東督軍）受命分別從南方和山東省出兵，準備向張勳的大本營江蘇省徐州府發起進攻。

根據此間報紙的最新消息，張勳發動復辟政變時，曾將黎元洪總統囚禁在總統府。

舊金山七月四日電：據《中國寰宇報》（*Chinese World*）今天報導，北京的大街小巷都在謠傳黎元洪總統已被謀殺，民國政府前高官紛紛宣佈效忠復辟的大清朝廷。但謠言尚未獲得證實。中國國民黨美洲支部❷收到電報稱，中國正處於內戰的陣痛中。今天，維護共和制度的南方軍隊與擁戴年輕的溥儀皇帝的北方軍隊發生激戰。中國國民黨美洲支部人士表示，據可靠消息，南北雙方昨天首次交火。今天，來自中國國民黨美洲支部的消息稱，黎元洪總統現身在北京，一切安全。根據有關電報，忠於總統的部隊仍然牢牢地控制著局勢。

倫敦七月四日電：最近一份發自天津的電報稱，黎元洪總統從總統府後門逃出，隨即前往日本駐華使館。黎向日本公使請求避難。根據有關國際法條款，黎的請求立刻獲准。

今天，路透社（**Reuters**）上海電稱，馮國璋副總統怒斥近期指他支持復辟的傳聞，宣佈他將儘快採取行動制止復辟。

電報還稱，「在上海的陸海軍將領都堅定擁護共和，他們被禁止立即著手反擊。段祺瑞有可能領導支持共和的軍隊反擊復辟。

「儘管中國各地出現緊張氣氛，但上海目前一切平靜。布匹拍賣活動暫停。」

上海七月四日電：前民國總理唐紹儀在中國報刊刊登聲明，稱張勳復辟產生了世界性影響。

他說，「請世界輿論判決此舉是否正確。共和制度從未真正獲得過實踐的機會。真正的共和派從一開始就被保守派壓制。現在，全世界都在討論自由，討論如何從獨裁中解放出來，而中國卻走回老路。這對新中國是一次考驗。」

各方均認為海軍將支持共和派，各地軍隊和地方政權也都宣佈支持共和，反對復辟。但是，這也許只是出於維持上海和平的權宜之計。有人認為復辟計劃周密，許多督軍實際上支持復辟。

中國各大報紙同聲譴責復辟，並預言復辟將是短命的。報紙稱，舉國上下都將站出來反擊溥儀和張勳。

《大陸報》（*The China Press*）社論指出，目前問題的關鍵是看國民黨能召集多少軍隊。《申報》（*The Shanghai Times*）認為，南北軍事對抗迫在眉睫，內戰規模很大程度上取決於副總統馮國璋的態度。

《字林西報》認為，中國南方各省不會贊成復辟，張勳復辟最直接後果是促使南方各省共和派結成聯盟。《文匯報》（*The Standard*）稱，上海陸軍與海軍的分歧在週一消失了，他們都一致支持共和。

注釋

廈門七月四日電：據稱，粵軍正向粵閩邊界集結。

❶一九一七年六月七日，長江巡閱使、安徽督軍張勳奉黎元洪總統之命調停黎與國務總理段祺瑞之間因對德參戰問題發生的「府院之爭」，張勳打著維護京城治安旗號，率十營辮子軍四千餘人由江蘇徐州開赴北京。十四日抵京後，邀集保皇派康有為等策劃清帝復辟。三十日晚發動政變，擁廢帝溥儀復辟。張勳的倒行逆施遭到全國人民譴責。孫中山與章炳麟等在上海發表宣言，號召各省革命黨人興師討逆。段祺瑞組織討逆軍於七月三日在天津馬廠誓師。各路討伐軍會攻北京。七月八日，張勳向「清廷」辭職，同時央求北京公使團出面調停。七月十二日拂曉，討逆軍共五萬人同時向北京市區發起進攻。辮子軍孤立無援，大部繳械投降。張勳逃入荷蘭使館。溥儀宣佈退位後逃入英國使館。這場上演十二天的復辟鬧劇匆匆收場。

❷報導原文為“Chinese Nationalist League”，據內容判斷，應指中國國民黨美洲支部。其起源是一八九六年的「三藩市興中會」，繼而為一九〇九年的美洲同盟會。一九一二年元旦，孫中山就任臨時大總統，將同盟會改組為國民黨，美洲同盟總會也於十一月改稱「美洲國民黨總支部」。一九一三年二次革命失敗後，孫中山逃亡到日本東京，乃將國民黨改組為中華革命黨，八月在美洲也成立中華革命黨。初時對外仍稱美洲國民黨總支部，次年三月二十日，以具聯誼、慈善等性質的「中國國民黨美洲支部」（The Chinese Nationalist League of America）一名，向加州政府及舊金山政府註冊立案。一九一六年，袁世凱去世，孫中山又將中華革命黨改組為中國國民黨，美洲的中華革命黨也隨即改稱「美洲中國國民黨總支部」。

張勳復辟計劃流產

一九一七年七月十一日

題記：中國的元帥計劃強行取消與德國斷交的行動。張勳的失敗早在預料之中，討逆軍包圍北京。南京方面下令驅逐皇帝。

倫敦七月十日電：《字林西報》刊文稱，據路透社發自上海的電報，「辮子軍」領袖張勳元帥被德國人收買，幾乎已獲證實。該報還稱，如果復辟成功，中國將取消與德國斷交的行動。

北京七月十日電（經天津）：張勳元帥率領的「辮子軍」在豐臺附近被擁護共和的軍隊擊敗，傷亡慘重，目前已撤回北京皇城。「討逆軍」已兵臨北京城下。

張勳先撤到天壇，後又率軍撤入皇城。京師警察廳總監（譯注：吳炳湘）和步軍統領（譯注：江朝宗）已勒令張勳離京，否則將武力驅逐。

直隸督軍曹錕所率的西路軍前鋒只離城數英里，而段芝貴率領的東路軍駐紮在離北京東南數英里外。北京東南方向不時傳來槍砲聲。來自直隸重鎮張家口的軍隊扼守北京西北出口，切斷了張勳由此撤退的後路。大戰一觸即發。

討逆軍的戰機向紫禁城投擲炸彈，外國軍隊也已趕到增援。運載士兵的專列獲准每日來往北京與天津之間，但必須接受檢查。

廊坊方向砲聲隆隆，討逆軍宣稱擊斃五百名辮子軍，擊傷無數，但據外國目擊者估計，雙方傷亡各約十人左右。已懸賞十萬大洋捉拿張勳，無論是死是活。

討逆軍領袖段祺瑞的首席顧問梁啟超稱，共和派已下定決心務必要驅逐張勳，不會與他達成任何妥協。

段祺瑞在天津接受採訪時對戰事表示樂觀。他認為復辟在未來二十四小時內即會瓦解。他接到馮國璋來的電報自稱已就任代總統。張勳駐紮徐州的軍隊正就投降事與討逆軍方面進行談判。海軍的合作正在安排中。

運載辮子軍傷員的火車已抵達北京。他們說，辮子軍仍在撤退中。

討逆軍的戰機在豐臺投擲了炸彈，造成四個平民身亡。

一些辮子軍撤至永定，預料這裡很快將有一場戰役。

中國天津七月十日電：由於張勳元帥的支持者控制了豐臺的通訊設施，英國在北京和天津之間的軍事電報線路被切斷。

有一位日本旅客乘坐火車時在豐臺被流彈擊傷。

華盛頓七月十日電：美國駐華公使芮恩施稱，在中國恢復滿清王朝的首謀張勳元帥，今天將其軍隊撤入北京城最古老和美麗的皇城和天壇。

討逆軍包圍了京城，相信很快將徹底摧毀復辟。七月八日，北京與天津之間的通訊得以恢復。

張勳瘋狂的復辟計劃在共和派的一致聲討中化為泡影，他選擇天壇和皇城作為最後的避難地，說明他為自身安全已不惜拿中國最珍貴的古老建築做擋箭牌。

天壇是從前皇帝制度下最神聖的祭祀場所，佔地寬闊，廟堂的圓頂漆成藍色。而皇城中俯拾皆是無可取代的中國古代文物。

美國國務院另一封電報稱，南京的共和派政府宣佈，根據憲法任命馮國璋為代總統，段祺瑞為總理。

根據這條消息，已決定將皇帝溥儀一家人和保皇派宗室趕出北京，置於監視之下。

電報還稱，張勳正在北京進行談判，要求保障其人身安全。

北京事變調停失敗

一九一七年七月十三日

題記：日本拒絕張勳希望談判的提議，六萬軍隊包圍北京城。各國使節提議前元帥解除武裝，這一要求遭到拒絕，使團擔心可能出現大屠殺。

倫敦七月十二日電：據昨日發自天津的交換電訊社（Exchange Telegraph Co. Ltd.）電報稱，六萬討逆軍包圍北京，軍隊裝備有七十架重機槍。保皇派領袖張勳根本無法逃離首都。據稱，張勳的「辮子軍」正死守皇城。

截至電報發佈時，調停人顯然無法在共和派和保皇派之間達成任何協定。

北京七月十日電（延誤）：外國使節要求張勳解除武裝，張勳卻稱現在不能這樣做，他的手下都害怕因此將被屠殺。他說，如果局勢在兩三天後緩和下來，他才可以做出解除武裝的保證。張勳表示無意危害外國使團，除非討逆軍先發動攻勢，否則他不會主動開火。

天津七月十二日電：復辟後出任清廷度支部尚書的張鎮芳、陸軍部尚書的雷震春乘火車逃離北京時，在豐臺被捕。另外一名清軍將領馮麟閣❶喬裝打扮逃出北京，但在天津火車站意外被捕。

關於伍廷芳發自上海的電報中自稱就任外交總長❷一事，討逆軍領袖段祺瑞說他已將伍廷芳免職。伍離京後，其一切行為均屬無效。段祺瑞稱自己在天津成立的內閣不日將遷往北京，並著手處理外交事務。

東京七月九日電（延誤）：日本外相石井菊次郎子爵❸今天在國會說，他希望日本政府能明確宣佈，日本絕未參與中國的復辟行動。日本還拒絕了張勳提出的調停請求，僅僅將張勳的話帶給討逆軍總司令段祺瑞。

石井外相說，鑒於當前歐洲戰事，中國形勢如何發展難以預料，日本應團結起來爭取戰爭的勝利。

據太平洋商務電報公司（Commercial Cable Company）昨天稱，北京與天津之間的電報通訊完全中斷。發往北京的電報由天津郵寄出去，可是鐵路運輸服務不太穩定。

注釋

❶即馮德麟，原名玉琪（奇），字麟閣，又號閣忱，一八六八年生，遼寧海城人。早年曾在縣衙充當衙役，因與

綠林交往被解職。甲午戰爭後，興兵控制遼河兩岸地區，曾抗擊沙俄軍隊侵略。一九〇六年被清廷招撫，任統領。辛亥革命後，袁世凱將奉天巡防營改編為二十七師和二十八師，馮德麟任二十八師師長。一九一七年，馮赴北京支持張勳復辟，事敗，在天津被捕。後經奉軍二十七師師長張作霖周旋，段祺瑞釋放了馮德麟，並任命他為總統府高等侍從武官。一九一八年受張作霖之邀，馮出任東三省巡閱使署顧問。一九二〇年被委任為「三陵承辦盛京副督統兼金州副督統」，即為前清皇家看守東陵、北陵、永陵的大臣。一九二四年退休，養老於遼西北鎮，一九二六年病逝。

❷張勳復辟期間，時任代國務總理伍廷芳拒絕簽署解散國會令，攜外交總長印信離開北京，南下上海，拒不與張勳合作。

❸石井菊次郎（一八六六～一九四五），日本親英美派外交官。東京帝國法律系畢業。一八九〇年進入日本外務省工作。一九〇八年任外務次官，一九一二年任駐法大使，一九一五年出任大隈內閣的外務大臣。一九一七年八月以特使身分赴美，談判日本在華的特殊權益，最後與美國國務卿藍辛（Robert Lansing）簽訂《石井—藍辛協定》（*Ishii-Lansing Agreement*）。次年任駐美大使，一九一九年離職。一九二〇年夏復任駐法大使，充國際聯盟日本代表、日內瓦海軍裁軍會議日本全權代表。一九二七年底辭官。後死於第二次世界大戰末期的東京空襲大火。

孫中山暢談中國時局

一九一七年七月十五日

題記：一位美國商人對革命黨人領導國家的前景感到樂觀。

孫中山能重出江湖嗎？

麥克道爾（A. Masters MacDonell）是一名美國商人，剛結束在中國四個月的訪問回到美國。麥克道爾先生在華期間，數度與中華民國首任臨時大總統孫中山會面。他認為，孫中山雖然無意再次出任總統，但所有事實都表明，孫應該成為總統，因為他是這個職位的最佳人選。麥克道爾是紐約的進出口商，在近十年中，與在美國的中國知識分子過從甚密。大約有二千個中國學生留學美國，其中很多是他的知己。當他初春前往中國時，他帶了介紹信拜訪不少有影響力的人物。跟他有密切往來的是：革命黨成員，其中包括革命家孫中山，他被天下最保守的國家追捕，逃亡十五載；耶魯畢業生唐紹儀，現今中國最重要的人士之一；以及在中國政府底下擔任要職的懷斯（B. C. Wise）。

孫中山這個浪漫主義者是民國靈魂

麥克道爾先生認為，孫中山是中華民國的靈魂。接受《紐約時報》採訪時，他描述了孫中山這個浪漫主義者——最近二十年間，臨時政府及北京中央曾懸賞五十萬元要取他的腦袋——對中國當前時局的看法，以及他認為美國在東方將扮演的角色。麥克道爾先生分析，中國目前的政治勢力分裂為三派，一派是保守黨，包括軍人、政府官員和頑固反對革新的遺老遺少；一派是國民黨，也稱革命黨；還有一派是進步黨，國民黨的分支。

「我今年六月十日離開中國，當時，半數進步黨成員厭惡本黨，轉而加入國民黨。」麥克道爾先生在他位於東八十三街的寓所中說道，「人們普遍認為，現政府將倒臺，形成保守黨與革命黨爭權之勢。張勳是保守黨的旗幟人物，而革命黨遵從孫中山的建議和領導。人們認為，代表現代思想的革命黨一定能夠奪回政權，因為它順應時代潮流，奮力維護共和。

「這顯然不是保守黨人願意看到的結果。他們希望中國按照他們的意願發展。雙方衝突迫在眉睫。中國百姓絕大部分支持革命黨人的主張，革命黨完全有理由相信自己必將贏得最後的勝利。

「不過，在我離開中國之後，舊軍閥張勳——率領一支四萬人的辮子軍，夢想把自己年幼的女兒嫁給已經退位的幼帝溥儀——雄心勃勃地要恢復帝制，建立一個新王朝，由他攝政。此項行動注定失敗，只有如張勳這般盜匪一時幻想，以為事情會成功。

「最近有兩條非常重要的消息，已經通過中國官方的嚴厲審查被公佈出來，一是孫中山被任命為中華民國海陸軍大元帥，總部設於上海；另一條是段祺瑞政府將定都南京。這表明，革命黨與保守黨已形同水火，勢不兩立。保守黨勢力盤踞北方數省，革命黨佔據其他各省，並擁有全國大多數民眾的支持。

「如果雙方爭霸，革命黨人無疑會贏，這意味著一個現代化的、開明的、積極的共和政體，值得舉世欽佩。

「今年五月初，中國各界就有傳言，稱革命一觸即發。北京城內的下層百姓以為滿清王朝將復辟，為保全自身開始重新薙髮結辮。道聽塗說，有些故事荒誕至極，但老百姓卻深信不疑。

「在消息靈通的上海，民眾惶恐不安，他們料到會倒閣，擔心引發內戰。六月初，連外國普通遊客都能感受到現政府的軟弱無能，但沒有風暴即將襲擊民國的徵兆。本地的商人們匆匆打理自己的生意，政客們忙於應付早年的問題。段祺瑞取得保守黨的領導權，革命黨人視孫中山為領袖和導師。而這時的孫中山先生已遠離政治，全心關注中國未來的工業發展。

他既是實事求是的人，又是理想主義者，堪與拿破崙一比

「我有幸在這個關鍵時刻與孫中山先生數次謀面。孫先生為人謙遜簡樸，住在上海法租界的一幢小房子裡。他唯一突顯特殊的是前門設有崗哨，那裡一直坐著一名持槍的警察。從白天到深夜，房子前面停了一排汽車、馬車、人力車，我覺得，民國靈魂在屋內討論國家未來的大難題。

「我按響門鈴，門很快打開，孫中山先生的祕書輕聲詢問來意。我被引到一間西式風格的會客室，瀏覽了幾幅牆上優美的畫作。窗外有一個小花園，遼闊的草地上設置了槌球場。槌球是孫

最喜愛的運動種類，他與孫夫人（譯注：指宋慶齡）都是頂好的球員。

「剛一坐下，孫中山先生就走了進來。他中等身材，穿著淺咖啡色軍服。我與他交談幾次後發現，孫先生的面部表情與一般中國人不同，異常生動、豐富，反映出他敏捷的思維。他說一口流暢優雅的美式英語，語調輕柔緩和。我覺得孫先生堪與拿破崙一比，他既是實事求是的人，又是理想主義者——只要與當前中國的燃眉之急有關時，實事求是；對四萬萬同胞的前途抱無窮希望時，則是理想主義者。

「不一會兒，門又開了，孫夫人走進來。與傳言不同的是，她是一位舉止優雅、身材苗條的黑髮女士，穿著當下巴黎最流行的紗質衣服。她微笑著，用我的母語對我問好，並向我詢問紐約歌劇和戲劇界的新聞。她對時下的話題非常感興趣。如果你知道她畢業於美國衛斯里安女子學院❶，並曾長期在美國遊歷，對這些就不足為奇了。第一次在這樣的場合親眼見到孫夫人，彼此交談，仍讓我十分興奮。

「孫先生能夠讓訪客立刻覺得自在，而且對不可回避的問題從容以待。我拜訪他，盡我所能探出他對中國目前政治動蕩和普遍不滿的原因有何看法。當我向孫先生說明來意後，孫先生暢所欲言，但因為我告訴孫先生，希望我回去以後可以把他的觀點介紹給美國民眾，他也很仔細地斟酌自己的用詞。

根深柢固的保守思想阻礙著改革，在中國緩慢推進改革是必要的

「孫先生是這樣總結中國現狀的：辛亥革命推翻帝制，為民國的建立掃清了道路。革命使中國人民從過去的苦難中解放出來，並將他們團結在一起。然而，中國根深柢固的保守思想阻礙著我們積極改革，在中國緩慢推進改革是必要的。

「中國人民過去無法參與政府決策。民國政府給予前朝官員一些高級職位是權宜之計，因此帝制時期的舊式官僚保留了從前的權力。例如，袁世凱就屬於帝國舊制人物。孫先生說，袁世凱大量舉債，得來的錢往往中飽私囊，最後被自負衝昏了頭腦，他圖謀恢復帝制，建立袁氏王朝。袁世凱的繼任者黎元洪和袁相比，有更多的新思維，一直試圖拉舊式官僚和新派人士建立聯合政府。孫先生對我說，『這就像將油和水混合在一起，造成現在的亂象。中國被敵人重重包圍，如果不儘快採取措施，就將滅亡。』

「孫中山先生又說，中國正清掃屋子。舊官僚階層已證明自己的無能，必須交出政權。土豪劣紳是舊時代的餘孽，他們應該遣散僕人，過普通公民的生活。這兩類人都意識到他們的末日即將來臨。因此，當新政府決定拋棄他們，並力圖建立起法律和秩序時，他們進行著絕望的鬥爭。中國必須依照民意重建政府，消除歧視和治外法權，作為一個現代國家真正行使自己的主權。中國應該認真規劃國內的發展，並以其理性和智慧贏得其他國家的尊重。」

麥克道爾先生徵詢孫中山先生，「不介意談一下您對中國外交關係的看法吧？」這位中國領袖的回答如下：

「過去這些年裡，由於政府軟弱，也沒有明確的外交政策，我們不僅割讓領土，還出讓了寶貴的國家資產，如鐵路特許權和採礦權等。有極少數的採礦權已拱手讓人。我們並不反對外國人開礦築路，但是外國人不能控制我們的礦場和鐵路。因為政府無能，中國主權受到威脅卻無力抵抗列強提出的無理要求。

「你知道的，我一直反對中國參戰❷。我向北京政府和全世界陳述了我的理由。我個人願意相信所有交戰方公開發表的官方聲明，他們宣稱這次戰爭不是征服戰爭，而是為了維護弱小國家的主權。如果說戰爭是為了維護比利時、塞爾維亞和波蘭的主權獨立，那各國更應該尊重中國的獨立和主權完整。」

注釋

❶原名喬治亞女子學院（Georgia Female College），創立於一八三六年，一八三九年開始招生。一八四三年改名為衛斯里安女子學院（Wesleyan Female College），附屬於聯合衛理公會教堂。一九一七年又簡縮校名為衛斯里安學院（Wesleyan College），但仍維持只招收女生的傳統。校址設在美國喬治亞州中部的梅肯市（Macon），瀕臨奧克穆爾吉河（Ocmulgee）西岸。校內林木蔥郁，幽靜閒雅。衛斯里安女子學院學生來源一般都是南美富裕人家的小姐。校園環境清靜、舒適，為來這裡讀書的女孩子提供了一個良好的學習條件和生活條件。宋靄齡、宋慶齡和宋美齡都曾在衛斯里安女子學院讀書。

❷一九一七年五月，當段祺瑞與黎元洪兩派為中國是否參加第一次世界大戰辯論時，孫中山在出版的《中國存亡問題》一書中主張中國「維持嚴正之中立」。又致書參眾兩院，認為中國參戰會引起國民盲目排外；參戰若與

土耳其交手（土耳其與德奧聯盟），且必將引起國內回教徒叛離。

段祺瑞組建新內閣❶

一九一七年七月二十日

題記：著名的共和派領袖在馮國璋領導下任職。

華盛頓七月十九日電：中國駐美公使館今天宣佈，馮國璋領導下的民國新內閣組成。馮國璋由副總統升為總統，總理由段祺瑞出任。除了外交、海軍、陸軍三總長以外，閣員名單如下：

財政總長：梁啟超
內務總長：湯化龍
司法總長：林長民
交通總長：曹汝霖
農工總長：張國淦
教育總長：范源濂

梁啟超是中國首屈一指的學者和批評家，也是著名報人。他曾在袁世凱當正式大總統後的首屆內閣（譯注：熊希齡內閣）任司法總長，是堅定的改革者及共和派。早在一八九八年維新變法運動時，梁啟超就已嶄露頭角。戊戌政變失敗後，他逃往日本，並在那裡流亡多年。

湯化龍曾為眾議院議長兼教育總長。

林長民曾暫任參政院祕書長。

曹汝霖曾被天津的臨時政府提名為外交總長，也是前民國政府閣員。他是一位精明的政治家，屬於親日派。

張國淦在黎元洪當總統時曾任農工總長；范源濂曾留學海外，他繼張國淦之後為教育總長。

注釋

❶一九一七年二月十六日，國務總理段祺瑞力主加入協約國，黎元洪總統反對，兩人因對德宣戰問題發生激烈衝突。五月十日，眾議院審查對德宣戰案，段祺瑞指使公民請願團包圍該院。十九日，眾議院議決緩議對德宣戰案，須先改組內閣。各省督軍即請解散國會。二十三日，段祺瑞被罷免國務總理。隨後，安徽、河南、浙江、山西、山東、陝西、福建、奉天、直隸和黑龍江等省督軍紛紛宣佈獨立。六月十四日，張勳以調解黎、段衝突為名帶兵進京，七月一日擁戴溥儀復辟。二日，黎元洪重新起用段祺瑞為總理，令段興師討逆。三日，原副總統馮國璋在南京通電代理總統，段祺瑞以討逆軍總司令名義發出討伐張勳通電，四日在馬廠誓師，五日回天津正式就任國務總理。十二日，討逆軍攻入北京，復辟亂平，黎元洪被迫去職。一九一七年七月十七日，段祺瑞第二次組閣成功，史稱「三造共和」。

首批日圓貸款所購軍火運抵中國❶

一九一八年二月十一日

上海二月十日電：根據從北京傳給《大陸報》的訊息，用日本軍火貸款購買的首批軍火，上週一已運抵直隸省的秦皇島。

據說，這批貨物包括六百四十五挺機槍、三百二十四門野戰山砲、五萬枝步槍和五百萬發彈藥。

注釋

❶一九一六年，段祺瑞為拉日本作為後臺，特任親日的章宗祥為駐日公使。此時，日本政府寺內正毅內閣剛剛成立，該內閣一改前屆內閣用武力強迫中國的侵略方式，有意用向中國政府貸款的辦法來控制中國，實行經濟侵略。章宗祥到任後，以「彌補中日之間的裂痕」為己任，竭力與日本建立所謂的「友好關係」。為了向日本借款，章宗祥和日方多次密商，達成多筆借款協定。

民國新一屆國會宣告成立❶

一九一八年八月十六日

北京八月十一日電（美聯社）：今晨，中華民國舉行新一屆國會就職典禮，總統（譯注：馮國璋）及全體內閣成員出席。總統和總理（譯注：段祺瑞）分別致辭。整個儀式很短，僅二十分鐘即結束。所有通向國會的道路均有重兵把守。

注釋

❶一九一八年八月十二日，臨時參議院解散，安福國會正式成立。八月二十日，四百零六名眾議院議員選舉安福系領袖王揖唐為眾議院議長，劉恩格為副議長。二十二日，一百六十八名參議院議員選舉舊交通系領袖梁士詒為參議院議長，朱啟鈐為副議長。

張作霖要求新憲法有中國特色

一九二一年十二月三十日

題記：張大帥說，中國在正確政府的領導下是有可能實現和平的。

北京十二月二十八日電（美聯社）：張作霖大帥在接受採訪時對民國政府最近的內閣改組表態稱，如果有一個強而有力的政府來領導中國，並能夠同時解決國家的財政問題，國家就有可能實現統一。張大帥是奉天督軍，推動北京政府重組，建立了以梁士詒為總理的新內閣。梁士詒於十二月十八日接替靳雲鵬❶出任內閣總理。此間的外國媒體對張大帥的上述言論提出質疑，並指責了新入內閣的一些官員。

張大帥說，「在中國建立西方式立憲政府的唯一結局就是以失敗收場。因此，我們建議國會召開會議，制定一部具有中國特色的新憲法。如果官場腐敗的狀況不能獲得糾正，各省仍然對中央政府缺乏信任，那麼，中國的統一將無法實現。

「我們已經將貪官汙吏驅逐出政府。政府每年稅收達到三億兩白銀，而維持日常行政開支總共用了一億兩，因而國家推進財政改革容易成功。」

當地報紙稱，張大帥正著手籌備明年的大選，計劃推舉徐世昌為總統，自己出任副總統。報導稱，前總理靳雲鵬與前直隸督軍曹錕串通，合謀將徐世昌趕下總統之位。於是，徐世昌總統急召張作霖率奉軍進入北京鎮壓叛亂，並將靳雲鵬革職。

報導還稱，張大帥參與了目前同南方政府領導人孫中山先生的直接談判，雖然張對此予以否認，但報紙仍然堅持這種說法。

所有中文報紙都要求出席華盛頓會議❷的中國代表團，堅持在會上討論日本對華《二十一條》和山東問題。

注釋

❶靳雲鵬，字翼青，一八七七年生，原籍山東鄒縣，後遷居濟寧。一八九五年赴天津小站新建陸軍當兵，隸屬於段祺瑞部下。一八九八年入砲隊隨營武備學堂學習，畢業後留任教習。一九〇二年升任北洋軍政司參謀處提調。一九〇九年調往雲南任清軍第十九鎮總參議。一九一一年武昌起義後，率部抗拒雲南獨立，在昆明五華山戰敗，化裝逃至湖北。一九一三年春任北洋軍第五師師長，次年升山東都督。袁世凱死後，靳雲鵬被段祺瑞任命為參戰陸軍辦公處主任，替段推行「武力統一」政策，名列「皖系四大金剛」之首。一九一七年張勳復辟時，任「討逆軍」總參議。一九一八年任參戰督辦公署參謀長，代表段祺瑞政府與日本簽訂中日軍事協定。次年任錢能訓內閣陸軍總長，代理國務總理，後因段事干預而去職。一九二〇年皖系失敗後，又由奉系支持二度組閣，至一九二一年冬直奉戰爭爆發前去職。後寓居天津，任魯大礦業公司理事長兼總經理、魯豐紗廠董事長等職。一九五一年一月病逝於天津。

❷第一次世界大戰後，美、英、日等戰勝國為重新瓜分遠東和太平洋地區的殖民地和勢力範圍，於一九二一年十一月十二日至次年二月六日在華盛頓召開會議，有美、英、法、義、日、比、荷、葡和中國代表團參加。北京政府派出施肇基、顧維鈞、王寵惠三人為全權代表，余日章、蔣夢麟為國民代表，共一百三十多人組成的龐大代表團出席。原計劃還有廣州政府外交次長伍朝樞為代表，但未赴會。華盛頓會議實質上是巴黎和會的繼續。因為巴黎和會雖然暫時調整了帝國主義國家在西方的關係，但它們在東亞、太平洋地區的矛盾仍然十分尖銳，日美之間的矛盾尤為激烈。華盛頓會議目的是要解決《凡爾賽和約》未能解決的帝國主義列強之間關於海軍力量對比，和在遠東、太平洋地區特別是在中國的利益衝突。會議成果主要體現為三個重要條約：四國公約、限制海軍軍備條約、九國公約。其中，《關於中國事件應適用各原則及政策之條約》（九國公約）規定，尊重中國主權與獨立及領土與行政完整；給予中國完全無阻礙之機會，以發展並維持一有力的鞏固的政府；切實設立並維持各國在中國全境之商務實業機會均等之原則。這就確認了「門戶開放」、「機會均等」為列強對華政策的基本原則。此外，中國和日本於一九二二年二月四日在華盛頓簽訂了《解決山東問題懸案條約》及其附約。條約規定，日本將德國舊租借地交還中國，中國將該地全部開放為商埠；原駐青島、膠濟鐵路及其支線的日軍應立即撤退；青島海關歸還中國；膠濟鐵路及其支線歸還中國等。附約中規定了對日本人和外國僑民的許多特殊權利，但是中國通過該條約收回了山東半島主權和膠濟鐵路權益。華盛頓會議所形成的華盛頓體系暫時調整了第一次世界大戰後帝國主義列強在遠東、太平洋地區的關係，確立了它們在東方實力對比的新格局，承認了美國的優勢地位，使日本受到一定抑制。

第三篇

維護國權

以顧維鈞、施肇基、伍朝樞為代表的一大批民國新生代外交官，留洋歸來，精通國際時事，熟悉國際法，在談判桌上據理力爭，面對西方媒體理直氣壯，氣度不凡。國民示威抗議風起雲湧，也為大老中國的政治生活吹進新風。更有數十萬勞工背井離鄉，遠涉重洋，以他們特有的方式參加世界大戰。帝國主義的欺負和壓迫，擊不垮正在覺醒的中國人民。我們的國民「忽如一夜春風來，千樹萬樹梨花開」。他們以前所未有的精神風貌突然出現在世界政治舞臺上，手挽著手，肩並著肩，為國家的獨立和民族的解放一起吶喊。

日本對中國發出最後通牒

一九一三年九月十二日❶

北京九月十一日電：袁世凱總統及其顧問們正在認真考慮日本政府今日提出的要求，這實質上是最後通牒，它是先前發生一系列事件的直接後果，包括三名日僑在南京被殺❷，一名日本領事官員和一名日本軍官在漢口被嚴刑拷問虐待，一名日本軍官在山東兗州被關押兩天。

日本要求中方對侮辱日本國旗表示道歉，處罰相關負責人員，並且給予經濟賠償，具體數額將在之後確定。

日本公使館說，上述要求是中國必須同意、不得拖延超過今日的最基本條款，否則日本將採取一切必要的行動。一名使館工作人員私下說到，如果上述條款內容傳到東京，那裡的人們將會認為日本政府背叛了他們的信任，損傷了國家的榮譽。

人們認為，日本政府希望儘快解決糾紛的焦急程度不亞於中國政府。他們提出最低要求，既是出於對其他國家批評聲音的忌憚，同時也為了中國政府能夠迅速欣然地同意。

從南京方面傳來消息，前清將領張勳及其部下拒絕承認民國國旗，僅懸掛鑲有張勳名字的紅色旗幟。近幾個月來，報導一直認為張勳支持帝制，甚至有謠言說他打算親自稱帝。然而他現在的態度有所轉變，據說很大程度上是因為袁世凱在他劫掠南京後對其通電斥責。

顯然，日本提出的要求中的重要一項，便是張勳對日本領事館公開道歉。根據可靠消息，袁世凱能否說服、怎樣說服這個特立獨行的江蘇都督，滿足日方要求，將是困擾民國政府的一大難題。

注釋

❶「二次革命」中，八月九日福建取消獨立；八月十三日，湖南取消獨立；八月十八日，南昌失陷，江西討袁軍失敗；八月二十九日，蕪湖陷落，安徽討袁軍失敗；九月一日，江蘇討袁軍失敗；九月十二日，熊克武放棄重慶。至此，在全國持續兩月之久的「二次革命」，終告失敗。

❷一九一二年三月十日，袁世凱任臨時大總統後宣佈改編前清江防軍，任命張勳為統領。張勳不忘大清厚恩，仍保留髮辮，並要求所屬部隊仍穿著清軍服飾，被稱為「辮子軍」。一九一三年七月十五日，黃興在南京發動「二次革命」，張勳督師南伐，下令如果攻克南京則「三天不封刀」。七月十四日進攻南京，至九月一日陷城，辮子軍大開殺戒，誤殺日本僑民三名，引發日方交涉。九月三日，袁世凱任命張勳為江蘇都督。九月二十八日，張勳親臨日本駐南京領事館道歉。

英德海軍集結山東沿岸

一九一四年七月三十日

上海七月二十九日電：英國遠東艦隊正在中國山東省北部海岸的威海衛集結。與此同時，德國艦隊在威海衛以南二百英里的青島集結。

英國艦隊由戰列艦「勝利號」（Triumph）、四艘巡洋艦、三艘砲艦、八艘驅逐艦、三艘潛艇、四艘魚雷艇、十艘內河砲艇、一艘公文傳送船和二條單桅帆船組成。

德國艦隊由裝甲巡洋艦「沙恩霍斯特號」（Scharnhorst）——這是海軍中將馮施佩伯爵（Vice Admiral Count von Spee）的旗艦、另一艘裝甲巡洋艦、三艘小型巡洋艦、七艘砲艦和一艘魚雷艇組成。

日英聯軍攻陷青島

一九一四年十一月七日

題記：日英聯合在發動最後一次進攻後佔領青島。德國人展開談判，但最終投降。德軍被圍攻六十五天，佔據青島外圍五千條戰壕，對抗二萬五千名日本軍隊和協約國戰艦，雙方損失慘重。圍攻後期，協約國從戰機上投擲炸彈。

東京十一月七日星期六上午十一點二十五分電：據官方消息，德國在華軍事基地青島向日英聯軍投降。

官方消息稱，最早的受降從昨天午夜開始，日、英兩國步兵進入德軍第一道防線的中部軍營，並抓獲了二百名戰俘。

進攻由山田良水少將指揮，步兵和工兵參與了戰役。

今晨七時，德軍在青島氣象局舉白旗投降。德國人如此迅速地繳械投降，令協約國陸海軍和東京民眾都感到十分驚訝。

昨天，官方通訊在報導軍事進展時稱轟炸仍在進行，戰機向被包圍的港口投擲炸彈和傳單。傳單警告青島居民不要參與任何軍事行動。

日軍總參謀部建議軍隊先攻克海泊河以南的五個德國軍營，有德軍砲兵和步兵嚴密防守這條防線。之後，再進攻伊爾蒂斯（Iltis）、俾斯麥（Bismarck）和毛奇（Moltke）三個軍營❶。海泊河以南的五個軍營距日本戰壕約二千四百英尺遠。

截至昨天，此次軍事行動完全傷亡人員名單顯示，英軍陣亡二名，傷八名，其中包括二名少校；日軍陣亡二百名，傷八百七十八名。截至德軍投降，德日雙方的傷亡都相當慘重。

日英聯軍圍困青島長達六十五天

攻佔青島，意味著這場世界大戰初期最具畫面效果的戰役結束。參戰列強在兩大洲和各島嶼殖民地涉及各方利益的戰役仍在進行。一些軍事要塞和城鎮以和平方式佔領。然而，在中國山東半島的這個小小的德國租借地所爆發的軍事衝突幾乎複製了歐洲戰場的一切特性，只是作戰範圍略遜一籌。青島失守後，德國人丟掉了他們在亞洲大陸上最後的殖民地，也失去了德意志帝國在歐洲以外的最後一個戰略據點。

在兩個月的攻防戰中，保衛青島這個軍事基地的任務幾乎全由德國預備役軍人承擔。他們在中國生活或經商。戰爭爆發後，德軍跟日本人和由白人、印度人軍隊組成的英軍分隊在陸地和海上作戰。雙方損失未得而知，但英、日兩國的官方報告稱，協約國方面為攻佔青島損失慘重。

八月二十三日宣戰

八月二十三日，日本對德國宣戰。第二天，日本艦隊就駛向膠州灣——德國租借地，位於中國沿海，面積一百一十七平方英里，有六萬人口。

日本用將近一個月時間準備。歐洲和平剛剛破裂、英國剛剛參戰，日本就著手準備。八月四日，英國政府向東京方面請求，希望日本確保英國在遠東地區的航行安全。日本回覆，只要德國還佔領膠州灣，日本對此就無能為力。但是，如果英國政府默許日本從德國手中奪下膠州灣，並相信其最終將歸還中國，日本願意接受英國的請求。

英國表示同意。於是，日本對德國發出最後通牒，限德國在八月二十四日、即美國時間二十三日十二點鐘之前撤離膠州灣，解除當地戰艦武裝，將膠州灣交給日本。

德國對此未作回覆。因此，日本天皇下令對德宣戰。宣戰文告的重要段落如下：

「歐戰爆發以來，日本沉痛地關注著這場災難。日本嚴守中立，希望維持遠東和平。但是，德國的行徑迫使日本的盟友大英帝國採取戰爭行動。德國憑藉她在中國的租借地膠州灣加緊備戰，其戰艦在東亞海域巡邏，威脅到日本及其盟國的商業活動。

「遠東和平因而陷入危險。日本政府和大英帝國之間就此進行了坦誠而充分的協商，同意根據同盟條約，採取必要措施保護共同利益。日本方面期望通過和平方式實現這一目標。因此日本政府真誠地向德意志帝國政府提出了我們的要求。但直到最後一天，日本政府仍未收到德方同意的任何回覆。」

儘管從法律上講，日本所採取的行動是遵守一九〇五年簽署、一九一一年續簽的英日協定，但柏林方面卻宣稱，日本是抓住這個機會「報復」德國。同時，日本則譴責德皇陰謀製造「黃禍」（Yellow Peril），譴責德國政府企圖對華作戰後將日本人趕出旅順港。這一點在已故的林董伯爵❷的備忘錄裡有充分體現。日本還指責德國企圖挑起美日矛盾。

青島是膠州灣重鎮，自一九〇〇年以來修築起十到十二個現代軍事堡壘。戰爭爆發後，這裡駐有德軍三個砲兵和步兵團、三至四個騎兵分隊，總兵力約五千人。另有三架飛機和數挺機關槍。膠州灣裡停泊有四艘小型砲艦和一艘奧地利巡洋艦。

日本周密策劃，小心翼翼地向前推進。她共運送了二萬五千名士兵來此，並派出十二艘戰艦包圍青島港。早期向青島運動時，她還搶佔了中國內陸一條鐵路，以便更快捷地運送軍隊。這破壞了中國的中立。北京政府受柏林方面指使，提出抗議。日本對此的回答是由於德國擁有鐵路，所以日方有權繼續進行投送部隊。英國參與圍攻青島的軍隊由一支東印度軍隊和幾艘戰艦組成。

九月二日，一萬名日本士兵在山東登陸，並於同月二十五日佔領德國軍事前哨濰縣（譯注：今濰坊市）。九月二十七日，日本人俘獲了部署在青島南部戰壕裡的五十名德軍和四挺機關槍，第二天他們佔據城中高地，並計劃在此架設防空砲臺。九月二十九日，德國人炸掉大浯河上的橋梁。十月一日，二艘德國巡洋艦趕到青島，向日本據點開砲。十月五日，德國人展開空襲，但被擊退。十月七日，日本人佔領膠濟鐵路的西部終點濟南，兩天後又奪取了另外二個軍事要塞。

上週二，青島與北京之間所有的通訊被中斷。與此同時，上海報紙稱，日本人決定推遲決戰。於是戰事進入尾聲。

婦女要求參加排雷

有關軍事行動的具體內容仍是祕密。但是，日本人發動的第一次大規模軍事行動是排除德國人在膠州灣海域佈防的水雷。一百名日本採珠女主動請纓，表示可以潛入水下排雷而不被敵人發現。但他們的請求被拒了，因為日本法律禁止婦女參軍。在排雷行動中，至少有一艘日本掃雷船被炸沉。

官方從未公佈遠征軍的人數，但據說超過三萬人。英國一支分隊由幾百名英格蘭紹斯沃爾德（Southwold）士兵和四百名印度錫克教徒（Sikhs）組成，由巴納迪斯頓准將（Brig. Gen. Nathaniel W. Barnardiston）指揮，隸屬駐紮在華北的英軍。據稱英國軍隊被投入了日本在青島作戰的重要戰區。

十月十七日晚上，日本海軍經歷了最慘重的損失，「高千穗丸」巡洋艦被德國魚雷艦S-90擊沉。

據消息稱，十月二十三日，日本人終於在青島的亨利王子山（Prince Henry Mountain，譯注：即浮山）隱蔽處和城區附近的其他山上架起攻城加農砲，並做好掩護。德國要塞設有三道防線。第一道位於城郊，但軍隊似乎已撤離。衛戍部隊集中在毛奇、俾斯麥和伊爾蒂斯三個堡壘，居高臨下，把守著環抱這個港口城市的各險峻山脈。德國人另有五個專門從事海岸防禦的堡壘。只有鐵路穿過城市背後的高地，協約國軍隊可能就是沿著這條路徑攻入青島的，德軍防禦工事立刻瓦解。

德國自一八九七年開始以租借名義佔領中國的膠州灣，那時英、日兩國尚未結盟。不過，一九〇〇年鎮壓義和團運動時，英日保持一致行動，而人們相信此事阻止了八國聯軍統帥瓦德西伯爵❸在華擴張德國勢力。

注釋

❶一八九七年德國侵佔青島後，將青島山命名為俾斯麥山，並修建軍事設施作為青島防衛體系中最重要的指揮通訊中心。山上建有大口徑砲臺，安裝有二門一八八五式二一〇毫米克虜伯式加農砲。伊爾蒂斯山（或稱太平山、湛山）是為紀念一八九八年在上海附近水域沉沒的德國軍艦「伊爾蒂斯號」而命名，德軍在東山砲臺配備有二門固定式帶有折角型鋼板防盾的一九〇四式一〇五毫米輕型速射加農砲，該砲臺在日德戰爭中表現頑強，有效遲滯了日軍推進速度。另有匯泉角砲臺是德軍扼守青島外海入口最重要的海防要塞，配備有二門二百四十毫米加農砲和三門一百五十毫米速射加農砲。該砲臺德軍作戰頑強，多次擊退日英聯合艦隊的攻擊，並重創英軍戰列艦「勝利號」和另一艘日軍驅逐艦。

❷林董（一八五〇～一九一三），日本明治時期的外交官、政治家。本名佐藤東三郎，為日本政府最早派往英國留學的學生之一。一八九一～一八九六年任日本外務次官。一八九五年，俄、德、法三國「干涉還遼」時，林氏代表外務大臣陸奧宗光接受通牒。一八九六年任駐華公使。一八九八年轉任駐俄公使，一八九九～一九〇五年任駐英公使，升大使。他曾代表日本政府與英國外交大臣瀾斯�侯爵（Henry Charles Keith Petty-

Fitzmaurice, 5th Harquess of Lansdowne）簽訂兩次日英同盟條約。一九〇七年獲封伯爵。一九一一年及翌年任西園寺內閣外務大臣及遞信大臣。著有《外交回憶錄》，一九一五年由普利（Andrew M. Pooley）用英文編輯在歐美出版，書名為《林董伯爵祕密回憶錄》（*The Secret Memoirs of Count Tadasu Hayashi*）。

❸瓦德西（Count von Alfred Heinrich Karl Ludwig Waldersee, 1832-1904），德國陸軍將領。生於普魯士的波茨坦。一八五〇年入普魯士邊防砲隊。一八六六年為陸軍少校，後曾任上校、少將、中將，曾任參謀長、副參謀總長。一八八八～一八九一年任陸軍參謀總長。一九〇〇年晉升陸軍元帥。同年夏天，侵華的八國聯軍攻佔大沽、天津後，他被推為統帥。是年八月起程來華，十一月抵北京，派兵至京城附近及其他地方騷擾，無惡不作。一九〇一年六月經由日本回國。

「中國摩根」張振勳訪談錄

一九一五年六月六日

愛德華・馬歇爾（Edward Marshall）

當我向來訪的民國貴賓張振勳[1]先生請教應如何解讀中國時局時，他強調兩點，一是中國這個世界上人口最多的國家正承受著日本擴張的巨大壓力，二是當前正是美國向遠東擴大貿易影響的大好時機。

張先生的回答充滿智慧。他是中國商會聯合會訪美代表團團長，同時還是民國總統顧問、農商部高級顧問、南洋宣慰使、中國內河港口籌委會高級專員，曾獲頒民國二等嘉禾勳章。他以「中國摩根」一名著稱。

我必須首先聲明，寫這篇訪談錄獲得了李志初先生（Li Chi Chu，音譯）的大力幫助。因為張振勳不講英語，而李先生的英語十分流暢，非常熱心地做了我的翻譯。當我們交談時，李字斟句酌，克盡厥職。他特意規定，我必須鄭重聲明所述每個政治見解都只是他本人的觀點，不代表他老上司的觀點。他解釋說，張振勳不是一個政治人物，而是最傑出、最受人尊崇、最富有的中國商人。

日本稱霸中國將威脅英美利益

我的第一個問題是在這位能幹的先生建議下，經過仔細斟酌列出的幾個問題之一。從回答看，毫無疑問，這是張振動本人的看法。問題是這樣的：

「民國作為世界上最年輕的偉大共和國，當她處於歷史的危機時刻，是否歡迎美國這個成立時間最長的偉大共和國的支持？」

「他說，由衷地歡迎，」李先生說道，「我們將貴國的共和政體視為我們效仿的典範。我們從各個方面都在借鑒貴國高效率的管理機制。

「我們認識到，只有通過你們提供給我們的模式，我們才能夠從你們已經付出的努力中獲益。我們殷切期望美國方面能夠給予我們更多的支持。那樣的話，你們可將年輕的民國視為需要保護的對象，而事實也是如此。

「美國的『門戶開放』政策對中國的利益是一種保護，也是這個政策，使我們更堅信並期待著美國能夠為民國提供進一步的保護。目前，我們比以往任何時候都更需要獲得這種保護。」

當話題轉換到政治時，李再次鄭重聲明，所有他表達的政治見解，都只代表他個人而非他值得敬重的上司的觀點。

「自從我們離開北京後，日本對我們這個不幸國家提出的非分要求（譯注：指《二十一條》），使美國的友誼與支持比以往更加難能可貴。

「實際上，我們正處於一種可怕的境地。我們從來就不是一個尚武的國家，相反，我們擁有世界上最熱愛和平的人民。

「正如《泰晤士報》四月一日的報導那樣，如果接受日本的條款（我精心為他準備了一份日本的要求的影印件，與《泰晤士報》提供的內容相同），民國前途渺茫。

「日本的要求等於宣告中國必須成為附庸國。她沒有公然要求兼并中國，但她實際上要求的，比取消中國的獨立地位還要嚴重。如果滿足日本的要求，就意味著中國只剩下一種力，那就是勞動力，為日本謀取福利的勞動力。

「她要求控制警察、軍隊和商業貿易；她要求壟斷中國的自然資源、交通運輸和製造業的發展，為的是日本而非中國的利益。

「她索要一切，而回報只有一個，即在中國建立一個沒有任何偽裝的獨裁政府。如果那樣的話，民國政府不僅無法立足於世界，而且將蒙受奇恥大辱。

「如此一來，中國很可能是歐戰的最大受害者，因為日本參戰成了英國的盟國，才讓她有機可乘，膽敢提出這種要求。

「在我看來，美國應該高度地關注這些要求。如果它們付諸實施，那麼，美國的『門戶開放』政策該何去何從呢？全毀了。如果日本陽謀得逞，予取予求，在華獲利的機會恐怕就只能由日本所獨佔了。這對於你們來說不是致命的威脅嗎？

「歐戰伊始，日本就曾經提出同樣的要求，但遭到了英國的強烈反對。當我們的代表團到達舊金山時，我們就從可靠管道了解到，英、中兩國的部長們本來準備發表一份聯合聲明，要求日本對其進行修改。

「但是，英國能做什麼呢？她正在為自身而戰。在這場戰爭中，日本是她的盟國。我們每天都希望看到英國出面反對日本提出的要求，但我們的希望已經破滅。在以往的歲月裡，英國曾經是公正的。中國信任她。中國人民信任英國人民。但是，他們現在能做什麼呢？

「如果英國不要求日本做出修改，美國也不要求修改，就很難看到何處有力量能夠拯救中國了。在這個世界上沒有其他國家能夠為我們做些什麼了。除非美國幫助我們，否則中國將面臨滅頂之災。

「當然，如果英國意識到向我們提供援助的必要性，局面還是有可能挽回的，儘管她與日本一起捲進了歐戰。事實上，如果不對日本的擴張野心進行控制的話，英國將不僅失去遠東，而且還將失去歐洲，那麼她可就一敗塗地了。我相信，所有中國人都相信，如果英國幫助日本的話，她將付出高昂的代價。

「如果日本利用歐洲當前有難的機會，乘虛而入奴役中國，那麼無論如何，她都是既不誠實也不值得稱道的。沒有哪個國家會做如此下作之事。

「從道理上講，這種情形如同一個彪形大漢去攻擊一個三歲稚兒。對於作為一個共和國的民國，她只是一個剛剛學會走路的三歲稚兒。如果日本肯幫助我們，那是再善良慷慨不過了。國家之間就應該寬懷大度，就如同美國對古巴做的一樣。

「可是，日本不僅不幫助我們，還策劃要扼緊我們的喉嚨，阻止我們的成長。對此，我已無話可說。德國發動戰爭蹂躪歐洲，而日本軍國主義是德國的翻版，因為日本軍隊直接受訓於德國。

「考察青島事件和這次大戰中發生的其他事件可以看出，日本作為聰明學生，除效仿其德國老師堅持軍國主義路線外難有其他抉擇。難道這個事件還沒顯示出日本軍國主義的本性嗎？依我之見，日本為達到其目的正不惜採取任何手段。」

我問，「如果英國戰敗，這對於中國意味著什麼？」

「我對這個可怕的前景不願做出猜測。」

我又問，「如果英國與她的盟國日本獲得勝利，英國會不會認為她必須對日本的參戰做出補償，決意不干預日本的遠東政策呢？」

「我認為這種可能性是不存在的。日本可能會提出這樣的要求，但英國決不會同意她那樣做。

「當然也有這種可能，即日本在加入協約國參戰前即與英國簽訂了祕密協定，但是，我們相信，即使是有這樣的密約，也不會促使英國接受日本所提出的如此苛刻的要求。

「幾乎所有這些要求都損害了英國在遠東的利益，也損害了美國在這裡的利益，以及除日本以外的各國的利益。

「英國發現，接受日本的幫助使她處於十分不利的境地。英國必須保護印度不受損害，很明顯，印度比中國對她來說更重要，她必須格外謹慎才是。如果中國受到損害，也許她能做的只是感到遺憾。」

接受日本要求將是我們民族的災難

我問，「中國現在有能力實現自治嗎？」

「她當然是一個自治的政府。中國是世界文明古國，比日本的文明更加久遠。當我們在桌上吃飯、坐椅子時，日本仍然席地坐食。」

我又問，「如果中華文明比日本優越，日本為何又發展得比你們更強大呢？」

「那是因為這樣一個事實，即中國人民像美國人民一樣熱愛和平，我們希望在自己的土地上按照自己的方式生活，而決不想使用強大的陸海軍力量去侵佔他國。

「但是，日本已經是一個軍國主義國家，她不得不為了滿足自身的貪婪而對別國進行掠奪。她如同打劫富戶的窮人家庭一樣，依賴自身有限的自然資源很難維持生存。她的消耗遠遠高於她實際擁有的資源，因此必須運用其強大的軍事力量。日本陸海軍選擇以不道德的手段強迫可憐的中國為其巨大的軍費開支埋單。換言之，日本對待中國如同一個持槍者對付一個手無寸鐵並毫無防備的人。

「儘管日本是英國的盟國，但日本是德國的複製品，她對待中國比英國對待中國還有失公允。她索取青島是一種所謂公平的補償嗎？日本無權索取青島，即使是英國給予報償，如果沒有獲得中國的認可，日本也決不可能通過武力脅迫而得到。

「比這更過分的是，日本提出現由德國在山東所擁有的一切權力劃歸日本，山東從德國佔領轉變為日本佔領。如果日本有意願，她應被允許修建鐵路，旅順港和安奉鐵路（譯注：安東至瀋陽）的租賃期必須延長為九十九年。日本國民應被允許在南滿和東蒙地區居住，並有權租賃或擁有土地進行墾殖。日本的要求與現行法律是相背離的。

「我必須解釋為什麼要阻止外國人擁有或租賃中國土地。中國人十分節儉，他們個別並不富裕。中國人錢不多，而來自外國的黃金可以在中國買很多東西。如果土地可以買賣，歐洲人與美國人會發瘋似地以低價搶購。

「如果允許相對富裕的洋人在中國購買土地，而中國人又被大筆現金誘惑，則洋人將很快擁有所有的土地，中國的土地資源將很快被銷售殆盡。然後，中國人將成為佃戶，中國人將像墨西哥人一樣變成負債的奴工而苦不堪言，這將是我們民族的災難。

「日本另一項要求是在華擁有『採礦權』，如果那樣的話，日本將很快壟斷中國的礦物資源。

「如果滿足日本這些要求，即沒有日本認可，修建南滿和東蒙鐵路將不能向任何外國申請貸款。沒有日本認可，民國政府將不能聘用任何政治、金融、軍事顧問。

「如果任由這些要求得到滿足，並按照他們第五號第一款提出的聘用得力日本人作為民國政府政治、金融和軍事顧問，這意味著專制，甚至連中國警察也要由日本人組織和培訓了。如果任何問題不論大小都要按照日本人的滿意程度才能解決，而不是依據是否正義來裁定，這簡直就是對中國人民的暴政。

「日本人的要求難以一一列舉，總之，它將使中國喪失獨立，使其降格為日本一個下屬省，難道美國希望如此嗎？如果日本完全控制中國，美國東方貿易的門戶如何得以開放？此情此狀真是壞透了。俄國人進入東北只是給中國上層階級帶來禍秧，但下層人民仍然過得下去，因為俄國人樂見利用這麼多廉價的勞動力。如果日本人進來，則下層的中國苦力也將被廉價的日本勞工替代，致使大量人口淪為赤貧。儘管日本人發現本國勞工比中國勞工更昂貴一些，但日本人肯定願意雇用本國勞工，這可以使他們牢牢地控制住攫取的土地，但失去生計的大批中國人口何去何從？

美、日兩國在華形象有天壤之別

「日本另一項計劃明顯威脅著中國與其他國家的對外貿易。在日本很少有外國商店，我最近訪問了日本，對此十分清楚。在日本控制下，同樣情況將在中國發生。而中國現在有很多外國商店。以東北目前的棉織品貿易而言，幾乎所有華商都銷售洋貨，如果被日本人控制，則他們只可銷售東洋商品。

「美國對華貿易過去曾頗具規模，現正日益萎縮，並將逐步消失。日本人是小販而非真正的商人，他們扛著貨物走街串巷，而不像美國人或其他洋人那樣。如果中國把一個省讓給日本，那意味著美國將失去在那個省的貿易。

「顯而易見，軍火貸款意味著日本對中國的絕對控制，甚至警察的費用開支將被強加給中國的每家每戶，這就賦予日本對每個中國人生殺予奪的權利，即將給他們自由或坐牢的權利。

「我是一個商人，本不適合談政治，但作為一個中國公民，從內心上講為了中國的利益，我應該自由地表達我個人的意見。我雖無政治知識，但我相信，儘管日本人自以為聰明，但他們實際上失去了全體中國人民的信任。我認為，他們終將發現，失去中國人民信任的後果遠比他們想像的要嚴重。我確信，這將抵消日本通過其雄心勃勃的計劃所獲得的任何成功。

「美國政府過去很聰明，儘管他們不見得深具智慧，而是做法正確。以庚子賠款為例，所返還部分用於中國學生的教育，貴國也從中有所得，這才是正確的事情。

「在中國，如果一個旅行者是美國人，他本身就是一張通行證，不僅適用於中國境內，也適用於當地人民內心。一個美國遊客在華可以獲得別國不可比擬的尊重。只有美國才擁有如此高尚的地位，很重要一個原因，就是因為她主動返還了一部分庚子賠款。

「甚至連一個苦力也會對你們美國人翹起大拇指，這比簡單的尊重包含更深刻的意義，這是對崇高品德的讚許。而日本在中國人民心目中的形象與此有天壤之別。

資助中國窮孩子讀書是最大期待

「中國若無外來干涉，即使沒有外援也會過得很好，她的未來是十分光明的。目前，她已成功地擁有一個穩定的政府，但突然被打斷了。

「中國人完全信任袁世凱，他是一個非常能幹的人，一個真正的大人物。如果不受外界困擾的話，他能夠在困難的情況下駕馭新政府。即使麻煩叢生時，他所採取的堅定立場仍然得到了全體中國人民的贊同。」

說到這裡，這個年事已高、面容坦誠的中國人站起來，並在房間裡來回踱步。我不得不承認，他為中國人民的事業所做的闡述很有說服力，儘管他說的每句話我都要通過翻譯才能理解其含義。

他撩動了一下身上的灰色絲袍，並用手指彈了一下他穿的美國皮鞋。他的頭髮已經花白，腦後沒有長辮，臉上佈滿了皺紋。他戴的眼鏡樣式很奇特。我問他，那麼美國能做什麼呢？

他回答說，「中國是一個富饒的國家，但我們的建設資金十分缺乏，你們可向我們提供資金支持，我們可以大量有價證券作為抵押。這不僅能使我們在與日本的談判中繼續堅持自己的權利，繼續完成政府結構的改革，而且還可使我們建立起有生產能力的工商企業。

「美國另一項可能提供給我們的服務就是這裡的免費教育。很多年來，許多中國的窮孩子渴望獲得學習機會，但他們沒法掙到錢來支付自己的學費。我相信，這些窮學生的求知慾更強、學習更刻苦，比那些自己花錢來美國留學的中國闊少更聰明。事實上，美國的年輕人也同樣如此，難道不是嗎？我們尤其亟需中國年輕人到美國留學，接受農業和工業方面的專業教育。

中美建立商貿聯盟有助於維護和平

「鑒於英國當前的處境，她無法幫助或保護中國，我們希望，美國應將此作為應盡之責，不僅在紙面上而且在實際上幫助維護中國的利益。

「如果美國這樣做，不僅中國將十分感激，而且美國也將從另一方面有所獲得，例如維持其作為世界大國的地位而無人敢提出質疑。我不得不告訴你，目前你們的地位是如此強大，而我們又是如此弱小，儘管你們在中國受到尊敬和讚賞，但也有許多批評美國的聲音。

「英國人和德國人對我們說，美國人只會做口頭文章，而他們則是實實在在地做事，不失為公允之論。如果美國人像英國人和德國人那樣努力促進對華貿易的話，他將很快壟斷中國的市場。

「中國商會聯合會代表團一九一〇年訪問太平洋沿岸地區時，雙方即達成共識，即中美商業往來只有在商船航線建立、合作銀行開業、為兩國貿易商展示本國商品的會展中心已經建成的情況下，才有可能獲得迅速的發展。

「雖然中美之間首次會談就達成了這樣的共識，可是當我們試圖再與你們細談時，其他人卻因為你們的遲誤而獲得實惠，他們搶先建立了對其有利並有損於你們的類似機制。

「特別是日本從中得到好處。日本立即向中國提出建立合資企業，共同投資、共同管理，並居然做成了。日本因此獲得了巨大的利益，而中國實際上更願意與美國夥伴進行合作。

「中國仍然願意與貴國商人建立這樣的合作關係，這種願望在此次對貴國愉快而有益的訪問中尤感強烈。

「如果美國也像日本所做的那樣與中國投資商合作，哪怕只做到日本人做的一半，以促進國際貿易的發展，那對於世界商業的發展將是巨大的貢獻。你們一直談在華建立匯兌銀行，但我們認為條件還不成熟，因為它不是雙方真正的合作之道。

「我認為，在美洲的偉大共和國和亞洲的年輕共和國之間建立商業聯盟，世界上沒有任何一件事能像這樣有助於促進及維護世界和平。如果建立了這種聯盟，其他國家的擴張野心即可收斂。

「美國因此獲取的直接利益將是巨大的。擴大通商將使中國迅速成長為一個製造大國，美國將向中國輸送機械設備，中國將因此刺激內部需求的增長，對美國商品的接受程度也將與美國國內更趨一致。

「中國在前進，我們的確很快就取得進步。七年以前，甚至四年以前，所有中國人都在穿長袍馬褂，和我現在一樣，我是因為人老了，改不了，而今所有年輕人都穿美式服裝，我自己的兒子就是這樣。

「我不明白，你們為什麼還猶豫不決，為什麼不抓住這個放在家門口的機會。當然，為抓住機遇，你們必須研究中國市場的實際需求，而不是僅僅向我們推銷你們積壓的物資。你們有必要設計出適合我們中國市場的產品。」

注釋

❶張振勳，字弼士，號肇燮，一八四〇年生，廣東大埔人。家境貧寒，十五歲到荷屬巴達維亞（Batavia，即今印尼首都雅加達）謀生，後獲准承包酒稅、典當稅及一些地區的鴉片煙稅，獲巨利。從一八六六年起，先後開辦裕和、亞齊、笠旺、萬裕興墾殖公司，東興礦務公司，廣福、裕昌輪船公司等，成為南洋巨富。一八九二年後，歷任大清政府駐檳榔嶼首任領事、新加坡總領事、中國通商銀行總董、粵漢鐵路總辦、佛山鐵路總辦。一八九四年，出資三百萬銀元在山東煙臺創辦張裕葡萄酒公司。一九一〇年任全國商會聯合會會長。一九一二年後，歷任袁世凱總統府顧問、農商部高級顧問、南洋宣慰使、華僑聯合會名譽會長等。一九一五年四月率中國實業考察團到美國考察，適逢巴拿馬萬國商品博覽會，張振勳將隨身攜帶的張裕葡萄酒送展，張裕白蘭地榮獲國際金牌獎章，味美思和玫瑰香獲優質獎章。一九一六年九月病逝於巴達維亞。

《恰克圖條約》簽字

一九一五年六月七日

北京六月八日電：俄國、中國和蒙古的代表最終簽署了決定蒙古地位的《恰克圖條約》，此前他們在西伯利亞的恰克圖討價還價了近一年。

一九一二年的中國革命導致蒙古宣佈獨立，俄國立即承認其為一自治國家，日本隨即對內蒙施以影響。根據目前達成的協定，中國將對蒙古保留正常的宗主權（suzerainty），俄國和中國同意不再干涉蒙古的內部行政事務。三國代表將於明天簽署該條約。

中國從歐洲戰爭中獲益

一九一五年八月二十二日

「目前的戰爭被證明對中國有利。長期以來，西方國家一直向中國人灌輸這樣一種想法，即離開了他們的指導和資金支持，中國便不能正常地運轉。然而，自從戰爭轉移了歐洲列強的注意力後，中國突然發現，她並不需要外人的指導和幫助，一樣可以良好地運轉。這極大地提升了她的獨立自主性，從而必將對國民生活和國家前途產生非常積極的效果。」

斯利尼瓦斯・維吉爾（Srinivas R. Wagel）先生上週接受《紐約時報》記者採訪時這樣說道。維吉爾先生來自東印度，在上海《字林西報》擔任財經編輯長達五年，最近剛從中國來到紐約。他是中國財經事務權威，有兩部專著，《中國金融論》（*Finance in China*）和《中國的貨幣和銀行》（*Chinese Currency and Banking*），第三本著作《中國稅收論》（*Taxation in China*）即將出版。他將在美國停留數月，進行有關經濟主題的寫作與演講。

維吉爾先生接著說，「中國就像一個被好幾個傢伙共同欺壓的人，突然，這幾個傢伙放開受他們欺負的人而自相殘殺。於是，這個人迅速站起來，重新獲得自由與獨立。中國的情況就是如此。

「中國在一段時間內將不再被外界干擾，她將有機會解決一些自身問題，並獲得力量。例如，在金融財政領域，中國過去被迫相信，如果沒有外界援助，她便無法正常運轉。但自從大戰爆發以來，中國便無法從外獲得貸款，無法以原有方式融資。

「那麼，到底發生了什麼呢？中國自己設法找到了資金來源。中國人民能夠從他們的儲蓄箱中提供資金，而這表現出了他們對袁世凱總統建立的中央政府充滿信心。

「這些錢主要是銀元，當然也有一些金元。中國正在籌集這些資金。這次全國性籌資額對於美國而言並不是很多，但對中國已經足夠。這個國家現在知道，如果列強不對她進行騷擾，即使沒有外國貸款，她也可以設法正常運轉。

「關於進出口貿易，戰爭極大地減少了出口量，而進口貿易也遭受很大挫折。中國過去被教育，她必須依靠這些進口才能存活。但是，雖然進口商品不再如先前那樣運進來，中國經濟卻依然能夠良好地運轉，並卓有成效。中國過去習慣購買她並無支付能力的商品，致使國家債務越積越多，僅僅支付利息都成為一個很大的問題。

「中國沒有任何有形的東西可以償還債務，既然戰爭中止了進口貿易，這對於中國來說未嘗不是一件好事。貿易關係的改變對這個國家更為有利。至少在麵粉和棉紗兩個方面，中國已受益於戰爭而擴大生產。戰前，麵粉和棉紗的產量有限，但去年的產量已大大增加。

「中國從戰爭中上了深刻的一課，她學到了不依靠外國幫助而自立前行。這樣的結果是，一種國民精神在政府當局和國民之中傳播開來，這種精神以前由於外人的阻礙是難以發生和成長的，而列強們現正忙於互相廝殺，他們不再有時間抑制中國獨立的國民精神。既然中國只能依靠自己，她就靠自己全然應付了下來。這也正是戰爭為中國帶來的好處，即整個民族的覺醒。

「而對於袁世凱總統，他為中國帶來了自一八四五年以來最強而有力的政府。中國從那時起成為西方殖民擴張的犧牲品，南京和廈門被迫開埠通商。

「袁世凱在對日談判中表現出的果斷、堅定，充分證明了自己的能力。必須記得，列強在與中國打交道時，都無一例外地想從她身上榨取盡可能多的油水。但是，日本在這次談判中對待中國的方式，卻遠比任何歐洲列強要柔和許多。無論是英國、德國，還是其他國家，如果換作他們，在條款中提出的要求一定會苛刻很多。

「現在，中國人民團結一心，對日本提出的這些特權要求都拒絕應允。他們想要不惜與之一戰。這時，總統先生表現出了他的政治魄力。因為他明白，與日本作戰意味著中國的滅亡。他知道，能夠最大限度保障中國利益的方式是與日本談判，並在避免戰爭的前提下盡可能減少日本提出的要求。

「目前，中國陸軍擁有五萬到六萬名訓練有素的士兵。這樣的數量不足以對抗日本，但卻已足夠保衛政府。因此，袁世凱放話，任何要求對日發動戰爭的遊行示威都將被武力鎮壓。

「事實上，他有足夠實力採取這樣的立場，加之他在中國人中所擁有的人格魅力——他被人民尊重和信任。正因如此，中國才能遠離戰亂的災難。日本可在兩個月內掃蕩中國，她擁有強大的海軍，可派遣百萬大軍進入中國。而中國除了幾艘巡洋艦和砲艇外，幾乎沒有海軍。」

我們的記者問，「日本在條款中向中國提出的要求，是否足以使中國變成日本的殖民地？」

維吉爾先生回答說，「我們有足夠理由相信，中國不會成為日本的附庸國。日本不想與歐洲或美國製造麻煩，她意識到如果觸犯中國主權，那麼可能引起歐洲列強的聯合反對，或是美國的介入。

「並不是說日本懼怕美國。她不想與美國發生衝突的原因主要出於經濟方面的考慮。美國從日本購買絲綢和茶葉，足足養活了四分之一的日本人口。

「而對於中國來說，同樣有經濟原因使得日本不敢對中國相逼太甚。日本製造業之所以能夠存活，主要仰仗於中國市場。日美貿易主要是原料而非製成品。日本不希望中國人抵制日貨。最近，由於日本提出的條約要求，在中國國內確實出現了一些抵制日貨的情況，但這種抵制不會持久。

「那種認為日本想佔領菲律賓的想法是錯誤的，至少她不會付出與美國作戰的代價來獲得菲律賓。日本真正想要的是一大片資源豐富但人口稀少的區域，如此便可進行殖民開拓，比如滿洲就相當符合日本的胃口，而她也正在那裡進行大規模的殖民開拓。」

在回答《紐約時報》記者問到的民國政府施政情況時，維吉爾先生說，中國目前僅僅是一個名義上的共和國。

「民國在一九一二年二月成立，」他說道，「一九一三年便出現叛亂。因此共和制政府並未有機會獲得充分的組織建設。現在的政府實質上只是一個獨裁政府。

「總統親自任命內閣成員，並不對任何人負責。現在中國沒有議會，事實上，議會從一九一三年起就不存在了。以前的議會也不是西方人理解的立法機構，而是一個勾心鬥角、策劃陰謀的窩子，所以它必然被解散。現在，正在進行一些工作，希望將政府體制確定下來，以便治理國家。同時，明年可能試探性地重開議會。」

談到歐戰，維吉爾先生說，他認為這場戰爭可能會為白種人和有色人種之間加深相互理解鋪平道路。

他提到，「白種人一直堅持這樣一種看法，即只有他們才是最高尚的種族，而有色人種具有人類所有讓人厭惡的素質。

「但這場戰爭證明，許多白種人同樣具有有色人種可能具有的惡劣素質和邪惡性格。比如，英國人發現德國人是如此可恥，而德國人發現英國人異常卑鄙。

「在白種人互相揭發其醜陋嘴臉的同時，他們中一些有識之士也改變了對有色人種的看法。那些與英國人、法國人在戰壕中並肩作戰的有色人種，難道他們沒有表現出如同英法士兵一樣的勇敢和崇高精神嗎？

「戰前，白種人說他們不會和有色人種並肩作戰，因為這樣會貶低他們。然而今天，那些手握刺刀、衝鋒槍與有色人種肩並肩戰鬥的白種人，並沒有發現他們的尊嚴有所損害。那麼，戰爭結束之後，如果白種人還需要和有色人種一起工作，他們還會重新拾回先前的偏見嗎？

「每個時期都有不同的思想潮流。我相信，這場戰爭將使白種人比有色人種高貴的想法永遠成為過去。」

中國有能力處理好自己的事情

一九一五年十二月十日

傑瑞米・金克斯[1]

紐約一九一五年十二月九日，致《紐約時報》編輯：

近日，在上海發生的一場旨在破壞中國和平的暴動失敗了[2]。對於喜歡研究遠東事務的美國人來說，這次暴動有以下四個關注的要點。

第一，中國軍民有能力在短時間內妥善地平息暴動，表明中國政府的處置非常果斷和冷靜，具有良好的決斷力。

第二，這場所幸被挫敗的暴動是在上海的租界內進行謀劃與展開的。根據條約，中國政府官員和軍人是禁止進入租界執行公務的。

第三，所有報導都認為，這次暴動未能獲得公眾的同情和支持。《泰晤士報》駐滬記者在他的報導中一貫對中國當局進行犀利的批評，他把此次暴動稱為「啞劇革命」（a pantomime revolution）。《紐約太陽報》（*New York Sun*）記者認為暴動的策劃者只是一群「衝動的年輕人」（fresh in the pan），即使在中國的激進分子中也沒有名氣和影響力。這些青年集合了幾百名勞工，準備對停在法租界外的中國「肇和號」巡洋艦和警察的軍械庫發動進攻，但以失敗告終。

第四，也是最重要的事實，東京來電顯示，日本海軍艦隊正緊急駛往上海。

中國最大進步是警務體系的建立和完善

我仔細閱讀了上海事件的所有報導，還看了幾份來自北京和上海的電報，北京官方對整個事件進行了詳細說明。所有官方或非官方報導都證明，暴動的策劃者是先將武器存放在租界內，而後使用這些武器來進行顛覆中國現政權的暴動，這也同樣危及到法租界其他居民的人身財產安全。這是一件非常嚴重的事。

回顧中西方交往史，我們不難回想到，西方在十九世紀中葉以自己的方式敲開了中國的大門，中國被迫在條約規定開埠的口岸設立「租界」，並讓渡了國家主權中至關重要的警察司法權。這些年的事實證明，暫時讓渡這些司法管轄權完全必要，中國也從中獲利巨大。任何熟知中國情況的人士都無法否認這一事實。

當時，清朝統治者並不情願開放中國，西方國家不得不用盡全力來猛敲中國大門。一八六〇年和一九〇〇年後，中國發生了巨大的變化和改善。最顯著的進步也許就是國家和地方警務體系的建立和完善。中國警察能力的提高最近也得到了辛博森❸先生的讚譽。辛博森是英國人，長期生活在中國，是眾多真正了解中國事務的外國人之一。閱讀過東方文學的讀者也許更熟悉普特南・威爾（Putnam Weale）這個名字，這是辛博森先生的筆名，他以之撰寫了許多有關中國的上乘作品。

日本版「門羅主義」：日本獨享在華政治權益

今年一月十八日，日本對華提出《二十一條》，其第五號中的一項條款❹因受到各國抗議而最終「緩辦」（postponed）。該條款要求中國將警察交由日本管治。我注意到十二月三日的《大晚報》（*Evening Post*）上，有一篇由消息非常靈通的該報駐東京記者發的兩式欄報導，預測日本將再次向中國提出《二十一條》第五號的條款要求。這位記者宣稱，「正在京都參加天皇即位典禮的日本駐華公使❺接到命令，提前趕回了北京。這是一個信號，即將發生一些有意思的事情。」

他還說，「在日本人眼裡，袁世凱總統不是一個受歡迎的人。事實上，沒有任何中國人能比袁世凱更讓日本人厭惡了。日本人將過去二十年間在中國受到的所有嚴重阻礙都歸咎於袁世凱。」報導中還描述了袁世凱總統對日本和日本人的看法和感受。我完全不相信這是總統本人的真實感受，但報導稱袁世凱認為日本人對其懷有強烈的敵意，我認為這句話倒是真的。希望日本國內睿智而富有責任感的政治家們並不這樣想。

《大晚報》駐東京記者說，「只要袁氏當政，日本就不可能實現其對華政策目標。日本人只能寄希望於最大限度地箝制袁世凱，或者讓袁提前下臺。美國並沒有捲入這場國際紛爭，這使美國佔據了有利地位，可以表明其支持中國新的共和政府的態度。日本人表面上熱中於維護中國和平，但如果袁世凱不接受日本提出的條件，麻煩就會隨之而生。毫無疑問，如果當前中國的和平局面被打破，日本人將會乘機一舉修正與中國的各項條約。

「日本宣佈了亞洲版『門羅主義』（Monroe Doctrine），近年來廣受國內支持。根據這一理論，如果中國再次爆發革命，只有日本有資格出面鎮壓並幫助中國恢復正常秩序。日本獨享在華政治權益，而西方只能爭取宗教、社會和商業利益。同理，美國獨享在南美的政治權益，做法和日本如出一轍。」

中國行使司法權無須日本指導

據可靠消息，日本駐華公使帶著國內指示返回北京，要與中國重新談判《二十一條》的第五號條款。日本人從未放棄這一條款。事實終將證明這些條款是不合理的。我希望日方即使出於自身利益，而非對中國的和平及利益的考量，也能認清這一點。

中美日為何不能達成諒解，商討各種合法範圍內的在華利益呢？偽造對袁世凱總統和其他中國官員的採訪，或曲解他們有關日本的印象觀感，對各方相互的善意理解不會有任何幫助。日本對中國提出的要求裡有哪些是符合中國利益或正義準則，而需要中國做出讓步的呢？

中國不應對第五號條款或其中任何一項做出讓步，這既是出於中國自身利益的考慮，也符合中國與其他締約方的公平原則。上海暴動的教訓就是，任何他國干涉中國警察管理監控的行為都會損害中國的和平及秩序。中國完全有能力獨立行使司法權，不需要包括日本在內的任何國家的指導和「合作」。

外國無權評論何種政府對中國有利

美國人已經意識到，惡意破壞中立的行為多麼可恥和令人憤怒。慶幸的是，美國警察完全受本國政府控制，儘管我們的法律存在巨大漏洞，難以對犯罪行為實行合理的制裁。然而，與中國不同的是，美國沒有租界，也就沒有外國人能夠在租界內公開或祕密策劃陰謀，威脅美國的主權獨立。

清朝末年和民國建立之初，中國動亂的策劃地主要在上海和東京，東京是策劃總部，上海則是行動大本營。一些頭腦衝動的年輕人和勞工們設法從國外獲得槍枝彈藥，存放在租界裡，並在這個庇護所裡精心策劃各種威脅中國和平穩定的陰謀。這是我們不能忽視的事實。而另一個更重要的事實是，上海暴動得到了孫中山先生的授權。孫中山現在流亡日本，曾一度按照日本人的意願與袁世凱作對。如果日本真誠嚴肅地履行其對華友好的承諾，她就應該積極有效地幫助中國，使其成為自己國家的主人，而不是威脅或暗示中國，日本將採取進一步的干涉政策。

至於中國對日關係與墨西哥對美關係間的相似處，我認為應該是這樣的：如果我們通常所說的亞洲版「門羅主義」意指保護中國而不是損害其利益，那麼對於希望維持亞洲總體和平的美國來說，這不是不可接受的。事實上，正是海約翰和伊萊休．魯特[6]提出了亞洲版「門羅主義」的理念並廣泛宣傳。但是，問題就在於，日本版「門羅主義」揉進了日本人自己的政策和理念，而這些都是美國人永遠也不會加諸到其拉美鄰居身上的。日本人在朝鮮和南滿的所作所為已為自己留下惡名，使中國無法接受日本的干涉。中國人很自然地將日本對華干涉和在華擴大政治影響力的行為視為蓄謀已久的主權侵犯。

我相信美國和日本可在許多方面合作，共同促進中國的發展。但這些合作必須基於中國的同意，基於美日都承認中國是一個獨立自主國家的事實，並尊重其尊嚴。日本駐美公使珍田舍己子爵能力卓越，中國駐美公使顧維鈞博士是中國最出色的外交官，都是合適的談判對象。這是一個需要各方精誠合作的時代，如果日本邁出正確步伐，遠東局勢將呈現出新氣象。我們應至少使各方達成共識，確保日本在華合法權益，鞏固美日友好關係，並最大限度地維護中國的和平和主權獨立。

日本和美國都無權評論什麼樣的政府、君主制或共和體制對中國最有利。這是中國人民應自主決定的事情。上海事件告誡我們，中國完全有能力處理好自己的事務，其他國家也應這樣看待中國。

注釋

❶本文作者傑瑞米·金克斯（Jeremiah W. Jenks），法學博士，時任紐約大學公共事務系主任，兼紐約遠東局局長。

❷一九一五年十二月五日，國民黨在上海發動「肇和艦起義」失敗，直接導致護國戰爭的爆發。

❸辛博森（Bertram Lenox Simpson, 1877-1930），或譯為興順，筆名“Putnam Weale”。英國人，生於寧波，中國海關稅務司辛盛（Clare Lenox Simpson）之次子。少時曾赴瑞士留學，精通法語、德語及漢語。返華後繼承父業，在北京總稅務司署任總司錄事司，專事文牘。一九〇二年辭海關職，就英國報社駐京通訊員。一九一一年後任倫敦《每日郵報》駐京記者，名盛一時。一九一六年被黎元洪聘為總統府顧問，負責對外宣傳。一九二二～一九二五年兼任張作霖的顧問，為其在北京創辦中英文合刊的《東方時報》（*The Far Eastern Times*）。一九三〇年協助閻錫山接收海關，招致列強激烈反對。同年九月交出海關，十一月在天津遇刺身亡。

❹第三款規定，必須將必要地方之警察作為中日合辦，或在此等地方之警察署內必須聘用多數日本人，以資全面籌劃改良中國警察機關。

❺指日本駐華公使日置益。日置益（一八六一～一九二六），出生於伊勢，一八八八年自東京大學法科畢業後，進外務省。一九〇〇年任駐華使館頭等參贊，曾代辦館務。一九〇六年任駐德大使館參事，一九〇八年任駐智利公使兼祕魯、阿根廷公使，一九一四～一九一八年任駐華公使。一九二五年任出席中國特別關稅會議的日本首席代表。不久病死。

❻魯特（Elihu Root, 1845-1937），律師出身，一八九九～一九〇四年任美國國防部長，一九〇五～一九〇九年任羅斯福總統的國務卿。一九一二年因推進國際仲裁活動，獲諾貝爾和平獎。

美國遠東事務專家談中日條約

一九一五年十二月十九日

題記：著名遠東事務專家喬治・萊德教授（Prof. George T. Ladd）近期就袁世凱政權變動❶背景下一些具有特殊意義的重要問題發表看法。

公正、欣賞與寬容，是制止戰爭的最好方式

比起通過狡詐的外交途徑、「形同廢紙」的條約、國際仲裁法庭甚至海牙會議（Hague Conferences）等方式來阻止戰爭的罪行和慘劇，有一種更好、更有效的方式。這種方式很容易說明，本身也具備操作性，但在所有可預見的方式中，這種方式又是在實際中最難進行談判的。這讓我想起，在某次部長級會議上通過多項旨在減少人類惡行的決議，當會議正接近尾聲時，有一位睿智的資深閣員緩緩站起，遞出一項棄絕人類原罪的提案。如果一個國家能夠更多地欣賞另一個國家的優秀品質和傑出成就，能夠以寬容的心態來看待對方的缺陷和不足，即使無法慷慨待人，但能秉持公正，那麼各國之間就不會爆發戰爭。再沒有別的方式比這更能制止戰爭了。

此時此刻，在美國處理與勇敢、有趣而令人尊敬的「新日本」之間的關係時，我們尤其有必

要這樣提醒自己。我這樣說，是因為我了解自己所說的事實，而且我可以對這些話的真實性和準確性負起全部的責任。

日本親美情緒惡化

我於一九〇六年下半年至一九〇七年第三次訪問日本，儘管最忠誠和最有學識的日本友人們都對最近舊金山學校委員會（San Francisco School Board）的所作所為❷感到吃驚和憤慨，但日本人仍然尊敬和熱愛美國，這種感情歷經一代人，比西方其他國家對美國的感情更為深厚。在所有場合中，無論在官方宴會上，在日常授課的講臺上，抑或是普通學校的節日裡，美、日兩國國旗總是並列懸掛，或以友好的方式間隔懸掛在一起。

然而，無法否認的事實是，這種親切的感情有了很大改變。總體來說，大部分日本人，不論官方還是民間，公開或私下，都帶著對美國的怒意或憎惡。只有少數受過良好教育的日本人，他們在美國有私人朋友，與其共同生活並平等、友好相處過，才看到我們的其他優點。我認為，造成這種危險而令人擔憂之局面的責任，更多在美方，而非日方。

日本的對華政策被誇張和歪曲

數年前，日本在朝鮮的行動❸被一種歪曲和誇張的方式傳播到國外，而這一邪惡手段再次被不遺餘力地運用在宣傳日本對華行為上，也將產生類似後果。我們不必討論日本對朝鮮的行為被訛傳所帶來的具體影響，最近的有關聲明已將有關事實記錄在案。根據消息來源和事情的性質判斷，我們完全可以說，這些反日宣傳大都是煽動，其目的是通過與腐敗的朝鮮李氏王朝勾結，妄圖繼續控制朝鮮的資源。這些無恥的煽動者不僅利用外國記者和短期到訪的外國客人，而且利用常駐朝鮮的傳教士來實現他們的陰謀。

我們必須痛苦地承認，這些人中大部分是美國人。每一位愛國的美國公民，尤其是那些極度反對戰爭、甚至反對備戰的人都需要查明有關的指控，他們宣稱日本近期正脅迫中國接受苛刻而不公正的讓步，或認為即使日本還未破壞與美國就所謂「門戶開放」達成的諒解，也準備侵犯中國了。但是，我們如果沒有快速回顧遠東歷史，也就無法評判或真正查明遠東這兩個國家最近簽署條約的有關情況。

中國政府對於外國人從來都採取敵視態度

我希望說明的第一點是，中國政府對於外國人從來都採取敵視態度，當其他國家希望與中國建立公平、友好關係時，中國的回應毫無道理可言。中國人的自負到了可笑的程度，只有開放口岸中那些接受過外國培訓的買辦階級以及少數虔誠改信基督教的華人（「少數」乃是相對於四億而言）除外。

在中國不時會有一兩個膽小怕事的縣令，他們卻能夠殘忍無比地對待落入他職權範圍內的外國人。我們只需回顧一下滿清統治的歷史，從開國到義和團運動，再到慈禧「老佛爺」和她最寵愛的太監以及李鴻章之流臭名昭著的合謀，由清朝被恥辱終結的歷史就能看到我所有說法的事實依據。

中國毫無理由地仇視和不信任外國「侵略者」。無論這些「侵略者」出於和平的善意或打著戰爭旗號，中國人的確從外國人那裡遭受了無數的恥辱，然而這也無法掩蓋一個客觀的事實，那就是中國至今也完全沒有實現愛國主義的啟蒙，中國外交政策是傲慢與脆弱、狡詐與愚昧的混合體。中國為落後而焦慮，這一落後往往伴隨著毫無預兆的起義和大範圍的搶掠屠殺。中國在列強之間相互妒忌和矛盾衝突的夾縫中周旋，時而也能成功地生存，她與各國簽署了喪權辱國的條約卻對公眾隱瞞，一旦找到合適時機，就宣佈廢約。

中國目前的改革未從實質上改變現狀

儘管中國全心全意地要進行徹底和充滿希望的改革，但其內政的現狀和對各國態度幾乎還沒有任何實質上的改變或改善。在說這些時，我完全認識到，我與主流觀點的不同。但是對於中國任何真誠和堅定的自我發展的努力，我無意進行任何貶低或是保留我的同情心。毫無疑問，中國對於認識帝國之外的世界的興趣大大增加了。也有跡象表明，現代的社會和政治意識的啟蒙思想、基督教的道德觀念正在中國形成，我們對此感到欣喜。但中國從整體而言，仍軟弱無力，也不願像曾經那樣進行改革。事實上，中國在某些方面的情況甚至比十年前更糟糕，袁世凱統治下的中國就像慈禧太后當政時一樣無恥狡詐、殘忍無道。

有一位極有信用的證人的觀察和描述可印證我的上述言論。他剛剛在中國的心臟地帶訪問了三個月。他深懷對中國的強烈同情，對日本的意圖和行徑感到萬分焦慮。而十年以前，他也懷著與現在幾乎一樣的心情。他寫道，「中國的情況比十年前更為惡化，政府遠比原來更為專制（帝制運動尚未公開化），各類強盜行徑比先前更加猖狂。」

我的另一位朋友也剛結束一段中國之旅。他告訴我，所到之處，民眾皆充滿了對袁世凱政府的不滿和不信任，對於外國人的恐懼和仇恨並未減輕。現政府建築在恐懼的基礎之上，也只是出於恐懼，義和團運動才未在更大範圍內重演。難道這個世界竟如此快就遺忘了十五年前的悲慘一幕嗎？

中國無論如何都無法切實履行國際義務

上述思考讓我不可避免地得出如下結論：中國，無論稱其為帝國或是民國，無論在光緒或袁世凱統治下，都無法與外國簽署公平、公正的條約並切實履行義務，或是以自由之身崛起於世界民族之林。只有通過長期平等相待，同時施以強力和威懾，各國才有可能實現將中國帶入文明社會大家庭的崇高目標。不僅在教育和傳教方面如此，在政治和商業方面亦是如此。

在這裡，我要再次引用一位朋友的話，他在遠東地區生活了三十多年，熟知這裡的人民和政治事務。他寫道，「這些年來，我已養成習慣，詢問那些熟悉中國事務的人，看他們哪怕能給出一個例子，證明中國倡議建立的新秩序能夠成功有效地運作。我指的是在中國人自己的管理和控制下有效地運作。至今為止，我沒有聽到過一個這樣成功的事例。」

這位朋友還說，「正如我們所看到的，日本是唯一有能力實現國家秩序的東方國家。如果墨西哥的動亂威脅到南北美洲的和平，當然，我們是假設墨西哥大到足以產生這種影響的話，那麼難道本地區已井然有序的國家會無動於衷嗎？而這恰恰是遠東的現狀。日本人高度自制的國家組織系統應獲得整個文明世界的尊重和鼓勵。日本可能也應從其行為中獲益，但其他國家，最主要是中國人自己也會獲益。」

日本三次捲入戰爭皆因中國的軟弱和欺騙

日本在其捲入的三次對外戰爭中，每次都並非自己情願，而且都耗費了巨大財力和人民的生命，這都是因為滿清政府的軟弱和欺騙。

日清戰爭爆發在於滿清政府尋求與對美政策相同的對日政策，這導致美國也捲入朝鮮事務。滿清政府宣佈對朝鮮的宗主權，慫恿朝鮮針對外國人的搶掠和屠殺行為，但拒絕對此負責。美國有意忽視這段歷史，是違背公平、強硬外交原則的典型事例。這使得美國在妥協退讓後長期陷於被動。

由於慈禧太后和李鴻章的軟弱腐朽，俄、清密謀勾結，意圖消除日本對朝鮮的影響。由此，日本在強大的沙俄面前面臨著嚴峻的生存威脅，導致兩國爆發嚴重衝突。

此外，也是由於中國對德國的軟弱，致使日本捲入目前正在激烈進行的歐戰。現在有誰能預言，歐戰是否影響到日本的利益甚至是主權完整呢？

日中面對西方強權共榮共衰

我相信，最近日本採取了被廣泛質疑、非公平的武力威脅方式，與不情願的中國政府狡詐多變的領導人簽署了《二十一條》。日本的行為將被證明是合理的。當然，日本的激進分子和機會主義者們通過恐嚇和賄賂（通常是賄賂政府官員，因為按照規矩，中國官員必須加以巴結，給他們好處）獲得利益分成後，不願意看到其他國家在華佔據更優越的地位。

然而，日本人中也包括品行高尚的政府官員和商人，他們對亞洲的現狀和未來持有更崇高、深遠的看法。即使在日本對華作戰時，這些人也沒有忽視中國自身的最終利益。讓睡眼惺忪的中國人「坐直身子，開始學習」，開始準備，才可能避免吞下懶惰和無所作為的苦果。因為日本不能坐視列強通過控制資源、侵佔土地或以武力佔領中國港口來威脅和支配中國政府。

這些情況即使近期不一定發生，但從長遠來看，面對西方強權，日中這兩個偉大國家或並肩屹立，或同時隕落。

反日遊行緣自德國公使的挑唆

然而，有一個非常特別而具說服力的理由表明，中日條約（譯注：指《二十一條》）應盡可能立即、徹底、全面和永久性地實施。因為情況緊急，機遇難得。即使從我們自己最近的經驗也很難判斷德國武力奪取膠州灣將對中國帶來何種影響。

中國人崇尚務實和效率，中國人和我們美國人都知道，沒有任何民族能在效率方面超過德國。德國人在開發山東半島時充分展示了他們的高效率。中國人非常懼怕德國人。但德國政府毫不掩飾對日本的憎惡之情，也不掩飾德國征服歐洲後將懲罰日本、恢復在華權益的意圖。更有甚者，德國對中國政府仍有很強的影響力，而且正有效地應用其傳統宣傳手段來加強對華控制，激起中國人對協約國、特別是對美國和日本的疑慮與仇恨。

為充分說明這一點，請允許我引用最近在東京傳媒上公佈的可靠消息。消息稱：「據查證，最近二千名旅日中國學生針對中日條約談判的遊行示威[4]，起因於德國駐華公使辛慈[5]的陰謀挑撥。在中日北京談判前夕，似乎是辛慈公使向袁世凱進言，指出通過中國留學生抗議日本的好處所在。袁世凱最終同意向其駐日特工發出密令。辛慈擔心如果由駐北京的外國使團出資會被很快察覺，於是建議最近陷入海軍醜聞的臭名昭著的西門子公司（Messrs. Siemens-Schuckert）出資支持學生運動。有消息稱，一些參加運動的學生開始疑心其中的陰謀，並後悔自己的輕率舉動。另一方面，袁世凱總統的特務繼續在東京郊區舉行會議，籌劃第二次遊行示威。」

日本因維護自身利益而蒙羞

除此之外，其他一些事件也加劇了日本人急躁、不妥協和過於緊張的情緒。其中最嚴重的，是中國政府一貫以來的狡詐善變、行動遲緩和詭計多端，這使得日本保護自身利益和中國利益的努力受到羞辱與打擊。

各國掠奪中國資源的計劃違背中、日兩國的利益。英美尤其熱中於制訂和推動這類計劃，這是日本外交無法承受或克服的困難，因為英、美兩國政府都公開宣稱與日本有特殊友好關係。這些國家再次採取在詆毀日本對朝鮮行動時曾用過的伎倆，讓一些傳教士脫離本職，濫用特權，花費一千多日圓向美國國務院發電報、提建議。電報費當然是由中國人或德國人支付的。這一伎倆雖不光彩，但卻十分成功。

我們一方面要考慮到情況的緊迫性，同時也必須考慮到面臨的機遇，尤其在日本與德、俄關係方面。德國現在忙得不可開交，而且似乎頗令人放心的是，在未來一段時間也分身乏術，無能為力。至少近期內，德國不會再將手伸向新目標或去翻騰舊帳。而俄國簽署《樸茨茅斯和約》後立即著手處理未來可能發生的各種衝突，並相當成功。而且，俄、日兩國已成為堅定的盟友，兩國在對華利益上雖不完全相同，但並非敵對關係。

中國已割讓出滿洲和山東權益

鑒於上述歷史和現狀，我們才可以去認識並理解中日近期簽訂的「條約」。讓我們看一下這個條約的主要內容和特殊條款，以便真正認識它。

認為中國由於簽署條約而將喪失對滿洲和山東的所有權完全是無稽之談。日本接管上述地區時，中國並非其權益的所有者。由於中國政府的懦弱、腐朽，滿洲的權益已被割讓給俄國，中國銀行家和政府官員都在與俄國同行們合作，共同開採礦產、林地和興建鐵路。日俄條約規定所有這些權益都是俄國交予日本的「戰利品」，北京政府也最終承認了這一條約。

事實上，中國政府出於對德國的恐懼，才將山東半島的領土和權益——包括青島軍港在內割讓給日本。山東權益是德國從中國奪得的，屬於德國而非中國，這也是日本加入協約國對德作戰的戰利品。日本沒有任何法律或道德義務要將這些權益歸還給中國。日本對德最後通牒中宣稱，最終將山東歸還中國，這是在特定條件下針對德國而非中國所言。德國沒有同意這些條件，因此現在日本沒有任何承諾，保證要將山東歸還給中國。

但是滿洲權益和山東權益是分別割讓給俄國和德國的，這並非不受限定繼承的不動產。因此，日本應對滿洲和山東權益的所有者提出租借要求，而非對中國。由於自身的懦弱和腐朽，中國已割讓出了這兩個地區。

應將租借權延至二〇〇二年、二〇〇七年

現在，包括旅順港在內的滿洲租借期只有二十五年。在這之後，中國將恢復行使完全的司法權和所有權，但前提條件是中國必須償還租借期間內投入本地的所有開支，包括利息在內。

遼東半島價值巨大，滿洲其他地方的鐵路、礦產和各項資產也異常豐富，但中國完全沒有可能以自身財力或尚未開發的資源按照條約規定贖回。中國只好無限期延長租借期，或向外國大舉借債，然而這必須以中國其他已開發的資產作抵押。

有些人明白這對於俄、日兩國的經濟和戰略利益意味著什麼，對於俄日平靜、禮貌地接受美國國務卿諾克斯要求由幾個外國財團接手這些商業利益的虛偽提議，他們也表示尊重。但他們一定感到奇怪，為何日本沒有表現出焦慮和猶豫就接受這樣的險惡建議。

尤其是現在，日本邊境已擴展到鴨綠江邊，滿洲鐵路和礦山存在巨大經濟利益，日本的戰略安危也繫於對此不受干擾地開發和利用。並且，如果義和團運動再次爆發，或發生類似的起義，成千上萬西方國民的安全就只能依靠這些鐵路來運送日俄軍隊才得以維持了。因為如同墨西哥一樣，中國政府無力保護各國在華公民的生命和財產安全。

日本人唯一應做的事就是堅持將割讓地區租借權延長至公元二〇〇二年和二〇〇七年，即民國九十一年和九十六年。條約有關滿洲的有三項條款，一是如果外國要在中、日兩國共同利益所在地區投資修建鐵路、開採礦產或建造鐵廠，應優先考慮日本資本；二是如未經日本政府同意，中國政府不得沒收或接管中日共同投資經營的漢冶萍公司；三是在南滿洲和東部內蒙古將新增商埠，口岸置於中國政府自行制訂的規則管理之下。

日本驅逐德國是防止列強在華獲取租界

對於日、中兩國長久利益而言，如何安排和治理山東半島及其附近海域比滿洲條款更顯重要。該地區的軍事基地由外國控制，將導致外國掌控遠東商業利益，威脅日、中兩國領土完整和主權。因此，條約中的有關條款非常公平合理。在「山東省條款」前言中稱，日本從德國獲得土地、權益和財產，要求中國政府對於日德處置上述資產的最終條約概行承認。

同時，條款規定，戰爭結束後，膠州灣租借地完全置於日本管轄之下。日本在滿足如下條件時可將膠州灣歸還中國，一是膠州灣全部開放為通商口岸；二是由日本政府指定一個區域為日租界，日本在此行使完全的司法管轄權；三是如列強要求，可建立一個國際租界；四是處理膠州灣德國房產和其他資產的相關條件與程序，日、中兩國政府應在實施前達成共識。其中第三項更進一步對「門戶開放」做出規定：「中國政府允諾，為外國人居住貿易起見，從速自開山東省內各主要城市為商埠。」

另有一項針對未來中日安全和利益的重要條款中規定，凡山東省內並其沿海一帶土地及各島嶼，概不讓與或租與別國。中國對條約簽署表示歡迎，因為條約要求日本動用全部海軍力量反抗德國恢復她的軍港，防止其他國家眼見北京政府的懦弱、腐朽便採取類似德國的政策從中國獲取租界。

第五號條款以委婉方式提出

如非對中、日兩國當前在南滿洲和東部內蒙古的經濟和道義利益及該地區物質條件、民生情況瞭如指掌，就無從正確評判中日條約各項細則的公平合理之處。然而，我堅信，如果我們了解更多情況，就能得出更為公正的判斷，對於日本在形勢緊急、正是對華施壓良機時依舊保持克制，並撤銷和調整各項對華要求的做法表示驚歎和敬意。

應予注意的是，在日本外相加藤高明男爵❻授意駐華公使日置益向中方提出的條約中，第五號條款是以帝國政府的「願望」而非要求的委婉方式提出。日方多次表示，「第五號中各項條款的性質與前四號完全不同。」然而意在詆毀日本的人緊緊糾纏第五號不放，因為這尤能激起各國對日本的疑慮和譏諷。

日本政府對中國建議，各國已在華建立和經營的宗教和教育機構，其自由行動權利不受影響。在我看來，北京的傳教士和基督教「教育家們」對此所採取的立場和發出的聲音極不妥當。美國人應能記得，過去五十年來，日本一直保護和支持境內的傳教士，其中大部分是美國人，他們中沒有一個犧牲者。相反，中國卻殺害了無數傳教士和改信基督教的華人教民。今天的日本與美國所一貫堅持的立場是一致的，即堅持宗教信仰自由。

日本外交堪稱典範

到此，我想可以對日中近期簽署條約的動機、程序及最終確定的條款做一個總結。從兩方面來看，日中關係在地理及其他領域都處於特殊危險的境地：

其一，與外界印象不同，日本人了解真相，即中國政府軟弱無力，總統地位岌岌可危，隨時可能下臺。而如果中國政府被顛覆，社會制度瓦解，日本將不可避免承擔更大責任。

其二，中國僅有共和之名。中國實際上仍然只是一個人的政府，袁世凱在實施獨裁專制。但是，歐洲戰場的不確定因素在增多，為應對不可預知的緊急情況，必須準備採取迅速果斷的行動。我們現在就必須採取措施，抵消德國對華的強大影響力。如果德國取得戰爭勝利，哪怕只是與協約國方面打成平手，也會出現「天怒之日」（day of wrath）。為阻止這一天到來，相關準備工作迫在眉睫。

日中最終達成的條約條款將比目前各方所期待的更為公平合理。官方文本已經公諸大眾，了解本國地理與歷史知識的中國學生可自行判斷，是否認可或反對條約。條約也已譯成英文出版。日本最忠實的朋友們也無法否認，日本在談判中不必要地加入了某些令人不悅的條款，不幸還輕率地威脅要使用武力。但在當前形勢下，這些都只是瑕疵。以西方文明世界通行規則衡量，日本外交傳統和近期行為仍堪稱文明國家的典範。

注釋

❶指袁世凱稱帝。一九一五年十二月七日，北京及各省投票推戴一律告竣，上報參政院，並推定參政院為國民代表大會總代表。十二月十一日上午九時，舉行解決國體總開票。各省國民代表共一千九百九十三人，贊成君主立憲的票正好一千九百九十三張，無一票反對，無一張廢票。楊度和孫毓筠當場提議說：「本院前由各省委託為總代表，尤應以總代表名義恭上推戴書。」祕書長拿出準備好的推戴書當眾朗讀，要求袁世凱「俯順輿情，登大寶而司牧群生，履至尊而經綸六合」。參政院一致通過。袁世凱當天中午接到推戴書，立即發回。下午五點，參政院再次開會，祕書廳僅用十五分鐘擬成二千六百餘字長文二次推戴，眾人均無異議，固請袁世凱稱帝。十二日，袁世凱接受帝位。

❷一九〇六年，美國加州舊金山學校委員會宣佈，將對所有日本留學生採取隔離政策。日本掀起激烈的反美示威，西園寺內閣也強烈要求美國政府對此做出解釋。美國總統羅斯福親自說服舊金山學校委員會撤銷了上述排日規定，事態得以緩和。

❸一九一〇年八月二十二日，日本桂太郎政府迫使朝鮮政府簽訂《日韓合併條約》。該條約全文共八條，其主要內容是：朝鮮將其全部主權永久讓與日本；日本對朝鮮王室給予「尊重」；日本將其控制朝鮮外交大權的「統監府」改為「總督府」，總督直屬於日本天皇，並由其負責掌管朝鮮立法、司法和行政權力。條約的簽署標誌著日本正式吞併朝鮮。

❹指一九一五年留日學生反對《二十一條》的抗爭。一九一五年一月十八日，日本大隈內閣向中國提出二十一條要求。這一祕密披露後，引起留日中國學生的極大震動，各省積極分子立即行動，準備召開大會。二月十一日下午，留日中國學生二千餘人冒雨在中華基督教青年會館舉行全體大會，抗議日本帝國主義的侵略行徑，討論挽救辦法，最後通過五條決議：（一）電政府請強硬拒絕其要求，並發佈其條件公之人民；（二）以文字警告及勵導海內外國民；（三）留日學生對外之宣言；（四）設立分機關於京滬，以便進行一是；（五）準備歸國之辦法。這次留學生的愛國行動遭到袁世凱政府的打壓，留日學生總會被嚴令解散。

❺辛慈（Paul von Hintze, 1864-1941），德國外交官，海軍出身。精通英、俄、法三國語言。一八九八～一九〇二年在德國遠東艦隊任職。一九〇八年調任駐俄大使館海軍武官，一九一一～一九一四年任駐墨西哥大使。一九一五年調任駐華公使，在外交界和軍界拉攏中國高層人士，企圖製造親德氣氛。一九一七年春北洋政府與德斷交後返國，改任駐挪威大使。一九一八年一度出任德國外交大臣。

❻加藤高明（一八六〇～一九二六），日本明治、大正時期的外交官、政治家。東京帝國大學法學部畢業。一八八八年進入政界，先後為伊藤博文、大隈重信所借重。一八九四年出任駐英公使，主張英日同盟。自一九〇〇年起，歷任伊藤第四次內閣、西園寺第一次內閣、桂太郎第三次內閣的外相。一九二四年出任日本內閣總理大臣。

成千上萬華工運往歐洲❶

一九一七年二月二十五日

題記：成千上萬名中國勞工被送到法國的軍工廠和農場工作，只有最強壯的勞工才能被選中，合同規定支付雙倍薪水，如客死異鄉，必須將遺體運回中國。

據一家在華從事製造和貿易業的英國公司代表說，被選中的中國技工或半技術工人從天津港運往法國，每週至少有一千人。從印度支那運到法國的勞工也幾乎是這個數量。他們主要在法國的軍工廠裡工作。這位代表現正訪問該公司位於紐約的分部。

華工實際上被當成貨物運輸

他說，「華工乘船來到法國，每艘船上約有兩三千人。裝運二千名華工並不需要一艘大船，因為他們實際上是被當成貨物運輸過來的。船上分配給每名華工的空間可能還不如一個白人的墳墓大。

「只有最好的勞工才可能被選上，由天津來到法國。這些人中很多都有六英尺高。大部分華工都曾在中國境內的英國工廠或現代建築工地上接受過培訓。也有一些是農民，他們能夠幫助法國提高農業產量。

「將華工從天津運往法國已持續一年多時間，前往法國的中國和印度支那勞工總數可能早已超過十萬人。

華工日薪二十至二十五美分

「所有這些中國人在招募時，合同規定工資在我們看來非常低廉，同時規定如果他們不幸死亡，法國政府必須將他們的遺體運回中國，並詳細規定了勞工喪葬所需的一切物品，如死後必須有一身新衣服，因為這將是他在另一個世界的形象；必須有類似米飯、燒鵝和豬肉這樣的食物在身旁以供亡靈享用。此外，其他一些葬禮儀式也必須忠實遵照執行，如燒紙錢串、紙房子、紙轎子等等。

「在中國的英國工廠向掌握機器運作技術的中國工人每天支付一二．五美分，而將中國勞工招募到法國的合同規定日工資為二十至二十五美分。有這些已足夠招到華工了，只要一有船，他們就會馬上被運走。

三名華工抵過二名歐洲工人

「毫無疑問，這些華工對增強戰爭期間的法國生產力意義重大。他們非常勤勞，儘管沒有歐洲人那樣充沛的精力，但他們願意長時間工作，而且對個人生活的要求很少。這些精心挑選的中國勞工比普通中國工人要更聰明。可以這樣說，在技術要求較低的行業，如彈藥製造廠裡，三名華工基本上抵得過二名歐洲工人。而在農業生產領域，他們甚至比歐洲人更強。

「中國擁有源源不斷的勞動力，完全符合法國人的標準。大量華工被送往法國，對中國工業的影響幾乎可以忽略不計。

「運送華工的每艘船上都有幾個會講中文的歐洲人，通常是英國人。這些人也是工頭，向華工翻譯各項指令。這些中國人一旦到了外國，能非常迅速地掌握外語，就不再需要翻譯了。

「在天津和附近招募華工的英、法兩國官員和平民能夠毫不費勁就招到他們想要的人。他們也從未採用誘拐或欺騙的方式來招募工人。

目前還沒有女人相伴

「幾乎可以肯定的是，在戰爭結束前，華工們就會在法國甚至可能是歐洲所有國家，建立起自己的移民群體。來到外國土地上的中國人最初總希望有朝一日重回故土，然而一旦他在這裡立穩足，就會扎根這片新土地，就像他們在美國一樣。等穩定一段時間後，他們就返回家鄉娶妻，很快下一代就誕生了，孩子們身上的東方特徵就會慢慢消失。到目前為止，還沒有女人跟著勞工離開天津，來到異鄉。

「法國從印度支那運回的越南人大多數都是士兵，他們被送上前線作戰。但我知道，現在有更多印度支那人來到法國，在軍工廠或農場中勞作。」

注釋

❶一九一七年，一直保持中立的中國向德國宣戰，參加第一次世界大戰。隨後，約十四萬名來自山東、河北、河南、江蘇、浙江、福建等省，年齡二十至三十五歲的中國勞工，通過北京政府設立的招募站與英、法兩國政府簽訂勞工合同，集體開赴歐洲西線戰場。他們有的挖戰壕，有的在碼頭和鐵路貨場幹苦力，有的在兵工廠做工，其中許多人死於轟炸、空襲和流感。還有些華工甚至在赴歐途中喪生，如一九一七年二月二十四日，運送華工的法國「阿陀斯號」（Athos）郵輪在地中海被德國潛艇擊沉，五百四十三名華工死亡。

中國即將加入協約國

一九一七年三月三日

題記：北京政府正與協約國談判，希望能減少「拳亂賠款」，並提高進口關稅。

北京三月二日電（《泰晤士報》）：協約國各駐華公使向民國政府提交備忘錄，支持中國對德立場，並表示如果中國能與德國和奧匈帝國徹底斷交，協約國方面將積極考慮在戰爭期間暫停償付「拳亂賠款」（Boxer indemnity，譯注：即庚子賠款），並修改中國關稅。鑒於美德關係遲遲未見明朗，如果協約國方面不對民國政府釋放善意，並對中國加入協約國表示歡迎，那麼民國政府對下一步行動也將猶豫不決。毋庸明言，德國正傾盡全力組建聯盟，防止內部分裂。協約國公使對華採取的適時行動也許取得了他們意料的效果。

華盛頓三月二日電：民國政府與協約國之間關於中國加入對同盟國作戰的談判正在北京進行。本報今天獲悉，談判成功與否完全取決於協約國方面能否給予中國獎勵，從而獲得他們所需的中國合作。現在看來，只要協約國明確同意在庚子賠款條約方面放寬對華要求，中國就極可能與德國斷交，並對德宣戰。

今天，從官方和外交使團傳來的消息掃清了上月以來盤桓在遠東上空的疑雲。之前，僅偶爾有北京方面語意含混的電報和德意志帝國國會（Reichstag）的消息提及「中國放棄中立地位」，從中隱約看出，德國方面正全力阻止中國參戰，協約國方面正拉攏中國，而中國對於是否放棄當前和平狀態躊躇不決，儘管中國的和平並無足夠的保障。

民國政府希望完全免除從現在起至一九四〇年每年高達三千萬美元的庚子賠款。如果中國參戰，她將拒絕支付對德國和奧匈帝國的賠款。有消息稱，協約國已同意中國延期支付賠款，以防中國不滿。但也有一種說法是，代表協約國談判的法國和比利時已同意完全免除賠款的消息尚未獲得證實。

庚子賠款數目巨大，在民國政府總開支中佔據重要分額。如能與協約國達成滿意協定，將大幅緩解民國政府的財政困境。

與此同時，中國還希望協約國方面同意中國提高關稅，因為在現有條約規定下，中國關稅不僅未達到百分之五，而且它以一八九七、一八九八和一八九九年的平均價格為基礎。美國長期以來一直呼籲簽署庚子賠款條約的其他十六國同意提高中國關稅，但僅有英國和日本完全同意。其他國家都對此附加極為苛刻的限制條件。

協約國如此期盼中國參戰，除增加參戰軍隊數量之外，更希望中國在戰後最大限度開放貿易市場。英、法兩國牽頭與中國本地實業家簽署協定，將招募超過十萬華工赴英法支援，其中主要是赴法國做工，這將大大增強協約國的勞動力。許多華工在赴法航行中淹死，「阿陀斯號」

（Athos）事件發生後，中國對德國潛艇戰提出抗議，並第一次明確威脅要斷絕對德關係。目前大約有三千名德國人在華居住。一旦中國宣戰，這些德國人將被安置進入集中營。

中國對德、奧兩國宣戰

一九一七年八月十八日

北京八月十四日星期二電：今日上午十點，民國政府正式對德國和奧匈帝國宣戰。宣戰文告和其他相關文件中並未提及民國政府與協約國關係。民國政府表示，中國參戰完全是自主決定的。

北京和華北其他城市對宣戰一事表現平淡，因為這個問題持續爭論的時間太長，人們的熱情已經消磨殆盡。

荷蘭駐華公使今天接管了奧地利在華權益，並接收了奧地利在華駐軍。德華銀行（Deutsches Asiatische Bank）關門停業。

在天津的中國軍隊接管了奧地利租界、德國銀行和軍營，未引發任何衝突。

民國政府今天頒佈公告，允許德、奧兩國公民五日內離華。如在華德國商人不損害中國利益，可在十日內進行登記。敵國物資未經允許禁止在中國各地流通。公告還規定從事敵對行為的人士將被拘留。

中華民國代總統馮國璋簽署宣戰文告。文告回顧了中國規勸德國調整潛艇戰政策的努力，表示出於對國際法的尊重和保護中國公民人身和財產權等目的，中國必須與德國斷交，並被迫對德奧宣戰，因為德、奧兩國一道實施了潛艇戰政策，未進行任何修改。

文告稱，中國廢除與同盟國之間簽署的一切條約和協定。中國將遵守《海牙公約》（*Hague Conventions*）和其他關於戰爭人權的國際條約。文告表示，中國宣戰目的是為了更快實現和平。

馮國璋表示，「中國人民尚未從最近的政治動蕩中恢復，而新的災難又降臨到人民頭上。作為中華民國總統，我對人民未來的苦難深感同情。

「事態已發展到無法回避的地步，我迫不得已做出宣戰的重大決定。中國不能損害國際法的尊嚴，中國在國際社會中的地位不能被貶低，世界和平與人類幸福的進程不能被遲誤。

「因此，希望國民共度時艱，維繫鞏固中華民國作為國際社會大家庭一員應享的幸福和權益。」

大戰將激發中國巨大潛力

一九一七年十月十四日

題記：中國的熟練技術工人和豐富原料對於協約國取得戰爭勝利具有重大意義。二十萬中國勞工將奔赴法國。

中國對德宣戰迄未引起協約國足夠重視。但遠東問題專家、《今日中國》（*Present Day China*）作者加德納・哈丁（Gardner L. Harding）的看法是戰爭結束、世界和平重現時，中國將證明自己參戰的巨大意義。哈丁先生在美國亞洲聯合會（Asiatic Association）的正式刊物上新近發表的亞洲問題論文稱，協約國應對中國加入到他們一方作戰而深感慶幸，主要依據以下五個重要理由：一是中國的熟練工人可以前往歐洲做工；二是中國取之不盡的原料、金屬礦產可用於彈藥製造；三是中國可以訓練出大批優秀的士兵；四是中國的糧食供應能力不應小覷；五是中國對協約國的友好態度意味著遠東的穩定，無須擔心東方問題。這對於世界保持永久和平至關重要。

中國勞工開赴歐洲前線

「中國認識到，必須在防止新的戰爭發生前結束本場戰爭。」作者寫道，「由此，中國在向協約國提出任何條件之前，甚至在與德國斷交前就已向法國派出由十萬勞工組成的遠征軍。這個數目相當於弗蘭奇爵士❶那支微不足道的小小英國軍隊了。二月一日，中國勞工加入了法軍挖築戰壕的隊伍，解除了前線數千名法國士兵的勞作之苦。

「我們目前亟需將中國勞工數量擴充至二十萬，這一數字很快就能達到。我從一位從上海聖約翰大學❷離職後到華工遠征軍團（Chinese Expeditionary Labor Corps）負責的老朋友那裡了解到華工奔赴工業戰線的實情。英國從她在山東沿岸的海軍基地威海衛共招募一千一百名勞工。根據英、中兩國政府簽署的協定，勞工抵達英國時，每人將獲得兩身新衣服、一套鋪蓋、一個帆布包、飯盒（勞工大隊有自己的廚師和全部中式廚具）、新鞋、雨衣、帽子等合計價值約十美元。有一名外國醫生、三名外國官員和一名領隊，都是能夠說漢語並在中國長期生活過的人，與他們同行。工頭和其他管理人員全是華人。所有人都身穿平民服裝，整個勞工軍團完全是非軍事化的。中國勞工獲得保證，絕對不用上前線參加戰鬥。戰爭結束時，勞工們能夠帶著豐厚的收入回到中國。

中國煤鐵資源潛力巨大

「毫無疑問，中國的勞動力對於協約國當前和未來的作戰是巨大貢獻。如果要讓中國發揮作用，協約國從現在起就應該更多地依賴深埋在中國富饒大地之下的巨大煤礦資源，並將其用於戰爭。德國總參謀部（German General Staff）也是如此規劃的。

「湖北省臨近長江的大冶礦場在遠東人人皆知，那裡蘊藏著豐富的優質鐵礦。據李希霍芬[3]估計，這裡的鐵礦儲藏量超過二百萬噸。雖然大冶鐵礦的表層迄今都未得到充分開發，但已經日產一千五百噸礦石，其中一半被運到漢冶萍煤鐵廠[4]宏大的鑄造和冶煉廠房。漢冶萍位於長江邊上、漢口對面的漢陽。另一半鐵礦石被運往日本，分送至位於若松的日本鐵廠（Japanese Iron Works）和著名的室蘭鋼廠（Muroran Steel Works）。運送到日本的礦石所煉鋼鐵大部分都被協約國訂購，經俄國運至協約國前線。顯然，日本獲利豐厚。

「中國所需要的僅僅是正確的合作方式，這樣才可充分利用其潛能巨大的工業原料資源，並將其轉化為高速增長的出口貿易。去年，中國一級鐵礦石和鐵製品總產量還不到七十五萬噸，但卻出口了五十萬噸。因此，問題並不在於出口，而是要提高產量。只要協約國有興趣，『盟軍利用中國礦產資源委員會』實地跑一趟北京，勢必發現中國在各個方面蓬勃的創造力。協約國方面只需與中國開展鐵礦開發合作，即能馬上獲益。

「負責礦產的農商總長谷鍾秀[5]是一位年輕傑出的非黨派人士。他派專家在六個月內考察了六個主要鐵礦石富藏省分，收集資料，分析潛在產量。分析結果表明，如果協約國有此意願，中國明年的鐵礦石產量能夠翻倍。而協約國如果對華提供足夠貸款和技術援助，產量將增長四倍。

「中國每年還生產超過一千萬噸煤，其中包括著名產煤地萍鄉和開灤，這兩地的煤礦品質居亞洲之首。萍鄉煤礦由日本人掌握。開灤煤礦公司與英國合作，由日本人管理，正全力生產並供給協約國。在這種情況下，中國去年出口煤超過二百萬噸，其數量還可能進一步提升。

中國的糧食供應能力

「最重要的是，如果我們承認士兵問題和協約國補給問題存在巨大風險，那麼中國在此方面確是擁有豐富的儲備資源。中國在過去半世紀以來，甚至可以說在過去五十個世紀以來斷斷續續地遭受饑荒，使得現在的民國政府嚴格限制穀物出口。中國生產並出口小麥以及著名的東北大豆。只要我們覺得這是美味食品，那麼，中國完全可以大量供給歐洲。中國在現有情況下仍大量走私出口凍肉、堅果、糖、通心粉、麵條、果脯、蔬菜、魚肉罐頭和皮蛋等。而且最重要的是，中國還在非法出口小麥。

「如果中國鼓勵小麥出口，那麼明年其出口量將在現在每年約三百萬美元的基礎上翻倍或增長三倍。當然，中國的農業生產如要獲得真正的高速發展，其改造河床、灌溉系統和大量植樹等工程尚需十年時間。如果中國調整其糧食控制政策，她對歐美的糧食出口就將出現數倍的增長。」

注釋

❶弗蘭奇（Sir John French, 1852-1925），第一次世界大戰時期英國遠征軍（British Expeditionary Force）司令，負責指揮歐洲戰場的英軍。

❷聖約翰大學（St. John's College）是美國基督教傳教士在華創辦的教會大學。一八七九年，美國聖公會主教施

約瑟（Samuel Isaac Joseph Schereschewsky）在上海將培雅書院與度恩書院合併，易名「聖約翰書院」，一九〇五年改為大學，在美國註冊立案。一九三七年八月日軍進攻上海，原校舍充作難民營，學生遷入租界上課。一九三九年回原址。一九四七年經國民政府教育部核准立案。一九五一年，該校各院系分別併入上海各有關高校。

❸李希霍芬（Ferdinand von Richthofen, 1833-1905），德國地理學家、地質學家。曾任波恩大學、萊比錫大學和柏林大學教授、柏林大學校長。一八六一年隨普魯士艾林波（Count Friedrich Eulenburg）使節團首次來華。一八六八年九月至一八七二年五月，李希霍芬到中國進行七次地質地理考察，走遍大半個中國。他於一八七七～一九一二年撰寫出版的《中國：親身旅行和據此所作研究成果》（*China: Ergebnisse eigener Reisen und darauf gegründeter Studien*）一書，是第一部系統化闡述中國地質基礎和自然地理特徵的重要著作，並創立中國黃土風成的理論。這套巨著（五卷，附地圖集二卷）收錄了他四年考察的豐富實際資料，為中國地質地理研究作了奠基性、開創性的貢獻，是近代中國和西方進行科學交流的先驅。

❹漢冶萍煤鐵廠由漢陽鐵廠、大冶鐵礦和江西萍鄉煤礦三部分組成，一九〇八年由盛宣懷奏請大清政府批准合併三者而成立，是中國第一代鋼鐵聯合企業。到辛亥革命前夕，該公司員工七千多人，年產鋼近七萬噸、鐵礦五十萬噸、煤六十萬噸，佔當時全國年鋼產量的九成以上。一九三八年，因為抗戰將廠遷往重慶，為重慶鋼鐵集團前身。

❺谷鍾秀，字九峰，一八七四年生，直隸定縣人。清末優貢出身，京試後任知事。後考入京師大學堂，一九〇一年赴日留學，就讀於早稻田大學。畢業後回國，先在直隸高等師範學堂執教，旋改任直隸巡撫署祕書。辛亥革

命時，被推為直隸代表，參與籌建中華民國臨時政府，任參議院議員。國會成立後，任眾議院議員、憲法起草委員會委員。一九一四年在上海創辦《中華新報》，反對袁世凱獨裁統治。一九一六年出任段祺瑞內閣農商總長兼全國水利局總裁，次年辭總長職。一九二二年重開國會，仍為議員，並成為「政學會」首領。一九二三年任收回鐵路籌備處總辦，籌辦膠濟鐵路贖路等事宜。一九三六年任河北省政府委員，兼任井陘礦物局局長。卒年不詳。

協約國同意民國延遲還債

一九一七年十一月九日

華盛頓十一月八日電：美國駐華公使（譯注：指芮恩施）通知民國政府，美國對中國推遲償還庚子賠款並改變關稅稅則不持異議，此讓步已獲盟國認可。中國向駐華使館提出的三條迫切要求是：

第一，協助中國收取百分之五的進口關稅；

第二，作為例外，俄羅斯同意推遲償付三分之一的款項，其他大國則同意中國推遲五年償還庚子賠款；

第三，必要時，中國軍隊可通過天津租界。

因美國未參與中國軍隊駐紮天津的原協定，故未在新安排協定上簽字。

德皇威廉二世掠奪中國財物

一九一八年一月六日

W·W·坎貝爾❶

題記：儘管有法國人的榜樣在前，但威廉二世拒絕將天文儀器歸還中國，並將它們擺在波茨坦王宮前作為裝飾。

德國皇帝威廉二世（Wilhelm II）蓄意從一個虛弱無力的國家手中掠奪了他們的天文儀器。十六年來，威廉二世的所作所為讓世界各國天文學家都深感痛心。我認為，現在是讓更多公眾了解這一情況的時候了。

一九〇〇年，八國聯軍攻入北京，多國軍隊參與了大肆掠奪中國寶藏的野蠻行徑。在北京城樓上有一個天文觀象臺❷，裡面收藏有許多精緻美麗的天文儀器。這些儀器都是數百年前由法國人設計製造的，具有濃郁的法蘭西風格，由當時的耶穌會士（Jesuit Fathers）帶到中國。

這批儀器包括大型天體儀（Globes）、璣衡撫辰儀（armillary spheres）、平儀（Astrolabes）以及用來測量天體角度的大型球體，所有這些巨型儀器都以青銅鑄成。其中，大約有八至九件儀器被德法遠征軍從北京城樓上拆卸下來。平定義和團後，他們把儀器運回了歐洲。

美國赴華遠征軍司令查飛將軍❸不僅將義和團逐出了美軍在北京的防衛區，而且堅決反對聯軍總司令、德國人瓦德西伯爵將天文儀器從北京城樓上搬走。對義和團叛亂事件感興趣的人應該記得，在瓦德西伯爵和德國遠征軍來華前，整個鎮壓行動實質上或者說已經完全結束了。

查飛將軍在信件中強烈抗議後來者的劫掠行為，他說進行戰鬥和開啟通往北京之門的人並沒有參與劫掠，反而是這些未經歷殘酷戰鬥和重重困境的後來者進行了劫掠。這些言論激怒了瓦德西伯爵。查飛將軍的勇敢抗議得到了美國政府的支持，但我們不得不通過外交途徑平息日爾曼人的怒氣。對於美國政府和我們的遠征軍而言，事件已經了結。

五件天文儀器被運到德國，三四件運往法國。法國政府拒絕接受這份掠奪的戰利品，將其歸還中國。這些儀器很快重新放回原來的位置。然而德意志帝國政府有沒有把他們的這份戰利品歸還中國呢？沒有。那麼，它們是被放在柏林的博物館了嗎？也沒有。他們在波茨坦王宮（Potsdam Palace）前的草坪上打好了地基，這些從中國掠奪來的儀器將被永久放置於此。❹一九〇五年，我在那裡看到了這些儀器，它們被放在無憂宮（Sans Souci）著名的桔園（Organgerie）前。文章配發的照片上是桔園一角，可以看到放在草坪前的三件儀器。另一幅照片則是這些天文儀器在被掠走之前放在北京城樓上時的情景。

如果這些儀器被帶回美國，放在白宮草坪前，我們的政府和人民該作何感想？威爾遜總統將掠奪品放在自家草坪前，能安穩入睡嗎？德國各地仍存在著「皇帝不會犯錯誤」（**The King can do no wrong**）的思維：兩位德國天文學家竟給我寄來明信片，上面是波茨坦王宮前中國天文儀器的照片，作為聖誕祝賀！聖誕精神從何而來呢？

五件被掠走的天文儀器的基座仍被完好保存在北京城樓的古觀象臺裡。十至十五年前，似乎德國政府中一位官員曾提議將儀器歸還中國，但德國外交官顯然沒能勝任這項任務，儘管他們在許多類似的問題上有豐富的經驗。

一個世紀前，在戰敗國掠奪財物並將其運回戰勝國首都的做法比比皆是。然而，西方文明世界裡的這位強勢君主卻成為文明倒退的活生生的代表人物，這對於許多人而言是令人相當震驚的事。

我們可以從掠奪中國財物一事看到威廉二世性格中的另一面。一九〇〇年八月二日，德國遠征軍即將向北京進發之時，德國皇帝在布萊梅（Bremen）向遠征軍發表了演講，以下是摘自德國《工人日報》（*Illustrirte Zeitung*）的部分演講內容：「……我清楚地知道你們將與一夥裝備精良、勇敢而殘忍的叛亂分子進行戰鬥。請記住，遇到他們時，絕對不能輕饒，也不要接受俘虜，用你們的武器去戰鬥，這樣一千年後都不會再有中國人膽敢輕視德國。保持你們的英勇作風，上帝與你們每一個人同在，德意志民族與你們同在，我的祝福與你們同在。去開啟文明之路吧！出發！再見，同志們！」這就是一個手握重權的君主對待毫無防備能力的民族的方式。

德國議員里希特（Herr Richter）在國會大廈裡高聲宣讀義和團時期在華的德國士兵寫給家裡的信件。里希特將信件稱為"Hunnenbriefe"，或者「德國士兵（Huns）的來信」。從這些信中可以看出，威廉二世有關「決不輕饒」、「不接受俘虜」的指示被不折不扣地執行著。值得一提的是，這些德國士兵們在一九一四年至一九一七年間也忠實執行著德國皇帝的命令。

威廉二世這一演講與他在德國入侵比利時的祈禱在精神上其實是一致的，美聯社每月都對他的祈禱進行報導。威廉二世言必稱上帝和神，然而僅僅是戰神，或是軍隊之神。哪位聽眾又曾聽到威廉二世在哪次祈禱中提到過耶穌基督呢？這些祈禱最令人注目的地方就是從頭至尾都沒有提及耶穌基督。基督精神在威廉二世對待中國時就不曾出現，在過去三年中，它似乎在這位戰爭狂人的腦海中沒有容身之處。

注釋

❶本文作者坎貝爾（W. W. Campbell），是加州大學利克天文臺（Lick Observatory, University of California）臺長。

❷北京古觀象臺是世界上現存古天文臺中持續觀測時間最長的一座。從明正統初年到一九二九年為止，這座古觀象臺持續進行天文觀測近五百年。觀象臺總高約十四米，臺頂觀測場面積四百平方米，臺下是古樸的四合院。清朝康熙和乾隆年間製造的璣衡撫辰儀、象限儀、黃道經緯儀、赤道經緯儀、紀限儀、地平經緯儀、地平經儀、天體儀等八架青銅天文儀器至今依舊矗立在觀象臺上。

❸查飛（Adna Romanza Chaffee, 1842-1914），美國陸軍中將，生於俄亥俄州，參加過南北戰爭，後任美國駐古巴總督的參謀長。一九〇〇年任美國赴華遠征軍司令官，鎮壓義和團。次年任美國駐菲律賓總督。一九〇六年退休。

❹德軍優先得到紀限儀、地平經儀、璣衡撫辰儀等五件儀器，法國分到地平經緯儀、黃道經緯儀、赤道經緯儀、象限儀、簡儀和一件漏壺。兩國軍隊都將儀器搬運到各自使館。法國政府後迫於各方壓力，於一九〇二年將一直藏在使館中的五件儀器歸還中國。但德國卻將儀器運回本國。一九一九年，中國在巴黎和會上提出德國應歸還曾掠走的天文儀器的要求最終寫入《凡爾賽和約》。這些天文儀器於一九二〇年六月被歸還中國，一九二一年四月運回北京。

蘇俄抗議中國庇護白俄殘部

一九一八年五月三十一日

題記：蘇俄要求中國將謝米諾夫驅除出滿洲或同意蘇俄紅軍越過中俄邊境予以打擊❶。美國駐俄大使弗朗西斯發表藍辛國務卿的聲明，解釋美國對蘇俄的態度。

莫斯科五月二十六日電（美聯社）：蘇俄外長契切林❷再次對中國提出抗議，指責民國政府庇護西伯利亞白匪領袖謝米諾夫將軍❸從事反蘇行動。蘇俄在抗議中要求民國政府禁止謝米諾夫將軍將滿洲作為反蘇基地，並強調，如果民國政府自認無能力處理此問題，也可允許蘇俄紅軍穿過中國領土打擊謝米諾夫的軍隊。

外長契切林的信上說，蘇俄決心一勞永逸地解決中俄邊境的險惡局勢。儘管如此，還是在函件中表達了對中國的友好，函件稱蘇俄作此「緊急的無害請求」（urgent friendly request）。

蘇俄沃洛格達❹五月二十五日電（美聯社）：美國駐俄大使弗朗西斯（譯注：David R. Francis）公佈了藍辛國務卿❺的聲明，否認美國領事資助西伯利亞的反布爾什維克領袖謝米諾夫將軍，或是其他在西伯利亞從事反革命運動的人士。聲明稱，美國政府曾經收到西伯利亞數個此類團體的請求，但未予理會。美國特別拒絕了謝米諾夫將軍提出由美國提供工程師予以協助的請求，並禁止美國工程師協助謝米諾夫將軍或對俄國內戰任何一方提供協助。

聲明稱，美國政府對俄國的友好態度並未因蘇俄收回對美的外交禮遇而改變（這顯然指蘇俄拒絕轉交美國駐俄使館與其駐西伯利亞領事館之間的電報一事）。藍辛國務卿在給弗朗西斯大使的信上還表示，「美國國務院代表政府傳遞美國對俄國的善意，只要蘇俄拒絕接受同盟國方面的獨裁統治，美國對俄國的友好即不會更改。」

藍辛國務卿的書信是針對蘇俄外交部指責美國駐海參崴（Vladivostok）領事資助西伯利亞反布爾什維克運動而回覆的。美國駐俄大使弗朗西斯上月曾否認蘇俄方面的這一指責，然後美國政府在五月九日宣布，藍辛國務卿已指示駐俄大使向布爾什維克政府表明，這一指責毫無依據。

蘇俄外交部對弗朗西斯提出的要求，包括將美國駐海參崴領事嘉威爾❻免職，以及表明美國對布爾什維克政府的態度。

注釋

❶一九一七年俄國十月革命後，以沙俄海軍上將高爾察克（Aleksandr Vasilyeich Kolchak）為首的俄國資產階級、貴族、舊官吏，在西伯利亞鄂木斯克（Omsk）組建反革命政權。沙俄將軍謝米諾夫也在俄國東部成立「遠東共和國」。這些反革命政權先後被紅軍擊敗，殘部逃往中國後被稱為「白俄」，大都寄居在哈爾濱、瀋

陽、大連、北京、天津、上海、漢口等大城市，總數約二十萬人。

❷契切林（G. V. Tchicherin, 1872-1936），前蘇聯早期著名的外交家，一九〇五年加入俄國社會民主黨，十月革命後回國，加入布爾什維克。歷任全俄中央執行委員會和蘇聯中央執行委員會委員，一九一八～一九三〇年任蘇俄外交人民委員，曾率蘇聯代表團出席熱那亞會議和洛桑會議，為新生蘇維埃政權爭取國際承認、提高國際地位做出重要貢獻。

❸謝米諾夫（Grigory Mikhailovich Semenoff, 1890-1946），俄國人。一九一一年畢業於奧倫堡軍事學校（Orenburg Military School）。第一次世界大戰時，為大尉。一九一七年任外貝加爾州臨時政府委員時，組織志願軍進行反蘇維埃政權叛亂，失敗後逃入中國東北。次年在日軍支助下，佔領赤塔（Chita），任赤塔軍區司令。一九一九年自任外貝加爾哥薩克軍統領。一九二〇年十一月被遠東共和國人民革命軍驅逐，僑居朝鮮、日本、華北地區，繼續從事反蘇活動。一九四五年九月被駐東北紅軍捕獲，次年處以絞刑。

❹沃洛格達（Vologda）是俄羅斯歐洲部分的中北部城市，位於莫斯科東北偏北。

❺藍辛（Robert Lansing, 1864-1928），律師出身，一九一五～一九二〇年任美國國務卿，當時總統為威爾遜。一九一七年十一月二日，他與日本外相石井菊次郎談判，締結了《藍辛—石井協定》（*Lansing-Ishii Agreement*）。

❻嘉威爾（John Kenneth Caldwell, 1881-1982），美國人，一九〇六年來遠東，為駐日大使館隨習翻譯。一九一七～一九一九年調任駐海參崴領事，一九二一～一九三五年任駐天津總領事。一九四五年退休。

顧維鈞解釋中國參戰原因

一九一八年十月二日

昨天，在紐約格林伍德公墓（Greenwood Cemetery）的自由壇❶舉行了一場紀念活動，數千人興高采烈地聚在一起。人們無不被現場的中國客人所展現的東方風采和東方精神所打動。中國駐美公使顧維鈞博士在活動上闡述了中國對於自由事業的貢獻。

出席活動的中國客人無論男女老少都穿著中國傳統服裝，行為舉止也是中國式的。然而，他們都接受了美國現代思想的熏陶。顧公使本人以學貫中西著稱，我們有時甚至忘記他是來自東方的使節，因為一九〇九年時，他就是哥倫比亞大學的傑出演說家。

顧維鈞公使注視著中國國旗冉冉升起。升旗儀式後，他說：

「一九一七年八月十四日，中國宣佈參戰。這不是一個隨意的決定，而是理性的選擇。儘管中國遠離戰場的中心，但一直認為自己對於世界大戰負有實際責任。德國自一八九七年起就侵犯中國山東省沿海地區。這裡是孔子故里，一直是中國的聖地。

「一九〇〇年，德國軍隊對中國人民犯下滔天罪行，他們殺害無辜男子，對婦女兒童施虐。德國人在中國肆意橫行，中國人永遠都不會忘記德國軍國主義的殘暴和罪惡。

「然而，中國參戰並非出於報復心理。中國還有其他的考量。德國人冷血入侵尊崇和平的比利時，毫不留情地進攻優雅美麗的法國，之後，又在公海上以慘無人道的戰爭手段向對手和中立國發起殘酷的潛艇戰，毫無預警地擊沉商船，視人命如草芥。事實擺在人們面前，再也沒有任何人道主義精神和法律可以阻止德國人的血腥暴行。中國人民清楚地意識到，如果德國在戰爭中獲勝，世界將會變成什麼樣子。

「這一切讓中國人民明白，戰爭已不再是歐洲的政治鬥爭了，而是為人類莊嚴神聖的道德準則而戰。中國人滿懷憤慨之情。因此，當美國政府宣佈與德國斷絕外交關係，並號召其他中立國認真思考自己的立場時，已做好準備的中國成為了第一個做出響應的國家。為此，我們感到自豪。

「如同偉大的美利堅合眾國一樣，中國參戰並非出於一己私利，也不要求物質回報。中國業已收回德國在華權益，日本與中國同為協約國成員，也已承諾會將德國權利歸還中國。」

顧維鈞公使表示，目前有二十萬中國人在西線為協約國工作。

中國可派出百萬人參戰

他接著談到，「可以說，中國不僅向歐洲提供了裝備充足的船隻和勞工，還將派出上百萬士兵參戰。同樣，中國自然資源豐富，可以將大量煤、鐵、銅、鋅、銻、鎢等開採出來，成為製造武器彈藥的重要原料。此外，中國糧食產量增長迅速，是世界上最大的糧倉，可以有力地保障協約國軍隊的後勤供應。

「美國人民致力為人類自由事業奮鬥的熱情激勵了所有並肩作戰的盟國的人民。我想特別指出，華人不管身在美國或在中國本土，他們在美國精神激勵下，都在踴躍購買美國政府發行的『自由公債』❷。而且，我相信，只要你們繼續發債，華人就一定會繼續購買。這是人類歷史上規模最大的戰爭，我們希望這也是最後的一次。」

出席活動的中國使館官員還包括參贊容揆❸，三等祕書吳昶（Wu Chang，音譯）、魏文彬，隨員孫祖烈，一等祕書葉慈・王（Yates Wang，音譯）、夏槃（Pan Francis Shah）、楊永清，幾位實習隨員，以及代理領事常康實（Chain Kwang-shi，音譯）。

注釋

❶自由壇（Altar of Liberty）係為紀念獨立戰爭中的長島戰役而立。

❷第一次世界大戰後期，為了向歐洲協約國提供貸款，並藉機吸收美國聯邦儲備銀行已經嚴重超量發行的貨幣和信用，美國銀行家們在一九一七～一九一八年曾進行四次大規模債券募集，稱為「自由公債」（Liberty Bonds），債券利息從百分之三・五到百分之四・五不等。由此形成了一波證券商販售或民眾購買這種債券的愛國運動。

❸容揆，字知敘，一字贊虞，一八六一年生，廣東新會人。一八七三年被選為第二批留美幼童，出洋就讀春田中學（Springfield High School），當清廷下旨召回留美幼童時，他與譚耀勳抗命不歸。一八八〇年，容揆雖已

被哈佛大學錄取，卻依照其叔駐美副公使容閎之意前往耶魯大學就讀。一八八四年畢業後曾從事新聞工作，業餘撰稿。一八九〇年起開始在中國駐美國公使館工作，歷任翻譯、一等祕書、參贊、代辦等職務，一九三六年退休後，又續任七年顧問，其間曾獲兩次嘉禾二等獎。一九四三年三月病逝於美京華盛頓。

中日在巴黎和會上爆發爭端

一九一九年二月十六日

約翰・沃爾克・哈靈頓（John Walker Harrington）

題記：有關膠州灣歸還中國的問題在巴黎和會上引起關注。

膠州灣歸還問題成為巴黎和會上中國外交面臨的首要難題。對於中國代表團來說，這個問題必須在巴黎和會鋪著綠色絨布的檯面上獲得解決。當然，這個問題與會上討論的其他由大戰引發的爭端同樣複雜。然而，對於西方人來說，它更為令人困惑。

青島市內居住的日本人已達到二萬六千人

膠州灣起初是德國的佔領地，也是德國在華經營的重要據點，現在掌握在日本人手中。日本人表示，已做好準備，願意在一定條件下將這塊從德國人手中奪來的土地歸還中國。親華分子認為，使用「膠州灣」的稱謂是個幌子，是政治迷惑行為，使之從表面上看起來似乎不那麼重要。而這個偽裝的背後，隱藏著青島問題。

義和團運動平息後，德國迫使中國割讓青島要塞和附近的膠州灣地區，在此建立起了一個龐大的貿易殖民地和德國銀行系統。德國人竭盡所能，妄圖將膠州灣永久納於自己的勢力範圍。大戰爆發初期，一個德國交響樂團來到青島，在「霍伯肯號」（Hoboken）郵輪上駐紮下來，開始舒服的生活，他們不時舉辦音樂會，豐富當地的夜生活，極力宣傳這個城市的德國品味。

青島是德國在遠東精心建設的文化堡壘，但宣戰不久即被日本攻佔。當時的青島有五萬八千名中國人和二百五十名日本居民，現在市內居住的日本人已達到二萬六千人，而且每天都有新的日本人來到青島。

日本宣佈自己繼承了德國對青島的租借權。在日本人看來，中國在戰爭中行動遲緩。日本國內一些資深政客認為，中國對德宣戰太晚，對取得大戰的最終勝利所起的作用有限。基於這個原因，日本人覺得沒什麼理由將他們在黃海沿岸搶奪到的既得利益交還中國。

然而，中國人所擔憂的不只是青島，而是膠州灣這一大片戰略要地。現在，整個膠州灣地區都被日本人控制。膠州租借地遠遠環抱著青島市，彷彿是它的一部分，方圓數百平方英里，延伸出寬闊的港口——膠州灣。所有這些土地、海灣和泥灘，都是山東省最富饒的部分，蘊含豐富的鐵礦和其他礦產資源，幾乎未經開發。日本人計劃從青島修建通往山東各地的鐵路。中國人認為，日本人計劃中的新鐵路勢必與原有鐵路線形成競爭。

日本的夢想與計劃

正如詩人吉卜林詩中所寫，「東方就是東方，西方就是西方，兩者永不交會。」[1]因此，我們很難按照西方的思維來準確解釋這個問題。然而，如果我們接受中國對於美國內戰的稍顯偏頗的說法，倒是可以找到一個類比來做一說明。假設古巴與西印度群島組成一個王國，這個王國的人民雄心勃勃，夢想領土擴張。於是，古巴軍隊利用美國南北雙方處於內戰的良好時機，搶佔了美國的紐奧良（New Orleans）港口，並在路易斯安那州及其周邊建立起自己的勢力範圍，還力圖將勢力大幅向美國腹地擴張，控制美國內陸的數條鐵路。再設想一下，古巴得手後，隨即宣佈自己是處於內亂的美利堅合眾國的自然監護人，並向全世界廣而告之。

按照這種對日本對華行動的極端詮釋，我們再來看一下日本天皇提議將膠州歸還中國的各項條款：

「如果在本次戰爭結束時，日本被允以完全自主處理膠州灣事務，她將在以下條件下同意將膠州灣歸還中國：一是開放膠州灣作為商業港口；二是建立一個日本租界；三是如果列強希望，可以再建立一個國際租界；四是在膠州灣歸還中國前制訂一個協定，處理德國在膠州灣的各類公產。」

而且，中日之間還須簽訂一個包含以下條款的協定，可謂耐人尋味：

「中國完全同意日、德達成的由日本處理德國在山東所有權利、利益和租界的協定，同意修建連接芝罘（譯注：即煙臺）或龍口與膠濟鐵路的一條鐵路，日本資本家將作為修建該鐵路的財政顧問。山東省將開放一定數量的新區域，供外國人居住和經商。中國最終將不再割讓或劃分山東省內任何土地、沿岸地區及島嶼給列強。」

這就是日本力圖在華保持的特殊權益。一些日本領導人對英、美兩國關於中國權利發表的談話表示遺憾。他們將中國視為被美國寵壞的孩子，認為美國人對中國有些感情用事，這種情緒使得美國人的認知出現了偏差。

美中商會揭露日本之目的是吞併青島，控制山東全省

去年十二月，美中商會（American Chamber of Commerce of China）向美國駐華公使（譯注：指芮恩施）發函，體現了居住在中國的一些美國人的對華態度。美中商會的一些成員在青島市有商業利益。商會主席是羅伯特・道拉公司（Robert Dollar Company）所屬船舶公司的道拉（J. Harold Dollar），副主席是標準石油公司（Standard Oil）的斯普拉格（W. C. Sprague），財務長是美國鋼鐵公司（United States Steel Products Company）的蓋拉格（J. W. Gallagher），祕書則是《密勒氏評論報》❷的鮑維爾❸。該信件在紐約的遠東局（Far East Bureau of New York）許多官員中廣泛傳閱，遠東局局長是傑瑞米・金克斯博士。

信中說，「我們認為，按目前形勢發展，中日這些協定條款實際上將青島及其腹地完全置於日本統治之下。從商業角度看，日本政府達到了完全吞併青島並在事實上控制山東全省的目的。因為日本準備劃為己有的租界是青島的商業中心區，也就是青島港附近區域、海關和籌劃中的鐵路貨運樞紐。預留給國際租界的區域是現在的居民區，根據中日條約的第四項看，這個區域甚至包括了公共屠宰場和電廠，毫無商業價值。

「顯而易見，日本人將重點投資商店、銀行、學校、茶舍和私人住宅，他們精心設計這些項目並快速實施，目的完全是為了更有效地刺激該地區的商貿發展。日本人控制了這裡的碼頭、鐵路和海關，這與日本控制大連和滿洲的情況類似，而那裡的情況充分說明，美國或其他任何國家希望保持門戶開放、從事對華商貿往來將完全沒有可能。

「因此，我們要求，如果非日本公司在青島和山東全境沒有獲得與日本企業同等的商業機會，膠州灣就不應該被國際化或歸還中國政府。而且在任何情況下，如果讓日本選擇其租界位置，所有碼頭、鐵路和海關都不應完全置於日本的控制之下。」

紐約大學遠東貿易事務講師、遠東局職員霍吉斯（G. Charles Hodges）說，以漢口為例，日本人善於充分利用對華簽約提供的便利。日本人在漢口修建了一所所謂的學校，學校竣工後，立即派駐由一名日本少將率領的部隊。當中國當局詢問駐軍用意時，日本人回答說這是一所軍事學院。在這個所謂的學校裡，還裝備了一個無線電臺。據稱，該電臺發送出的強大電波，不僅干擾到中國所有無線電臺，甚至連海上電波都受到影響。

另一個事例是日本封鎖遼河河口，其目的是破壞牛莊港❹。另有已證實的消息稱，一些中國人將日本人控制的鐵路沿線地帶當成了搶掠財物的好去處，日本官員利用此事大做文章，嚴厲指責中國官方縱容這種破壞行為，暗示日本不排除採取強硬手段對付這些強盜，即為日本在鐵路沿線駐軍開闢了道路。

日本強調其戰爭貢獻，輕視中國談判地位

日本人極力強調他們無意以任何方式在華獲得特權，那些對日本干預中國事務的指控都是出於偏見或感情用事。日本人的想法是他們至少應該在東亞佔據首要位置，所採取的政策類似美國的「門羅主義」，即以下述三點為基礎：一是日本作為協約國成員在四年戰爭中一直全權處理東亞事務；二是日本一九一五年所提出的對華要求得到了中國的同意；三是日本與美國簽署的特別條約，如《石井—藍辛協定》❺。

日本前首相大隈重信伯爵❻曾半官方地向中國提出《二十一條》。在許多日本人眼中，現任首相原敬❼非常民主，因為他是日本歷史上首位平民首相。但是，原敬卻要求中國嚴格遵守所有條約和協定。日本參加巴黎和會的代表牧野伸顯男爵近日在巴黎發表言論，堅決否認日本以任何方式剝奪中國在和談中發言的權利。

日本人認為，如果中國與日本或其他列強所簽署的協定作廢，那麼整個歷史進程也就毫無意義。根據日本人所言，當俄國人大舉進犯東亞時，是日本以高達十億美元的經濟損失和三十萬國民的犧牲為代價保全了中國，使之免受沙俄的奴役和統治。日本目睹了列強在華劃分勢力範圍的激烈角逐，認為中國早晚將喪失國家主權。

一位日本作家近日撰文稱，「當文明世界奮起反抗德國時，日本承擔了亞洲戰場最關鍵的作戰任務，摧毀了德國勢力。戰爭伊始，她就向中國的山東省派出軍隊，與英軍並肩作戰，削弱了

德國對青島的統治。她派出軍艦封鎖膠州灣；她在中國東部海域驅逐敵艦，佔領了德國在南海的據點，並為協約國軍隊進入澳洲和紐西蘭護航。如果不是她所做的貢獻，協約國海軍可能就不得不從激戰中的大西洋海域分兵，前來保護由亞丁灣至上海的國際海上通道。

「德國本想以膠州灣為根據地蠶食中國，將其勢力擴展到這個軟弱無序的國家全境。現在大戰結束了，而中國一直是被動採取行動，並無重要貢獻，她有什麼資格可以在此談判條件呢？」

大限前首相非常強烈地暗示，日本將在談判桌上堅決維護她在中國的特權，同時否認有任何意圖要將中國置為其附庸國。他僅以寥寥數語，就一筆帶過了日本將原屬德國的加羅林群島（Caroline）、馬紹爾群島（Marshall）、萊德隆群島（Ladrone，譯注：即馬里亞納群島）劃歸自己名下的事實。他輕描淡寫地說，這些島嶼並不重要，沒多少價值。然而事實上，這些島嶼位於夏威夷群島和菲律賓之間，與關島（Guam）、新幾內亞（New Guinea）和澳洲的距離都很近，具有特殊意義。雖然島嶼的商業和農業資源不算豐富，但在未來幾年，它們在其他方面的價值將逐步體現出來。

東方門羅主義的新定義

日本著名政治評論家浮田博士（K. Ukita）最近給所謂最新版「亞洲主義」下了定義，稱其大致相當於「東方門羅主義」。浮田博士認為，「亞洲主義」可以接受白人作為亞洲的一員，但反對歐美列強侵犯亞洲的利益，或是由其他歐美國家取代早前在亞洲稱霸的老牌歐美國家。「亞洲主義」同樣反對「重新瓜分亞洲或是亞洲的某一部分，並在亞洲建立新的殖民地或附庸國，因為這樣將破壞亞洲的和平並威脅日本安全」。

作者最近接觸到的一些日本上層人士稱，這種「亞洲主義」並不像美國的「門羅主義」那樣富於包容性，「門羅主義」適用範圍擴及半個地球，所以它把英國統治印度、法國佔據印度支那、美國控制菲律賓都考慮進去了。然後他們談到為了「平息惡意的報導」才予以同意的《石井—藍辛條約》。

茲引用文件本身的說法，「美國及日本政府承認，領土的鄰近產生國與國間的特殊關係，因此，美國政府承認日本在中國，特別在中國之與日本屬地接壤的部分，有特殊利益。

「但中國的領土主權繼續存留不受損害，且美國政府對於日本帝國政府的一再保證具有十分信心，即日本雖因地理關係得有特殊利益，但他們並無意對於其他國家的通商加以歧視，或對於中國與其他國家所訂條約許諾的通商權利加以蔑視。

「美國及日本否認他們有任何意圖對中國的獨立或領土完整加以任何侵害。兩國政府並宣告，兩國政府永遠遵守所謂『門戶開放』或在華工商業機會均等的原則。」

凡爾賽宮在重繪世界地圖，各國的雄心壯志都在此頻頻引發爭端。人們懷著極高的興趣觀察著中國問題的下一步解決方案。

本週早些時候，由於日本重申堅持兌現中日《山東密約》[8]的意向，並堅定認為她有權佔領太平洋的馬紹爾群島和加羅林群島，中日爭端將愈演愈烈。報載日本威脅中國，聲稱如果日本關於山東的要求未獲得滿足，日本將發動對華戰爭。這使得巴黎和會氣氛緊張。

注釋

❶吉卜林（Joseph Rudyard Kipling, 1856-1936），英國小說家、詩人。此句摘自《東方與西方之歌》（*The Ballad of East and West*）："Oh, East is East, and West is West, and never the twain shall meet."

❷《密勒氏評論報》（*Millard's Review*）於一九一七年六月九日在上海創刊，創辦人是美國《紐約先驅報》（*New York Herald*）駐遠東記者密勒（Thomas Franklin Fairfax Millard），這份以他姓氏命名的週刊每週六出版，十六開本，每期五十頁左右。它是一份具有自由主義色彩的英文報紙，以報導、評論中國和遠東的政治、經濟、時事為主。一九五三年停刊。

❸鮑維爾（John Benjamin Powell, 1886-1947），美國報人。密蘇里大學新聞學院畢業。一九一七年來華，任《密勒氏評論報》編輯。一九二〇年上海美國商會派其回國活動，促使國會制定對華貿易法案。一九二二年，密勒任北京政府宣傳顧問後，把報社轉讓給鮑氏主持。一九四一年十二月，因同情中國抗日，鮑維爾遭日軍逮捕。在上海拘禁期間，受盡種種非刑，致雙腿殘廢。一九四二年夏被遣送回美。後逝世於華盛頓。其子在上海恢復《密勒氏評論報》，至一九五三年停刊回國。

❹牛莊位於遼寧省海城市，是東北地區最早開放的商埠。一八五八年（咸豐八年）六月二十五日，英、法、美、俄強迫清朝政府簽訂《天津條約》，牛莊、登州、臺灣（臺南）、潮州、瓊州被列入五口通商口岸。一八六一年（咸豐十一年）四月三日牛莊正式開埠後，英國在此設立領事館。密迪樂領事乘船考察遼河時，發現牛莊河

道狹窄，碼頭不堪重負，船舶出入困難，於是開始在營口築港，因此營口又有牛莊和牛口的古稱。一九四五年以後，因新河道開通，阻塞了舊河道，牛莊港被廢棄。

❺《石井－藍辛協定》（*Ishii-Lansing Agreement*）是一九一七年十一月由美國國務卿藍辛與日本外相石井菊次郎簽訂的外交換文，或稱《石井－藍辛條約》。雙方在協定中重申在中國尊重「門戶開放」、「機會均等」及維持中國主權及領土完整等多項原則。同時，美國承認日本由於「地理上的接近」，在中國享有「特殊利益」。該協定於一九二三年被廢除，為華盛頓會議中達成的九國公約所取代。

❻大隈重信（一八三八～一九二二），肥前藩武士出身，明治維新志士之一。他是日本早稻田大學的創始人，提出「保全學術之獨立，有效地利用學術，造就模範國民」的建校宗旨，倡導「在野精神、進取精神和庶民精神」。曾兩度出任日本內閣總理大臣（一八九八，第八任；一九一四～一九一六，第十七任），所主導的政治和財政改革取得很大成功，為日本建立近代工業、鞏固國家財政和未來的騰飛打下堅實基礎。

❼原敬（一八五六～一九二一），新聞記者出身。早年任外務省祕書，一八八三年來華任駐天津領事，後轉任駐法國代理公使。一八九四年起歷任外務次官、駐朝鮮公使。一九〇六年起三次出任內相。一九一八年九月成為日本第十九任首相。他是日本歷史上組織第一屆正式政黨內閣的「平民宰相」，但在任內被暗殺。

❽一九一八年三月，章宗祥被段祺瑞任命為駐日公使，隨後在段的指使下，曾與日本先後簽訂了《中日軍事協定》、《山東問題換文》、《滿蒙四鐵路借款預備合同》、《濟順、高徐二鐵路借款預備合同》、《參戰借款契約》等。其中，《山東問題換文》（日稱《山東善後協定》）於一九一八年九月二十四日經章宗祥答覆交換照會而成，即「中日密約」，規定膠濟鐵路「歸中、日兩國合辦經營」、「巡警養成所內，應聘用日本人」等

項。對此，章答以「中國政府，對於日本國政府右列之提議，欣然同意，特此奉覆」，由此出賣了青島和山東權益。上述密約嚴重損害中國權益和民族尊嚴。

中國學生強烈抗議巴黎和會決定

一九一九年五月八日

東京五月七日電（美聯社）：日本通知中國，當前北京的反日情緒有可能導致雙方誤會。同時，日本政府建議中國政府立即制止今天將在北京召開的「國恥」大會。

今天，東京的中國留學生匯聚在中國駐日使館外，舉行遊行示威，抗議巴黎和會決定將山東權益由德國轉讓給日本。他們向使館窗戶扔石頭，幾名學生與警察發生衝突時受傷。

北京五月七日電（美聯社）：星期天❶晚上，一群中國學生攻擊了被控親日的民國內閣成員宅邸❷。他們的行動在北京乃至全中國都激起了強烈的反響，民眾的情緒十分激昂。民國教育總長已宣佈辭職，抗議政府拘押示威學生❸。教育界領袖們要求政府立即釋放這些學生。

注釋

❶這一天為五月四日。

❷指五四運動中「火燒趙家樓」和「痛打章宗祥」。一九一九年五月三日，北京政府密電指令在巴黎和會上的中

國代表團在對德和約上簽字的消息洩露後，北京國民外交協會通電全國，提議如不能爭回國權，寧退出和會，不得簽字。五月四日下午，北京地區十三校大約三千名學生在天安門廣場集聚，群情激憤的示威學生先遊行到總統府和外交部，後轉到曾主持祕密談判《二十一條》的交通總長曹汝霖住所趙家樓，把曹宅團團圍住，高呼處死曹汝霖的口號。北京高等師範學校學生匡互生翻牆打開大門，學生蜂擁而入。時逢駐日公使章宗祥回國述職，暫居曹家。曹汝霖見勢不妙，忙吩咐僕人引章宗祥躲進地下鍋爐房，自己則藏進兩間臥室夾層的箱子中。學生沒找到曹汝霖，一把火點燃曹宅。章宗祥覺察到火起，急忙從鍋爐房中逃出，正好被學生撞個正著，揍得他鼻青臉腫，不省人事。這時，警察總監吳炳湘率大隊巡警趕到，救出章宗祥，急送日華同仁醫院。警察並當場逮捕三十二名學生，其中北大十九人，北高師八人，工專、匯文、留法預備等校五人。事態擴大，風暴驟起，席捲全國。

❸此說不確。一九一九年五月八日，蔡元培宣佈辭去北京大學校長一職，九日離京南下，並發表《告北大同學諸君》公開信。北京地區二十八所學校聯合派代表到教育部要求挽留蔡元培。十日，北大推舉馬敘倫、馬寅初、李大釗等人約見教育總長要求挽留蔡元培。十一日，全北京學校教職員工聯合會成立，選舉代表到教育部挽留蔡元培。十五日，上海地區三十一個學校組成學聯發表《宣言》挺蔡。面對巨大壓力，北京政府教育總長傅增湘於五月十五日自動請辭，獲得徐世昌總統批准。

日使稱中國收回山東沒有法律依據

一九一九年五月十六日

華盛頓五月十五日電：今天，《紐約時報》授權對日本駐美大使石井菊次郎子爵進行採訪。石井詳細談論了山東問題，第一次公開介紹日本在巴黎和會前發表聲明的重要細節。他指出，一旦細節談妥，日本會立即將山東歸還中國。

石井子爵稱，日本衷心地認同美國提出的門戶開放和機會均等的原則，這些不僅適用於中國，也適用於西伯利亞。

中國的說法無法律依據，不符事實

石井子爵說，「無論新聞界如何評述，我都對日美關係的發展感到樂觀，因為我們兩國之間沒有根本的利益衝突。唯一重要的問題是中國，尤其是所謂山東問題。解決這個問題的最好辦法，就是將真相告訴美國人民。事實勝於雄辯。

「日本圍攻山東兩個月後，終於將德國人趕了出去。日本作為戰勝國接受德國租借地權益轉讓時，主動提出將它交還中國，而德國在巴黎和會上也同意這一做法。顯然，日本自願歸還山東將使中國獲得最大利益，因為單靠中國自己，完全無力在七十五年後恢復她在山東的領土主權。

「中日一九一五年簽署的條約（譯注：指《二十一條》）使得中國無須付出人員傷亡和財產損失就能夠獲取重要利益。因此，一九一五年條約並非一個不平等條約，而是對於中國非常有利的條約。因此，它也是完全符合中國領土完整與主權利益的。

「還有另外一種形式的租界，即經濟租界。日本現在掌管著德國在山東的經濟租界。日本在此再次體現了的善意，即提議將軍事和民事機構，包括軍隊和警察都撤出膠濟鐵路沿線地區，由中日雙方合資經營膠濟鐵路，而非德佔期間完全由德方經營。

「一九一四年，當日本出兵攻取膠州時，中國還是中立國。當時，日本對山東的進攻引發了中國抗議。作為戰勝國，日本從一九一四年十一月起就佔據了膠濟鐵路沿線。

「直到日本佔領膠濟鐵路三年後的一九一七年，中國才對德宣戰，而且這個宣戰僅僅流於書面的形式，因為當時在中國境內已經沒有德國軍隊，中國也沒有派出任何軍隊赴海外作戰。中國的宣戰對於從一九一四年就已經爆發的大戰沒有起到任何作用。

「因此，根據日本比中國早三年對德宣戰，並實際接管德國在山東權益的事實，中國宣稱對德宣戰即廢除了一八九八年租借條約的說法並無法律依據。

「這些都是不爭的事實。我請美國公眾根據上述事實自行判斷，日本的所作所為是否存在著絲毫的不公正。我只能說，也許日本對中國過於慷慨了。」

將繼續對朝鮮實行仁慈和友善的治理

關於日本對華政策以及朝鮮的革命動亂，石井子爵是這樣說的：

「日本衷心地認同美國提出的門戶開放和機會均等的原則，這些不僅適用於中國，也適用於西伯利亞。既然兩國之間有如此真誠的合作，我認為美日在亞洲事務中沒有發生衝突的可能性。

「關於朝鮮。許多在朝鮮的美國人都親眼見證了日本對朝鮮的成功治理。誠然，在所謂朝鮮人民自決問題上，有一些朝鮮人希望獲得獨立。日本已做好準備，將繼續對朝鮮實行仁慈和友善的治理。隨著朝鮮的發展進步，朝鮮人民可以自由參與到國家管理中來。」

中國學生割指抗議巴黎和約

一九一九年五月二十二日

東京五月二十一日電（美聯社）：今天，東京的中國留學生領袖割破自己的手指，用鮮血聯名簽署決議，號召中國在東京的四千名留學生立即返回祖國，共同抗議巴黎和會關於山東問題的決議，抗議日本對華侵略野心。

蘇俄願援助「解放」中國

一九二〇年四月一日

題記：蘇俄政府向民國政府表示，對沙俄在中國犯下的滔天罪行深感憎惡，布爾什維克蘇聯宣佈，將廢除所有不平等條約，並將帝俄在漢口的工廠歸還中國。

倫敦三月三十一日電：三月二十九日，《泰晤士報》北京電稱，民國政府收到蘇俄代表詹森（Commissionary Jansen）從伊爾庫茨克（Irkutsk）發出的信息，宣佈紅軍正向東挺進，「要從高爾察克❶、謝米諾夫、霍爾瓦特❷等白匪匪幫和他們的日本同夥手中解放西伯利亞的工人和農民，並建立永久的和平」。

信息表示，蘇俄政府對於沙俄在中國犯下的罪行感到憎惡，將廢除沙俄與中國簽署的所有不平等條約，廢止帝俄在華攫取的一切不正當權益。

信息中敦促民國政府重開中東鐵路築路談判，廢除一九〇一年的《辛丑和約》和俄國人迄今仍享有的治外法權，中止庚子賠款、東正教傳教士特權和採礦權。

《泰晤士報》稱，蘇俄方面還表示，將無償歸還沙俄在漢口的茶廠，唯一條件就是中國人民能夠完全自主決定自己的政府體制。

《泰晤士報》說，信息含糊地暗示，蘇俄紅軍已做好準備，願將中國從帝國主義和資本主義的奴役中解放出來。

該報記者稱，毫無疑問，中方將接受蘇俄的所有提議。他又說，布爾什維克成功地贏得了中國人民的好感，未來兩國關係發展勢必非常融洽。

注釋

❶高爾察克（Aleksandr Vasilyeich Kolchak, 1873-1920），沙俄海軍大將。十月革命後成為白俄首領之一。一九一九年在鄂木斯克組織反共政府。次年一月政權崩潰，被經過西伯利亞撤退回國的捷克軍隊解交俄國革命政府，後遭處決。

❷霍爾瓦特（Dimitrii Leonidovich Horvath, 1858-1937），沙俄陸軍中將。一九〇二～一九二〇年任中東鐵路總辦。一九二〇年九月北洋政府宣布不承認沙俄在華外交及領事官員後，霍氏被請來北京任交通部顧問，實際上成了旅居華北的白俄首領。後死於北京。

芮恩施說中國是開啓和平大門的鑰匙

一九二一年十月二日

根據前美國駐華公使芮恩施博士所言，中國會在華盛頓會議上提出最棘手的難題。

芮恩施博士說，「不論軍備限制能在多大程度上減輕各國經濟負擔，都只是頭痛醫頭的做法。華盛頓會議有關當前防止戰爭再度爆發的決議都將是表面的。不論各國軍事規模做出怎樣調整，引發戰爭的國際經濟競爭和各國妒忌之心並未停息。然而，華盛頓會議將尋求解決中國問題的方式，這倒是觸及戰爭根源了。如果中國問題得以解決，會議才能真正具有重要意義。

「只要製造戰爭的勢力繼續駐守中國，太平洋地區就難有和平保障。當前的形勢是，各國相互猜忌，摩擦不斷加劇。如果各國行為不受到監管，那麼他們最終會互相殘殺。

「除非各國採取明確行動來控制這種情緒，否則災禍將無法避免。與會各國如在經濟特權問題上採取明確行動，他們是有能力消除戰爭威脅的。

「中國真正的分裂尚未開始。各國在華劃分『勢力範圍』一事常常被誤解為中國已在某些地區放棄國家主權。然而，『勢力範圍』絕對不比未來各國對華提出的要求更過分。現在已有一些條約使得中國出讓某些地方的特權了。顯然，如果此類條約獲得批准，就會形成影響力，理由是其已長期存在。其他類似的要求也就會相繼提出，使得條約外延不斷擴大，特權地區將成為真正政治意義上的勢力範圍，最終成為列強管控的真正獨立地區。一旦此類勢力範圍獲得承認，中國的分裂就成為必然了。

經濟特權的危害

「中國在華盛頓會議上最關鍵的是要求得到各國保證，防止任何經濟特權和勢力的進一步擴張。不論與會各國政府如何著力強調自己對中國沒有政治權益要求，或是對華各項要求是為了維護中國主權，一旦他們下決心掌握或擴展在華經濟特權，中國的政治獨立很快將成為一紙空文。問題並不在於制定新的國際對華政策，而是要有效實施業已被各國莊重承認和一再宣稱的政策。所有相關列強都明確宣佈支持『門戶開放』的普遍原則。然而，他們是否積極支持那個原則的全面實施才是問題關鍵所在。此次會議的重任並不在於與會各國同意採取新的對華政策，而在於確保一直以來被忽視的舊的對華政策能在任何情況下都得以明確無誤地執行。

「對地方經濟的掌控與政治掌控同樣重要，在鐵路權方面更是如此。儘管修築鐵路是經濟行為，但如果一國政府對別國鐵路擁有所有權和營運權，則是將政治與經濟混為一談，將會釀成極大惡果，而且政治行為最終將佔據上風。日本控制山東省鐵路因此成為整個山東問題的癥結所在。除日本控制的南滿鐵路和法國控制的一小段雲南至安南（Annam，譯注：即越南）的滇越鐵路之外，山東鐵路是唯一處於外國人控制之下的中國鐵路。其他國家向中國提供修築鐵路貸款，但在其他任何情況下，鐵路的所有權和營運權都歸中國所有。

「日本一貫宣稱他們從未覬覦山東省的政治權益。這一辯解就好像別國佔領美國的賓夕法尼亞州，卻表示他願意放棄對該州一切政治權益，而只要求控制費城和賓州鐵路系統作為回報一樣。於是乎如果中國與日本就山東問題進行談判，就等於宣佈放棄其鐵路權益。所有關於山東主權問題的討論都偏離了這一主題。即使日本人不這樣表述，但其將鐵路控制在手裡，就確保擁有了山東主權。鐵路沿線的軍隊就是為軍事佔領而設的。

拒絕聯合控制

「關於山東主權問題的討論僅限於方圓只有二百平方英里的膠州灣租界。在與日本進行的任何談判中，鐵路這一山東主權的核心問題都不會被觸及。日本人堅持認為中國應該同意以合作作為談判基礎，由兩國共管山東省內鐵路。然而，中國在所有此類合作中的經驗業已表明，這是非常不可靠的，因為中國人知道誰將獲得最終的控制權。與此同時，日本通過延長軍事佔領期將鐵路牢牢地控制在自己手裡，並以此為經濟後盾，企圖將山東全境置於日本勢力範圍之內。

「日本在山東省的所作所為與其他列強在各個時期的做法均不相同，她企圖將中國內陸鐵路的所有權和經營權控制在自己手中，並且宣佈自己擁有全面經濟特權。這頗讓人費解，因為日本提出，作為其歸還山東『領土權益』的回報，她應該擁有某種明確的經濟特權。事實上，日本從來也沒擁有過中國領土權益，即使在滿洲也沒有過，更不要說在山東了。而日本對華日益膨脹的經濟特權需求構成了對中國主權的真正威脅。

「基於上述事實，即將召開的華盛頓會議不僅應在中國對山東鐵路控制權上給予中國支持，還應確保各國對華經濟利益均等的總體協定得到有效執行，利益均等原則之前在某些領域已經被棄用了。各國有必要通過以下協定來實現這一原則：鑒於正式國際條約中已多次申明『機會均等』和中國主權完整的原則，各國應承諾不使用任何現行和將來的特殊條約，謀求在華任何地區的經濟特權。

「新的協定將廢除舊有規則，這些老規則有時僅以中國官員致外國使節的非正式信件為依據。例如，中國外交總長在一九一四年曾致信法國駐華公使，對於法租界事件得以友好解決表示高興❶。同時，為了促進兩國總體良好氣氛，外交總長在信函結尾寫道，如中國需為廣西省發展籌集外資，將優先考慮法國資本。這一類協定或是其他含糊和模稜兩可的協定，如類似美日雙方均保留各自解釋的《藍辛—石井協定》等，都將由適用性明確詳盡的《門戶開放宣言》取代。

「如果山東鐵路權和日本在山東經濟特權擴張這兩個問題未能得到徹底清查和解決，將會引來無窮的麻煩。另外，中國應要求提高關稅自主權，以此獲得更充足的國家稅收。中國還應要求廢除治外法權。然而，不論這些多麼重要，都還不是最核心的問題。無論各方如何一再含糊其辭地重申對華總體政策，真正重要的是要切實承諾廢除特權，並保證中國利益不受侵害。在華盛頓會議召開之前，對於『放棄政治權益，保留經濟特權』的口號一定要多加留意。目前來看，日本並沒有政治權益要放棄，而保留經濟特權最終卻必將帶來政治惡果。

「公正解決上述問題符合美國和美國人民利益。不論美國是否繼續堅持維護門戶開放，林林總總的爭議最終都將變成門戶開放的問題。中國問題成為華盛頓會議的重要議題，所有關注中國形勢的美國人都將懷著極大興趣來觀察會議將產生什麼樣的結果。」

注釋

❶當時北洋政府外交總長是孫寶琦，法國駐華公使為康悌（Alexandre Maurice Robert de Conty, 1864-1947）。

徐世昌感謝美國總統電賀民國國慶

一九二一年十月十八日

華盛頓十月十七日電：美國國務院今天公佈了中華民國總統徐世昌致美國總統哈定❶的電報。徐總統對哈定總統在中華民國成立十周年大慶之際致電祝賀表示感謝。

「謹以中國人民和政府的名義，」感謝電函寫道，「向尊敬的閣下，並通過閣下向偉大的美國人民表示衷心的感謝，感謝貴國在我們隆重慶祝中華民國誕生十周年之際致電祝賀，對你們在積極致力於推動太平洋地區各國和平與正義事業時始終不忘我們的真誠善意深感欣慰。」

注釋

❶哈定（Warren Gamaliel Harding, 1865-1923），新聞記者出身，一九二〇年當選美國第二十九任總統。任內識人不明，縱容親信貪腐，私生活失檢。曾數度被美國報刊評為最昏庸的總統。

中國代表團抵華盛頓受到歡迎

一九二一年十月三十一日

題記：中國近百人代表團抵達華盛頓時受到熱烈歡迎，美國政府舉行正式歡迎儀式。

華盛頓十月三十日電：今晚，由近百人組成的中國政府代表團抵達華盛頓，出席有關遠東和太平洋問題的華盛頓會議。代表團受到熱烈歡迎。

數千人聚集在華盛頓聯合車站（Union Station）等候專列到來，大家並不知道列車的具體抵達時間，一些人已經等候了好幾個小時。華盛頓群眾比平時更加興奮，熱切希望對中國代表團到來表示歡迎。

中國代表團幾位最重要的代表並不在這列火車上。車上為首的是M. T. Liang，中文姓名是梁如浩❶。他是代表團的首席顧問。梁氏是最早在美國接受教育的中國學生之一，英語說得非常流利。他被視為中國共和革命的先驅之一。

這列火車上的中國代表團其他重要成員包括助理顧問海軍中將蔡廷幹❷和羅文幹❸、代表團參贊鍾文耀❹。蔡中將和鍾先生都曾在美國接受教育。羅先生曾在牛津大學學習法律，也是倫敦內殿律師公會（Inner Temple）成員。

第三助理國務卿布里斯（Robert Woods Bliss）代表國務院出面歡迎。隨他到車站迎接中國代表團的還有國務院的庫克（Charles Lee Cooke）、索斯蓋特（Richard Southgate）及密勒（Hugh Millard），海軍作戰部代理部長威廉姆斯少將（Rear Admiral C. S. Williams），海軍情報處處長麥克納米上尉（Captain Hugh McNamee），國防部及與會代表們之間的特別聯絡官加爾布雷思司令（Commander Galbraith）、布魯斯特准將（Brig. Gen. Brewster），以及艾克爾伯格少校（Major Eichelberger）等美國政府和海陸軍軍官們。陸軍的麥克唐納上校（Colonel John B. McDonald）和海軍的泰勒少校（Lieut. Commander W. D. Taylor）從舊金山陪同代表團來到華盛頓。其他前往車站迎接中國代表團的還有民國總統府顧問福開森博士[5]和前美國駐華公使芮恩施博士。中國駐美使館參贊容揆的夫人最先迎上前去歡迎梁如浩先生。容夫人是一位美國人[6]。

布里斯助理國務卿向代表團致歡迎辭，隨後陪同代表團走向聯合車站東口。所有人在此列隊歡迎，軍樂隊奏中、美兩國國歌。代表團在美國軍方摩托車隊的護送下離開車站。維吉尼亞州梅爾堡（Fort Myer）第三騎兵隊向代表團敬禮，並尾隨車隊行進。華盛頓中國學校的學生們手持中、美兩國國旗歡呼雀躍，雲集在車站廣場上的人群中爆發出陣陣掌聲。

車隊向中國駐美使館疾馳，會議期間，梁如浩先生將住在這裡。接著，車隊將前往莫蘭夫人（Mrs. F. Berger Moran）位於麻塞諸塞大道（Massachusetts Avenue）二三一五號的寓所。中國政府已將此租下，蔡廷幹中將下榻於此。代表團其他成員將住在Q大街的開羅飯店（Hotel

Cairo），飯店位於第十六和十七大街之間。

飯店客人和代表團的友人在大廳等候。代表團成員錢泰❼的夫人受到特別重視，她穿著皮毛大衣，手捧一大束玫瑰花。今天抵達華盛頓的中國代表團的正式名單上有九十二人，有些成員並未包括在名單內。由此看來，代表團總人數至少有一百名。

梁博士抵達中國駐美使館後表示，代表團全體成員對於美國人民給予他們的熱烈歡迎非常感動，這將加深中、美兩國友誼。他還說，「在中國，沒有任何外國人像美國人那樣受到歡迎和尊敬。我們歡迎美國人來中國，並給予他們禮遇。中美互訪將使兩國間業已經存在多年的友誼延續下去。」

梁博士並未深談中國代表團此次與會目的。他說，「中國認為，為了建立亞洲永久和平，必須消除一切爭端。我們希望此次會議能公正對待中國。」

關於中國現在的內部衝突，梁博士表示，美國對於中國目前困難的報導過於誇大其辭。他認為中國南北政府之間並不存在根本分歧。南北貿易與尋常無異，雙方一直保持溝通。

注釋

❶梁如浩，字孟亭，一八六一年生，廣東香山人。一八七三年與唐紹儀、周長齡等第三批幼童赴美留學，一八八一年歸國，曾任關內鐵路運輸處處長、北寧鐵路總辦、唐山路礦學堂（今西南交通大學）總督（校長）。曾負責修築京漢鐵路高碑店至梁格莊支線，兼關內外鐵路總辦、天津海關監督、牛莊海關道、天津海關道、上海海

關道、外務部右丞。民國建立後，任陸徵祥及趙秉鈞內閣外交總長。一九二一年任華盛頓會議中國代表團高等顧問。一九二五年加入「扶輪社」，晚年退休後寓居天津，任「華洋義賑會」會長。一九四一年十月去世。

按："M. T. Liang" 即梁孟亭，舊時中國人多以字號行世。

❷蔡廷幹，字耀堂，一八六一年生，廣東香山人。晚清第二批留學幼童。一八七三年赴美，一八八一年奉調回國。入大沽水雷學堂學習魚雷理論和操作技術。後任「福龍號」魚雷艇管帶（武職正四品）並賞給花翎頂戴，率該艇參加甲午海戰。威海衛北洋水師基地淪陷後被俘，曾被押送大阪囚禁。一九〇一年入袁世凱幕府，以英語嫻熟和國際知識豐富受袁倚重。一九一一年任海軍部軍制司長。是年十一月十六日，《泰晤士報》發表記者莫理循的《蔡廷幹上校來訪接談紀錄》，報導蔡廷幹去武漢與黎元洪祕密談判經過。一九一二年二月十六日，蔡廷幹致函莫理循：「隨函附上孫逸仙致袁宮保的電報，他們同意由我去剪掉總理（大總統）的辮子，而不去叫理髮師傅，因為他會感到難為情，這是你的獨家新聞。」第二天，莫理循即發表新聞：「今天下午，蔡當著一位祕書和袁的兒子袁雲臺（編按：指袁克定）的面，剪掉了袁世凱的辮子。」後被袁世凱擢升為「高等軍事參議，中將海軍副司令兼大總統府副禮官」。一九一三年九月任稅務處會辦，次年兼任袁世凱的英文祕書長，後因不滿袁帝制自為而與其疏遠。一九一九年四月任中國紅十字會副會長。一九二一年任華盛頓會議中國代表團顧問。一九二三年五月任整理內外債委員會委員，次月任關稅會議籌備委員會副主任。一九二四年任稅務處督辦。一九二六年署杜錫珪內閣外交總長，次年退出政壇。一九三五年九月病逝於北平。

❸羅文榦，字鈞任，一八八八年生，廣東番禺人。一九〇四年赴英國留學，入牛津大學專攻法律，歸國後曾任廣東審判廳廳長、廣東高等檢察廳廳長。一九一三年任北京政府總檢察廳檢察長。一九一九年在英國考獲大律師

資格。歸國後，兼北京大學法律教授。一九二一年至一九二七年，歷任梁士詒內閣司法次長、大理院院長、司法總長，王寵惠內閣財政總長，顧維鈞內閣司法總長等職。出席華盛頓會議，任中國代表團司法部專門委員，力主收回領事裁判權，在尤為關鍵的山東問題交涉中立場強硬，從法律角度指出《二十一條》等中日條約的不合法性。一九二二年任財政總長期間，曾解除英籍總稅務司安格聯（Sir Francis Arthur Aglen）的職務，是中國近代史上破天荒的舉動，引起轟動。同年十一月因簽訂《對奧匈帝國借款展期合同》涉嫌受賄被捕，三入牢獄，直至翌年因證據不足釋放，史稱「羅文幹案」。一九三一年任國民政府司法行政部長，次年轉任外交部長。抗戰期間任國防會議參議、第一屆國民參政會參政員、西南聯合大學教授，一九四一年十月病逝於廣東樂昌。

❹鍾文耀（一八六一～一九四五），號紫垣，廣東香山人。晚清第一批官費留美幼童，其姓名按照廣東發音拼成Mun Yew Chung。一八七九年進耶魯大學，曾為校划艇隊舵手，帶領耶魯划艇隊在與哈佛大學舉行的年度比賽中兩度獲勝。後歷任駐美使館通譯官、駐日使館二等參贊、代辦、駐小呂宋總領事、北洋洋務參贊兼保工局差、上海輪船招商局總辦、郵傳部滬寧鐵路管理局總辦。民國成立後，曾任滬寧、滬杭甬鐵路管理局局長、上海造幣廠籌備主任。

❺福開森（John Calvin Ferguson, 1866-1945），美國教育家、文物專家、慈善家、社會活動家。出生於加拿大安大略城，父為教會牧師。自幼隨家人移居美國。一八八六年畢業於波士頓大學，參加「社會福音運動」（The Social Gospel），被美以美會派到中國傳教。次年抵南京，熱愛中國文化，漢語流利，取華名為福茂生。一八八八年創辦匯文書院（南京大學前身），為第一任監督。一八九七年辭教會職，至上海協助盛宣懷創

辦高等工業學堂（南洋公學，上海交通大學前身），為第一任監院。一八九九年接辦《新聞報》。一九〇〇年入湖廣總督張之洞幕府時，參與策劃東南互保。一九〇二年參與修訂中國對日、對美條約。一九〇八年任郵傳部顧問。一九一〇年中原大旱時募得賑災款上百萬美元。民國建立後，為北京中國紅十字會董事，一九一七～一九二八年歷任北洋政府總統府、總理府政治顧問。一九二一年華盛頓會議期間為中國代表團成員、顧問。一九三六～一九三八年任國民政府行政院顧問，並兼故宮博物院鑒定委員。一九四三年太平洋戰爭爆發，福開森被日本遣送回美國，兩年後病故於波士頓。

❻ 一八九四年，容揆在春田市與美籍女子瑪莉．博納姆（Mary Elizabeth Lyon Burnham, 1868-1952）結婚。

❼ 錢泰，字階平，一八八六年生，浙江嘉善人。清末優貢出身。一九一四年畢業於法國巴黎法科大學，獲法學博士學位。一九一五年任司法部祕書兼統計司司長、司法部參事，充歐戰戰時國際事務委員會委員。一九一八年充外交部議和籌備處委員，巴黎和會專門委員。一九二〇年充外交部和約研究會委員，收回中東鐵路俄國法院委員會委員，外交部參事上行走。一九二一年任外交部條約司司長（至一九二八年止），充華盛頓會議專門委員。一九二二年充國務院祕書廳幫辦。一九二六年充關稅特別會議委員會議案處處長、中俄會議第一委員會委員長、調查法權會議籌備處參議、外交條約研究會事務主任，代理外交次長。一九二八年充戰地政務委員會外交處參議、國民政府外交部條約委員會顧問，任司法院參事。一九三一年充中蘇會議專門委員，任外交部國際司司長。一九三二年充參與國聯調查團中國代表處議案處主任、國際聯合會特別大會專門委員，任司法行政部參事。一九三三年任駐西班牙公使。一九三七年升任駐比利時大使，充國際聯合會第十八屆代表、九國公約會議代表。一九三八、三九年充國聯第十九、二十屆代表。一九四一年任外交部常務次長。一九四三年任駐挪威

大使。次年任駐法國臨時政府大使。一九四七年任簽署對義大利和約全權代表。抗戰勝利後轉任中國駐法大使，一九四九年十月去職。一九五〇年初定居美國。後遷居維也納，一九六二年逝世。

施肇基在哥倫比亞大學發表演講

一九二一年十一月二日

題記：施公使稱，列強正在中國問題上鋌而走險，對中華民國施以武力威脅只會導致戰爭。寄望軍備談判取得成功，民國為尋求國家發展而奮鬥，希望得到美國援助。

中國駐美公使施肇基博士❶昨晚在哥倫比亞大學說，中國要甩脫「東亞病夫」的帽子，所有中國人都渴望在「門戶開放政策」下實現國家的獨立與發展。

施公使稱，「中國的發展，如果堅持正確的方向，必將對世界的和平與發展做出巨大的貢獻。然而，中國的發展進程如果受到外界干擾，將可能衍生成為世界的威脅。有兩種途徑可從中國獲得利益，一條途徑是通過武力征服中國，世界大戰的實踐證明，這條路走不通；另一條途徑是通過中國自身的努力實現社會經濟的全面進步和發展，那將不僅惠及中、美兩國，而且惠及整個世界。

「中國的發展並非兒戲，因為它不僅對美國實現世界領導作用至關重要，而且我們還須銘記，無論你們是否參與中國的進步與發展，她的每個發展階段都將持續影響美國自身的商業狀況。」

哥倫比亞大學藝術與科學學院（Institute of Arts and Sciences）教職員工聆聽了施公使的演講，他們說這是中國代表團參加華盛頓會議的政治宣言。

讚賞機會均等的門戶開放政策

施博士談到華盛頓會議時說，「中國全心全意地投入到這次會議中來，對美國人民為太平洋地區和整個世界帶來福祉的良好意願表示高度的讚賞。

「美國對華政策十分友好並且深具建設性，我們對美國這種有益亞洲和平的善舉深感欣慰。

「自建國以來，美國外交政策有兩個重要支柱，其中之一就是海約翰國務卿二十五年前提出的機會均等的門戶開放政策。

「我也知道，門羅主義的宗旨就是為了實現美國自身發展的同時，確保美洲的新生共和國不受到外來侵略。你們並不想對別國稱霸，你們只希望世界上所有國家能夠在美洲大陸的商業與工業發展上平等競爭。

中國的發展需要和平

「我們深知，你們實行的門戶開放政策與門羅主義是完全一致的，你們也正在致力於幫助亞洲實現自身發展。我們正在從事的事業是共同的事業。我們渴求實現獨立發展的權利，力圖確保我們民族的生存權不受侵害。而這也是你們希望我們享有的權利。

「你們在對南美、墨西哥、古巴、加拿大的外交關係中已經充分展示了這個原則並從中獲益，你們致力於為新興國家創造和平的環境，這種環境充滿正義與公平的理想。我們相信，太平洋地區各國最終將與你們持有完全相同的理念。你們的努力將得到中國四萬萬人民的全力支持，中國人民的友誼和信任將使你們的努力上升到新的、最高的境界。」

施公使談到中國的發展時說，「中國需要大力發展工礦業；需要修建高速公路、鐵路和運河；需要疏濬港口、改造江河；她廣闊的沙漠地區需要澆灌，需要將荒漠改造為良田。中國需要和平。

「如果沒有外來侵略，沒有外來勢力在政治、經濟和主權、領土等問題上干涉中國內政，中國必能實現自身的獨立與發展。一個繁榮昌盛的中國必將對世界的和平與發展做出應有的貢獻，為我們的鄰國和遠方友邦帶來巨大利益。」

中國面臨的險惡形勢對世界和平繁榮構成威脅

施公使回顧了中國在大戰中發揮的作用。他說，「中國參戰在很大成分上是因為美國發揮了榜樣作用」。他談到，這次大戰對改變中國人的傳統觀念有巨大影響，對國家實現工業轉型也有積極作用。他通過與美國成長和發展歷史的比較，重點談了中國的財政狀況。

他說，「實際上，許多國家的財政狀況都十分糟糕。也許你們已讀到紐約報紙最近的報導，說中國最大的銀行之一——中法實業銀行❷開張數年後終於倒閉。在此我想提醒諸位，一是這家銀行由法國人而非中國人管理，二是當這家銀行數月前倒閉時，是中國銀行家出來救市，以免中國整個金融系統出現崩盤。

「你們是知道的，中國的財政困境使其難以應付它內部事務，更不可能在外國銀行家們自身難保時出手拯救大型法資銀行。」

施公使稱，「這個事實表明中國樂意在世界經濟重建中扮演積極角色，但問題在於她缺少自由發展的機會。國防力量脆弱的中國已引起外敵垂涎。

「中國當前面臨的這種險惡形勢對世界和平繁榮的未來構成了威脅。這種狀況能否改變，取決於各國在本月召開的華盛頓會議中的態度。」

注釋

❶施肇基（西名Sao-Ke Alfred Sze），字植之，一八七七年生於江蘇吳江，祖籍浙江餘杭。一八八八年入上海聖約翰書院就讀，一八九三年隨大清國駐美國公使楊儒赴美任翻譯學生，先後獲康乃爾大學文學碩士、哲學博士學位。一九〇二年回國，入湖廣總督張之洞幕府，兼鄂省留美學生監督。一九〇五年隨端方、戴鴻慈等五大臣出使各國考察憲政，任一等參贊。次年任郵傳部右參議兼京漢鐵路局總辦，後又任京奉鐵路局總辦。一九一〇年署吉林洋務，任外務部左、右丞。辛亥革命爆發前，施肇基被任命為大清國駐美國、西班牙和祕魯公使，未赴任。一九一二年任唐紹儀內閣交通及財政總長。一九一四～一九二〇年任駐英國公使，其間為中國代表團代表出席巴黎和會。一九二一年轉任駐美公使，充華盛頓會議中國代表團首席代表。一九二三年曾一度回國，

任張紹曾內閣外交總長。次年任出席日內瓦國際禁煙會議全權代表。一九二九年再任駐英公使。一九三〇年出席國際聯盟會議，任中國全權代表兼國聯理事會全權代表。一九三三年再任駐美公使，翌年使館升格，出任大使。一九三七年辭職回國。抗日戰爭爆發後，任國際救濟會宣傳組主任兼上海防疫協會董事長。一九四一年赴美，任中國物資供應委員會副主任委員。一九四五年出席舊金山會議任高級顧問。一九四八～一九五〇年任國際復興開發銀行顧問委員會委員。一九五八年在美國逝世。著有《施肇基回憶錄》。

❷中法實業銀行（Banque Industrielle de China）是民國第一家中外合辦銀行。一九一三年，東方匯理銀行向北京政府建議，中法合資建立。資本總額四千五百萬法郎，中方認股三分之一，實際由法方墊支，法方擁有管理全權。總行在巴黎，設上海和北京、天津分行。發行貨幣及吸收儲蓄存款等，承辦法國對華的鐵路和實業借款。一九一八年七月，因經營失敗停業。一九二五年，改組後復業，改名為中法工商銀行（Banque Franco-Chinoise pour le Commerce et L'Industrie）。

顧維鈞就華盛頓會議表明中國立場

一九二一年十一月十五日

題記：顧維鈞表示，中國必須獲得政治獨立，確保領土完整。

華盛頓十一月十四日電（美聯社）：今天，出席華盛頓會議的中國代表團成員、中國駐英公使顧維鈞博士表示，中國代表團將就遠東問題中有關中國部分提出建議，建議將基於以下通則：

實現遠東和平是中國恢復獨立自主的政治進程之基礎。

中國必須通過開發本國豐富的自然資源來實現國家的經濟復蘇。

中國必須確保國家領土完整、不受侵犯。各國必須停止利用租界加大侵犯中國主權的行為。

中國必須擁有完全的政治獨立，不受任何外部勢力干涉。

顧維鈞博士說，具體建議尚未最後成型，將待華盛頓會議決定討論遠東形勢的日程而定。

他接著談到，中國無意提出過分要求，中方的建議將局限於中國認為必須解決的重大問題。

他說，「世界不是一夜建成的。中國的現狀也不可能立即獲得改觀。我們需要解決的問題太多了，並不期望在這次會議上實現所有願望。」

顧維鈞博士論及中國在資源開發和經濟復蘇所面臨的諸多阻礙時，提醒說中國必須擁有自己修築和管理鐵路的權力，他還特別強調，受列強控制，中國僅能向進口商品徵收百分之五的關稅。他認為關稅制度應每十年進行一次調整，而中國現行的關稅制度已經二十多年未調整過了。

顧維鈞博士說，列強在華設立租界，給中國經濟加上了一道沉重的枷鎖。但他同時也指出，要立即改變這種情況，似乎希望不大。他表示，希望此次會議能夠就此達成協定，廢止犧牲中國主權的租界制度。

他說，中國願意與列強共同商定出一個恢復主權的框架協定。他補充道，中國無意獨享開發其無盡資源所獲得的全部利益，只是希望外國資本能夠在互惠條件下對華投資，而不是對中國進行經濟侵略。

顧維鈞博士在今晚發表的一份聲明中宣稱，他和他的同仁們對會議在召開之初即展示出的「公平精神和高尚的道德風氣，深感欣慰」。

這份聲明中說，「如果能在會議期間以上述精神解決重大問題，那麼中國將對此次會議抱有很高期待。

「我們希望通過美國人民和新聞界再次表達我們對美國的信賴。我們處處看到，門戶開放主義和維護中國政治獨立和領土完整的觀念深植於美國歷史傳統之中。另一方面，中國的口號是在確保國家安全的前提下，有機會得以自由發展。中國代表團將懷著信心和希望面對問題。」

民國政府要求取締外國在華郵局

一九二一年十一月二十六日

華盛頓十一月二十五日電：今天，民國政府通過其駐美公使施肇基博士向遠東和太平洋問題委員會（Committee on Far Eastern and Pacific Questions）提出，外國在華郵政系統的存在是對中國領土和主權管轄完整的侵犯。

針對該委員會將討論治外法權議題，中國代表團在小組委員會上指出，造成民國政府國家稅收流失的原因之一是外國郵局的存在。

施肇基博士力陳，在中國領土上建立外國郵局不僅侵害中國領土完整，也不斷提示中國人他們尚處於外國霸權的控制之下。他說，這損害民國政府的尊嚴，也危及民國的財政。

當然，他承認，過去也許可以認為外國在華建立自己的郵政系統是出於商業原因，但這個理由現已不能成立，因為民國政府現已建立完善的體系❶。

外國在華所建郵局，數目如下：日本一百二十四個、法國十三個、英國十二個，美國在上海建有一個。

目前仍有鴉片通過外國郵局進入中國，有鑒於此，中國希望完全控制國家郵政系統，這也是為了保障國家完整的必要方略。

民國政府的抗議聲明

施公使就外國在華郵政系統的營運做了以下聲明：

「正如顧維鈞先生在委員會上所指出的那樣，中國不僅遭受領土和管轄權的缺失，而且其主權完整也受到侵犯。

「這些侵犯包括外國軍隊駐紮中國境內、外國士兵在鐵路沿線設立據點把守、架設有線和無線通訊網、設立外國郵局及所謂的警察崗亭。我首先講中國領土上的外國郵政服務。

「基於以下諸點，中國要求與會各位立即同意廢除目前所有外國在華郵政服務：

「一、我國已在全國建立了國家郵政系統，並與世界上所有其他國家保持必要的通郵關係。郵件傳遞屬於政府管治範疇。一九二二年十月十二日，民國政府頒佈的郵政公告開宗明義地指出：『郵政事業由國家壟斷經營。』

「二、外國郵局的存在干擾並阻礙中國郵政系統的發展，也使該系統不能享有合法合理的稅收。

「三、外國政府在華設立郵局直接侵犯了中國的領土和主權管轄的完整及其他合法權利。

外國在華開設郵政並無任何條約依據

「上世紀六〇年代，中國開始五口通商，外國郵局即在通商口岸設立分支機構。但是，開設這些郵局並無任何條約依據，因此，中國政府對其存在與發展難以容忍。

「與此同時，我們在與海關有關連的外國航線上建立了信件貨運的定期航班，業務主要分佈在中國沿海的眾多港口，有些達到長江上游地區。這些郵政服務逐年發展已經形成正常的營運機制。根據滿清政府一八九六年三月二十日發佈的詔令，獨立的大清國郵政系統正式成立，置於海關總稅務司轄下。最後，根據滿清政府一九一一年五月二十八日發佈的詔令，郵政系統脫離海關總稅務司的管轄，自成一個系統，由郵傳部大臣直接管理。自此，國家郵政成為中央政府一個獨立的行政機構。

「一九一四年三月一日，中國參加萬國郵政聯盟，自那年九月一日起，中國成為萬國郵政聯盟成員並延續至今。

「因為萬國郵政聯盟不承認一國在他國擁有郵政，中國代表團將此問題帶到一九二〇年十月一日召開的萬國郵政聯盟大會，但撤郵問題被認為是各國郵政對其分支機構的管治範圍，而外國郵政分支機構不是萬國郵政聯盟的成員，因此未形成任何決定，這一問題被擱置。

中國郵政發展概述

「儘管中國郵局有世界上價格最便宜的定期航班，但是，由於中國境內缺乏現代化的郵政配套設施，長途投遞成本過高。即使如此，營業贏餘已逐步增加，全部利潤都投入繼續改善服務條件，特別是在一些內陸村鎮開設新郵局，並進一步擴大郵政服務。一九二〇年的收入為一二六七九一二一・九八美元，花銷為一〇四六七〇五三・〇七美元，全年贏利為二二一二〇六八・九一美元。

「掛號商包、掛號信、快信等一旦丟失，郵局一律賠償。一九二〇年，超過三千七百萬件物品通過郵寄，其中不到四百件丟失，佔九萬分之一。

「過去四年中，掛號信發信量下降三成，但是，其他郵寄方式增加五成，這表明公眾對非掛號服務的信心在增加。

「中國郵局擁有三千多名可以講外語的雇員，每個有外國人居住的地方都有充足的翻譯人員適應其需要。

「中國郵政服務的效率得益於選任得力職員並建立健全的管理方法而獲得保證。郵政員工必須通過智力和體能考試才能上崗任職，郵局局長從最優秀的職員中選拔產生，而不從其他公共服務部門調配。如果發現有貪汙瀆職行為一律開除，但這從未發生過。

「全國郵局實行統一垂直領導，即使出現地方叛亂或發生革命，郵局照常運轉，為民眾提供正常服務而無須更換職員或被其他機構控制。

「近年來，儘管中國發生各種動亂，但該系統仍然穩定發展，原因就是它完全受政府的指導和控制。

「自一九一一年到一九二〇年，中國信件投遞量增長了三倍左右，由一億二千六百五十三萬九千二百二十八件增至四億零八十八萬六千九百三十五件；包裹服務量也由十五萬四千七百四十件增至四百二十一萬六千二百件，增長了二十七倍。

「現在，郵局遍佈中國村鎮，即使不具備建立郵局條件的邊遠地區至少也有郵政代理所或郵箱。全國郵局數目從一九一七年的九千一百零三個增至一九二〇年的一萬零四百六十個。鄉村郵箱也由一九一七年的四千八百九十個增至一九二〇年的二萬零八百五十六個。這使郵政據點的設置總數達到三萬一千三百一十六個，比四年前增加了兩倍。

外國在華郵局已無必要

「威羅璧（譯注：Westel Woodburg Willoughby, 1867-1945）先生在他詳細的研究報告《外國在華權力與利益》（*Foreign Rights and Interests in China*）中，談及此系統時說道：

「當下（一九二〇年）的中國郵政服務，應該是政府值得受到稱讚之處。一般而言，郵政服務運轉有效，也取得良好收益，儘管中國不得不接受其境內仍有外國郵局存在的現實。

「目前，中國郵政營運有效，但外國政府仍在華設有相當多的郵政機構。……僅僅日本在華郵局就可分為以下幾類：一等郵局七個，二等郵局二十三個，三等郵局四個，未分類郵局十個，郵政分局三個，中心郵箱服務所一個，郵政代理點三十三個，郵箱三十三個，鄉村郵政所十個。

「這些郵局自己發行郵票，從各方面都與中國郵政形成業務競爭。而且，這些郵局大多設在人口密集和工商業最集中的地區。大量擠佔中國郵政業務，並且不承擔任何責任和義務。他們不會在偏遠地區建立站點。

「因此，應鄭重指出，如果說過去外國在華郵局有存在必要，現在已無任何必要。早在一九〇二年四月二十日，美國駐華公使❷向美國政府報告（《美國對外關係》〔*United States Foreign Relations*〕，一九〇二年，頁二二五）：

「『基於我曾做過的調查，我敢負責任地說，除在上海外，外國在華郵局已無必要。因為大清國海關管轄的中國郵政服務遍佈各地，並且有能夠令人滿意的服務，它們正從沿海向內地有效延伸。』

「近期出版的《中國商業手冊》說，『中國郵政服務在過去十年間順利快速發展，因此，外國在華郵局已無必要。』

在中國領土建立外國郵政應受譴責

「此外還要指出，設立這些外國郵局並無任何條約和法律根據。針對這一點，美國駐華公使在一九〇二年四月二十日給美國政府的報告中說道（參考文獻已見於前）：

「『外國郵局之建立主要基於政治考慮，一是他們想插手滿清內政，並企圖影響大清國的未來設計；二是嫉妒其他國家，有攀比心理。建立這些郵局並未徵得中國同意，並有欺侮之意。因為它們原本是不應贏利的，它們的建立從物質上說，干擾並妨礙了中國郵政服務的發展，損害了中國主權，也與我們熟知的對華政策不相一致。因此，我沒有發現美國在華建立郵局的任何理由。』

「綜上所述，中國想要指出的是，外國郵局存在於中國領土上，不僅導致我國財政損失，而且阻礙我國郵政系統的正常發展，侵犯主權和領土完整，也並不符合中國人民的需要，降低了民國政府的威信和尊嚴。因此，無論從什麼觀點看，在中國領土上建立這些外國郵局都應該受到譴責。」

注釋

❶辛亥革命後，「大清郵政」改名為「中華郵政」，一九一二年開辦了收寄商務傳單、保險信函業務；一九一三年開辦了代售印花稅票業務；一九一四年創設火車行動郵局；一九一八年開辦國際回信郵票券業務；一九一九年開辦郵政儲金和郵轉電報業務；一九二〇年開辦國際保險信函和箱匣業務；一九二一年開辦航空郵務。中華郵政的郵路分為郵差線、航船線、鐵路線及航空線等。郵運工具除利用其他部門的交通工具外，還自備了獸車、手車、冰車及自行車、汽車、摩托車、輪船等。中華郵政在管理上有統一的規章制度，責任明確，網點設置比較合理，並有經常的監察制度，財務管理有嚴格的稽核。早期的中華郵政，洋人壟斷了一切重要職位，工資比中國職員高出十數倍乃至數十倍。

❷指康格（Edwin Hund Conger, 1843-1907），其任期為一八九八～一九〇五年。

列強同意撤出外國在華郵局

一九二一年十一月二十九日

題記：除日本外，所有大國都同意在中國保證提供穩定郵政服務後撤除在華郵局，而日本代表團正等待東京答覆。中國駐美公使施肇基對外國在華駐軍提出抗議。

華盛頓十一月二十八日電：今天，在遠東和太平洋問題委員會討論時，除日本外，各大國都有條件地同意於一九二三年一月一日前撤除外國在華郵局。

日本代表對小組委員會的報告不持異議，但聲稱他尚未準備好同意關閉外國郵局的時間，將在請示本國政府後再作回應。因此，撤出時間懸而未決。預期日本代表一接到東京方面的命令，就會同意列強所接受的時間。

委員會收到治外法權小組委員會（Subcommittee on Extra-territoriality）的陳述書，內容是報告進度，以及來自中國代表團的一份聲明，要求外國列強清除未經條約批准在華建立的種種，如外國軍隊、警察局、電報局、無線電站。委員會決定在接下來的會議中就這些問題進行討論。

委員會還決定，應該成立一個常設小組委員會，由各大國派一名代表參加。

委員會宣佈休會至明天，一九二一年十一月二十九日上午十一點鐘復會。

中國代表團發現，通過第一輪較量，已為今後的政治交涉奠定了很好的基礎，並確立了基本原則，對解決其他問題，如撤出外國軍隊和中止其他帶有侵略、損害中國領土和主權完整的行為，也就鋪平了道路。

外國郵政和外國駐軍損害中國主權

英國首先在華設立郵局，他們未經中國政府同意，採取單方面行動。其他大國逐漸效仿。民國政府發現，大量的稅收落進了外國郵局的口袋。

外國郵局的存在不僅侵犯中國領土完整，還特別令人難堪，因為它們不斷地提醒中國人，他們的國家主權和行政完整受到了損害。中國代表團指出，外國郵政和外國軍隊的存在，降低了民國政府的威望，使其很難維持共和制度。

中國代表團的陳辭很容易被各大國代表團接受。他們都認可中國自身建立的郵局發展很快，因此沒有必要非得在中國領土上擁有自己的郵局來發送信件。

中國駐美公使施肇基今天還就反對外國軍隊駐紮中國領土做了陳述，但最終未能說服各國。施公使辯論道，這些軍隊在華駐紮（外國公使館的衛兵除外）未經中國認可，侵犯了中國主權。因此，所有外國軍隊應立即撤出。他說，在外國公使館派駐衛兵雖有條約保護，但也應設定撤出時間。各國的行動必須對現有條約進行修訂後才可能生效，屆時，中方將要求列強提出條約修改方案。

外國駐軍總數約有五千名

據估計，排除滿洲地區和山東省，外國在華駐軍總數約五千名。施博士宣讀了一九二一～一九二二年年鑒，據稱，除滿洲與山東外，外國駐軍士兵總數為四千九百五十三名，另有一百八十九名軍官和九十九挺機關槍。這些軍隊駐紮在長城以內，其中美軍一千四百六十四名，軍官六十名，機關槍二十八挺，英軍一千零六名，軍官三十八名；法軍一千二百一十四名；日軍一千零九十七名，軍官六十一名。

此外，日本軍隊還駐紮在滿洲和山東，近些年在漢口也派有少量駐軍。日本在滿洲駐紮有一整個師；根據去年四月統計，日本在山東駐有四個營，約五百二十五名士兵駐紮在天津至濟南鐵路沿線。另外，還有日本憲兵隊在鐵路沿線巡邏。在漢口，日本維持有一個營的兵力，與一些特遣分隊共同執勤。

施博士在通報各國駐華兵力後表明中國政府立場：一是現在華駐紮的所有外國軍隊應全部撤出；二是取消一九〇一年九月七日簽署的協定第七條和第九條，即外國在華公使館衛兵和其他外國軍隊應在華盛頓會議之條約宣布生效一年後全部撤出。

中國司法主權有望恢復

為了華盛頓會議取得中國人期待的實際效果，恢復中國獨立完整的司法管轄權，遠東和太平洋問題委員會正就治外法權問題起草一份決議。此問題今晚獲得最高當局的高度重視，可能將於明天提交陳述。草案正由小組委員會撰寫。據稱，草案原則基本上遵循了中方的願望，因為小組委員會深知會議主辦方的期望。預計該決議將被一致通過，正如今天討論的外國在華郵局問題一樣。

據報導，遠東和太平洋問題委員會已制定出議事日程，並按照預定方案緊密行事，目前要考慮的主要問題涉及中國領土及主權完整，委員會已接受總體原則，對何種問題具體運用何種原則，也已安排進有關日程。

遠東和太平洋問題委員會中國海關小組委員會宣佈將於明天開會，中國代表團發言人宣稱，對會議結果充滿信心，即會議將會對中國要求的平等關稅安排和關稅自主權予以充分考慮。

據報導，中國代表團在會前帶來的另一個議題是外國在華勢力範圍。英國代表團發言人稱，大會決議原則已經確定，即通過「門戶開放」和「機會均等」原則，廢除外國在華勢力範圍。一位可靠的中方發言人稱，中國不會對任何國家帶有敵意，因此，也不會受任何特殊勢力的影響。

【善後大借款系列報導之二】

中國是列強利益碰撞的火藥桶

一九一三年二月十六日

弗雷德里克・麥考密克❶

題記：中國目前的政治環境比過去任何時候都更為凶險。她未來的命運，實際上掌握在俄、英、法、日四大列強的手中。

自一九〇〇年東亞形勢巨變以來，特別是中華民國憲政制政府建立以來，中國的國際政治環境從來沒有像現在這樣凶險。中國能否作為一個領土完整的民族國家繼續存在下去，都成了一個疑問。如果要避免分裂，除非她能向冷酷無情和精於算計的歐洲的首相們證明，自己是一枚令人恐懼且足以使列強同歸於盡的政治炸彈。

熱中於擴張軍事實力、夢想建立大陸型帝國的日本，已經對中國失望了；當中國於一九一一年宣佈推翻帝制、建立民國後，期待中國實現工業化、商業化、非政治化的資本主義同盟（Capitalistic Allies）也失望了。對於列強而言，中國仍是一個沉重的政治負擔。這就是中國在世界政治格局中所處的現狀。

列強對於是否承認中華民國政府的態度即可印證上述觀點。中華民國政府期盼獲得列強的承認，並重新修訂條約，以改變中國在地緣政治格局中所處的劣勢，改變由於自身國力衰弱、政策錯誤和過去的壞運氣所造成的外交被動局面。中國認為，如果這樣發展下去，在不遠的未來，中國即可逐漸與列強平起平坐。

民國政府的願望極大地打動了單純的美國人民。然而，問題在於俄、英、法、日四國對中國的未來毫無信心。他們主要有四個方面的擔憂。首先，他們認為這只不過是中國領導人和其同情者給既有的「中國問題」加上了一個新面具；其次，中國目前在各方面都身陷困境，令人同情；第三，現在還看不到中國努力擺脫困境的前景；最後，中國的未來面臨各種未知與不確定性。

中國的歷史背景

從十七世紀到十九世紀二百年間，中國邊境警鐘長鳴，沙皇俄國侵佔了阿穆爾河（Amur，譯注：即中國人所稱的黑龍江）地區，英國征服了印度，法國侵入印度支那，日本吞併朝鮮。以四大列強在侵華問題上勾心鬥角與「講和」的過程為開端，其結果是沙俄巧取豪奪中國領土——在有些地方竟深入中國邊疆達數百英里；英國從印度干涉西藏事務，勢力直達中緬邊界，佔領香港及一個華北口岸（編按：指威海衛）；法國囊括了安南[2]和東京[3]，拿下中國東南沿海的一個口岸（譯注：指廣州灣，今湛江市）；日本席捲了琉球群島、臺灣和朝鮮，從臺灣到滿洲中部一線，悉據為己有。

俄、英、法、日四大列強將中國牢牢地包圍住，動彈不得。一九一一年的革命對於中國的歷史背景沒有任何改變。她的命運被掌握在四強手中。世界上其他國家對中國的命運影響十分有限，中國只能指望自己救自己了。

列強在華形成利益割據

本文將盡力說明中國今天這一局面是如何形成的，野心瓜分中國的各列強之間關係如何。起初是貿易利益吸引歐洲列強匯聚東亞。德國從海上進攻攫取山東後，列強原來在華建立的力量均勢被打破，瓜分中國領土成為首要目標，以商業利益為重也轉化為以工業利益為重。五大國在中國劃出各自勢力範圍，形成利益割據，截至一九〇三年一直相安無事。到了一九〇三年，英、法兩國的經濟利益在中國西南地區發生衝突，於是兩國結成利益同盟。

儘管英國人是「門戶開放」的始作俑者，但德國人認為英法同盟實際上形成了對華壟斷。一九〇八年，德國插足進來，形成了三國壟斷之勢。美國人繼承了英國為「門戶開放」辯護的衣缽，卻發現自己被歐洲列強拒於中國大門之外，於是在一九〇九年加入進來，成為平等一員，由此四國資本和政治形成聯盟。

是瓜分中國，還是維持中國主權？

日、俄兩國由於俄方謀求對華特殊利益而爆發戰爭。日俄戰爭的結果是重新改劃列強在華勢力範圍地圖。是徹底瓜分中國，還是繼續維持中國主權，這兩種力量的對峙日益清晰成形。

對中國較小危害的國家繼續秉持資本主義理念，希望中國的發展立足於領土完整的基礎之上，同時對所有國家開放門戶。真正邪惡的政治力量是由那些君主立憲國家組成的同盟，他們打著開拓邊疆的旗號走到一起。英國與日本結盟，將兩國在華勢力範圍從帕米爾高原延展到東西伯利亞的烏蘇里省。法國沿緬甸到中國海之間活動，打破了這條線。法國還與俄國結盟，共同分享從帕米爾高原至朝鮮的廣大領域，作為交換，法國同意與俄國共用廣東至緬甸地區。四大國佔據了中國所有鄰國的首都，並不約而同地將勢力範圍向中國內陸推進。在日本認可下，歐洲列強在華已牢固地建立了自己的政治地位。中國未來的命運，也就成為歐洲政治的一部分了。

「中國問題」首先從貿易問題演進為領土和邊界問題，然後是中國金融與工業的發展；起初是英、法矛盾，而後是英、法、德，再之後是美國與英、法、德之間的矛盾，最後是英、法、德、美四個資本主義國家與俄、日兩個非資本主義國家之間的問題。這就是中國的現狀，從中不難看出，中國的命運已經掌握在四大國手中，她沒有外援，只能自救。

保持中國統一的力量只有中國自身

俄國宣稱，日本並沒有破壞列強在華特權，只是重建了特權。一九一〇年七月四日，日本通過日俄條約，無視中國領土完整與主權，成為列強瓜分中國利益俱樂部的平等成員。日本進而更將其利益向英、俄、法傳統勢力範圍延伸，乃至擴展至中國全境。如何規劃與應對中國的未來走向，成為日本能否成為東亞領袖國家的關鍵。

資本主義同盟對中國命運有一定的影響力。最可能破壞中國統一的力量主要來自對她有領土野心的俄、日兩國，而能保持中國統一的力量只有中國自身。英、美等國的力量只是外部因素，而中國自身力量將成為中國救亡運動能否成功的關鍵。

資本主義同盟決定了世界政治經濟格局。金融財閥宣稱經濟利益應高於政治利益，如此可消除戰爭威脅，挽救中國的分裂。在這個同盟之外的日、俄兩國對其在華利益深感擔憂，謀求擠入資本主義同盟，而同盟從原則上也並不排斥。一九一二年六月二十日，英、法、德、美四國同意俄、日參加對華借款。俄國宣稱，對華借款不能損害俄國在北滿、外蒙和中國西北地區的特殊利益；日本宣稱，借款不能損害日本在南滿、東蒙的特殊利益。日俄戰爭後，日本在華勢力迅速擴張的事實表明，日本期望成為資本主義同盟的領袖，最終主宰中國事務。

日本掌握著中國命運的鑰匙

一九一一年秋天，中國革命爆發後，日本在列強中的地位變得更為複雜，她不得不面對日中關係的新變化。日本曾對滿清王朝抱持信心，不管是繼續維持王朝統治或實行君主立憲，都予以支持，避免中國突然被列強瓜分，為此頗費苦心。現在，日本必須接受滿清覆滅的事實。然而，中國革命爆發和一九一一～一九一二年內戰後，南北尚能維持統一，袁世凱政府與國民黨人還能聯合對外，主要卻是出於對日本的恐懼。

中國革命使其外交關係進入一個敏感期。民國元年元月，日本向北京的保皇派伸出橄欖枝，提出援助意向但未得逞。於是，日本向南方革命黨人試探，宣稱將提供援助，締結聯盟，共同建立「亞洲的東亞」。但民國革命家們毅然與中國古老傳統決裂，不勾結外敵，並迅速與袁世凱達成妥協，向世界宣示了對袁的完全信任。而在這之前，他們將袁世凱稱為機會主義者、騎牆派和革命的叛徒。

日本未能與中國簽訂協定，旋即聯手俄國。日、俄採取協調政策，密切關注中國革命形勢的發展，以及國際社會對外蒙分裂的反應。六國銀行團在巴黎簽署協定❹後，日本於一九一二年七月派桂太郎伯爵❺赴聖彼得堡，與俄國簽訂了一項新的諒解協定，相互確認兩國在華北和蒙古的特權，以及共同參與對華借款事宜。這是一份有步驟、漸進式割據和瓜分中國的備忘錄，日、俄兩國以此劃分了其在華北和蒙古的勢力範圍。

日本與任何列強簽署的任何政策和行動協定，都旨在確保並增進她在東亞的政治利益和影響力。日本是資本主義同盟成員，在華佔據了有利地位。由此可以看出，一個強大、富於侵略性和無法抵抗的日本，對於中國革命黨和愛國志士們是多麼可怕的力量。日本掌握著中國命運的鑰匙。

當中國終於走向世界時，卻發現自己孤獨地站在與世界對立的位置上

西方很少有人能看清中國現狀。對於西方列強而言，中國大陸也許是世界上最危險的地區。

中國曾經按照自己的方式獨立發展，力圖在國際社會尋求到有利的地位。但是，中國當前的弱勢非常明顯，她必須按照西方設定的規則行事。西方國家的財富、實力和繁榮已經達到巔峰。而年輕的中華民國則剛剛成立，人民尚未脫離愚昧狀態，沒有熟練的勞工和全國通用的語言，各省之間交通不暢，沒有統一的貨幣、稅收和國家信用，沒有足夠的通訊工具，也沒有促進國家經濟發展的貨幣資本。中國森林稀少，江河經常決堤氾濫，沖走成熟的莊稼和村民，人民食不果腹。中國沒有訓練有素的行政官員，卻又經常拒絕外國的建議和忠告。可能需要十到二十年時間，中國才可能建立一個管理有效的政府，而要形成中國變革所亟需的中央集權，也許需要更長的時間。

如果能像日本一樣，中國在半個世紀前就登上國際政治舞臺，那麼所謂的「中國問題」可能早解決了。但是，當中國終於走向世界時，卻發現自己孤獨地站在與世界對立的位置上。中國在與現代文明抗爭。從西方各國政府發表的言論以及列強對中國資源的野蠻掠奪就可看出中國是何等的危險。中國要求得到承認、要求給予公平待遇的希望落空了。美、英、德等國對於妄圖侵佔中國領土的列強束手無策，在資本主義同盟中的政策影響力非常有限。中國也不會再出現滿清八旗那樣的鐵血民族，或再現蒙古鐵騎橫掃歐洲的雄風，能夠將妄圖侵犯中國領土的異族驅逐出去。中國除了獲得強國的憐憫和同情，一無所有。

被各類議定書、條約、協定綁死，中國早已失去自由之身

以中國安全和未來幸福為己任的中國政治家們肩負著國家與民族的重任，他們希望立即獲得

列強的承認。但是，這為時過早，而且這種想法對中國民眾也非常危險。多數列強對華懷有誠意和憂慮。美國在中國事務中只能充當調解人而非主導者，美國只有先行限制或放棄自身對華權益才可能獨自承認中國。新中國的領導人和少數「知情人士」並不指望立即獲得美國的承認，認為時機不成熟，因此，他們避免涉及這一問題。

然而，對於美國政府而言，承認中華民國的問題卻難以避免。美國是否應在民國政府穩固之前就搶先承認它呢？美國不應先於其他列強承認中國。如果單是因為民國政府與美國政府有相似的政治元素，或單純考慮到中國歷史與政治處境，相信這個問題不會很快提上日程。根本的問題是，中國的情況與歷史上或當前任何一個國家的情況都完全不同。

列強認為，承認民國政府不會使它的國際處境和地位有任何改善。中國的現狀和處境不是假想，而是現實。儘管各國可以向中國提供幫助，但中國仍舊完全被充滿野心的列強環繞禁錮，如同一個尚未爆炸的火藥桶，危機只是獲得暫時的控制。中國已被各國強加給她的各類議定書、條約、協定綁得死死的，早已失去自由之身。無論是作為帝國或是共和國，中國在與列強簽訂的所有條款中都獲得承認。所有記錄在案的文件都表示承認中國，這一事實無法隨意抹殺。然而，列強對於改變中國現狀卻無能為力，因為命運掌握在中國人自己手中。

革命並未損及中國的貸款信譽

中國人及中國的同情者都認為，如果民國政府獲得承認，它就可以對外借款，並從此擺脫列強的束縛和勒索。然而，承認中國和借款不是同一個問題，雖然二者有政治關聯。中國與貸款國之間的政治關係由列強說了算，中國完全不可能利用承認問題來贏得借款。當中國同意巨額借款後，各國金融、商業和其他利益集團馬上會敦促政府承認民國政府，以便獲得發行債券和在中國使用貸款的利益。

由此看來，承認中華民國政府就與貸款發生了政治上的聯繫。中國未來是否能夠保持領土完整，並非是否承認民國政府的關鍵，商業利益才是關鍵。此次金融信貸數額太過龐大，讓中國人對未來產生希望。革命並未損及中國的信譽，中國人民仍然是勤勞、堅韌、寬厚的人民，中國仍然擁有豐富的自然資源，而她仍然還在列強的掌控之中。無論中國走向何方，這些基本要素都沒有改變。即使有一天面對列強瓜分中國的絕望處境，中國仍可對貸款人和投資者說，「列強已是中國更全面和更安全的擔保人。」

中國將恢復她在世界上的地位

中國絕對不缺少擺脫悲慘命運的機會。中國曾經在王朝體制下達到過人類所知的榮耀巔峰，然後在這一體制下衰老腐朽。當元朝大軍橫掃西亞時，中國人能夠隨心所欲地吸納邊境殘留蠻夷，並穩步向前發展，達到前所未有的繁榮昌盛。當時，地球上再也找不出比中國人更為滿足的龐大人口。中國站在曾經無與倫比而今古老枯朽的制度基礎上，準備迎接更新、更快的發展。她對自己的歷史有清晰的認識，也正在吸收西方的元素。這將是中國的黃金時代。中國如果能正確使用自己的資源，發揮出自己的巨大能力，就一定能夠實現團結、尊嚴、有政治威懾的生存。中國將恢復她在世界上的地位。

注釋

❶本文作者弗雷德里克·麥考密克（Frederick McCormick），一八七八年生於美國密蘇里州布魯克菲爾德（Brookfield）。一九〇〇～一九二二年任美國派駐遠東新聞記者，曾為美聯社等媒體對八國聯軍鎮壓義和團、日俄戰爭和辛亥革命等重大事件撰寫新聞稿和評論文章，後為廣播電臺太平洋事務新聞評論員，並成為著名期刊文章撰稿人。著有《中華民國》（*The Flowery Republic*）、《日本威脅》（*The Menace of Japan*）等書。一九五一年病逝於加州波瑪谷（Pauma Valley）。

❷此處的安南，指舊時越南中部四省，首府順化。

❸東京（Tongking），指舊時越南北部十六省，首府河內。

❹一九一二年六月，美、英、法、德、俄、日六國銀行團在巴黎簽訂三個祕密協定，主要內容包括：中國政府必須就借款的使用目的事先向六國銀行團提供說明，並取得六國政府的同意；任何在中國要進行的事宜必須由六國銀行團一致同意；日、俄兩國如果認為任何利用借款所進行的事宜違反日、俄兩國的利益，有權反對並撤出六國協定。

❺桂太郎（一八四八～一九一三），出生於日本山口縣，是長州藩士桂與一右衛門次子。一八七〇年赴德國留學，學習軍事和軍制。一八七三年歸國後，在日本著名政治家山縣有朋領導下推動日本軍事近代化改革，被視

為山縣的掌門弟子。曾任日本駐德國公使館副武官，一八八五年晉升陸軍少將，次年成為陸軍省次官。中日甲午戰爭時任第三師團司令，一八九六年被派為第二任臺灣總督，一八九八～一九〇〇年任日本陸軍大臣，晉升陸軍大將。一九〇一年第一次組閣，次年二月升伯爵。在日英同盟、日俄戰爭、日韓合併等事件中發揮主導作用。一九〇六年初第一次桂內閣總辭職，次年七月第二次組閣，九月受封侯爵。一九一一年四月升公爵，八月辭職。一九一二年十二月第三次組閣，遭到強烈反對，次年二月下臺，十月去世。

【善後大借款系列報導之二】

威爾遜總統反對對華借款

一九一三年三月十九日

題記：總統否決了「六國借款」和諾克斯「金元外交」政策。總統稱「六國借款」合同條款不妥，將使美國陷入干涉中華民國事務的漩渦，美國將通過其他方式幫助中國。紐約財團曾詢問美國政府立場，總統的聲明讓他們鬆了一口氣。

華盛頓三月十八日電：威爾遜總統今天下午稍晚時分在白宮發表聲明，正式宣佈美國政府退出計劃向中國借貸巨額資金的「六國銀行團」。聲明也否決了塔夫脫總統時代國務卿諾克斯提出的「金元外交」政策。

威爾遜表示，即使借款合同中要求監督中國弱勢政府的財政政策，美國仍堅持「不介入外國聯盟」政策。他特別指出政府如果支持六國銀行此類擔保和管理之借款，其所應承擔之責任將十分明顯。此種責任將有悖於我人民政府賴以生存之各項原則。

以下是威爾遜總統的聲明重點：

美國政府聲明退出與其他五國銀行合作向中國提供總值一億二千五百萬美元借款，以及要求中國同意償還和支付的特別條款的行為。

美國不同意借款條件，並拒絕繼續參與借款行為，因為美國認為這將干涉中國政治事務。

美國認為借款條件違背了美國基本原則。

美國聲明願意幫助中國的發展。

美國聲明贊同中國建立共和制度。

美國聲明願意推動就國家銀行事務立法，免除美國銀行和企業家限制，使之更好參與各國銀行和商業界在華貿易競爭。

布萊恩國務卿與威爾遜總統商談

美國政府今天召開內閣會議，討論威爾遜總統關於退出六國銀行團一事的決定。因為此舉表明政府不僅在中國事務上，也在對中美洲事務上放棄了塔夫脫總統時代的「金元外交」政策。週日，布萊恩國務卿在前往歐洲前與總統就此事進行了討論。

威爾遜總統親自撰寫了這一新政策的聲明。這一聲明可能於明天或週四正式公佈。政府內閣有消息透露，總統已下令將聲明交與媒體。聲明如下：

「我們獲知，一些美國銀行在上屆政府的指示下，參與到中國政府所希望獲得的借款中（總額約為一億二千五百萬美元）。

「現任政府希望美國銀行參與六國銀行團的借款行為，因為政府希望以這種實在的方式向中國表達善意，也希望美國資本進入這個偉大的國家。美國應與其他國家共同承擔對華政治責任，加強對華工商業聯繫，並促進與中國的外交關係發展。

「美國各銀行也向美國現任政府詢及是否同樣要求其參加對華借款。各銀行與政府接觸代表表示，只有政府明確要求，銀行才會參與借款行為。政府拒絕提出這一要求，因為政府不同意六國銀行團提出的美方責任條款。

「對華借款條件幾乎干涉了中國行政獨立的各個方面。美國政府認為其不應成為這類借款條件的參與方。

「按照對華借款條件，美國政府的責任似乎是要求美國銀行參與借款行為，並以不恰當的方式強行干涉一個偉大東方國家的財政和政治事務，而這個東方國家正在覺醒，意識到其實力和對國民的義務。借款條件不僅包括一些陳腐過時和繁縟苛細的專門稅款，也包括任命外國官員監督稅款。

「美國政府若支持如此擔保和管理之借款，其所應承擔之責任十分明顯。此種責任將有悖於我人民政府賴以生存之各項原則。

「美國政府非常希望能以任何方式幫助偉大的中國人民，這些幫助應與中國古老的傳統一致，並促進中國的自由發展。我們這一時代最重要的事件就是中國人民的覺醒並能在自由政府管理下發揮自身能力。美國人民深切贊同這種覺醒和願望。美國人民當然希望慷慨地加入各國，向中國開放，幫助中國開發其無與倫比的原始資源，為世界所用。

「美國政府非常希望提升與中華民國之間廣泛而深入的貿易往來。

「現任政府將推動和支持必要立法，以給予美國企業家、製造商、承包商、銀行和其他金融機構所需便利，否則他們在與別國工商業競爭時處於劣勢。這是政府的職責。這是美國人民在參與中國發展中的實質利益所在。

「我們的利益在於門戶開放——這是友誼和互利之門。這是我們唯一願意通行的門。」

銀行家要求政府表態

三月九日，摩根公司（J. P. Morgan & Co.）的亨利・戴維森（Henry P. Davison）和司戴德❶、庫恩—洛布公司（Kuhn, Loeb & Co.）的保羅・沃伯格（Paul M. Warburg）向布萊恩國務卿遞交請求，希望了解政府是否希望美國財團參與對華借款。威爾遜總統正是應此要求發表了聲明。借款總額為一億二千五百萬美元，美國財團承擔其中的二千五百萬美元。戴維森和沃伯格向布萊恩國務卿表示，除非美國政府明確要求，否則美國財團不會參與其中。

今天的聲明表明，紐約的銀行家們不會參與銀行團。美國財團的退出不會讓其難堪。因為銀行團協定條款中已經寫明，在某些條件下財團可以退出銀行團，其中一項就是沒有政府支持。

在借款合同中，六國可任命本國代表監督中國課稅徵收、利息支付，代表們還可以監督中國如何使用借款，即中國必須以合同規定的方式使用借款。中國接受了一些非常苛刻的條款。借款談判遲遲未能達成一致，主要也是因為中國人對條款不滿。

內閣本日會議對借款問題的討論表明，政府希望美國新的政策可以推動中國的門戶開放，使希望在中國投資的美國銀行家和商人獨立行事。會議反對諾克斯「金元外交」的一項內容就是其推動少數美國銀行壟斷對華借款。

威爾遜總統在其聲明中承諾政府將推動和支持必要立法，以給予美國企業家、製造商、承包商、銀行和其他金融機構必要的便利。這是特別針對美國企業家抱怨他們在國外必須通過外國銀行做生意的問題。問題主要存在於中美洲和南美洲，英國和德國銀行搶佔了該地區的主要外國銀行業。

美國銀行法不允許本國銀行在別國建立分行。威爾遜總統這一聲明意味著他將推動國會通過立法，允許美國主要銀行在國外開設分行。與拉美有生意往來的美國企業家認為，由於他們必須通過外國銀行來進行交易，其貨物售出價和其他商業機密就很容易為競爭對手所獲知。

「金元外交」的終結

威爾遜政府今天聲明中宣佈的政策意味著「金元外交」的終結，至少是在他四年任期內的終結。「金元外交」的理念基礎是，美國政府有責任運用一切資源為本國企業家、製造商、承包商和銀行家在國外贏得商業機會。

威爾遜總統聲明中的一段內容暗示，美國有意儘早承認中華民國政府。毋庸置疑，美國政府可能會很快採取行動，但目前官方對此尚無表態。

銀行家們鬆了一口氣

考慮到對華借款合同條款，銀行家們非常願意退出銀行團。借款談判曠日持久，現在顯然已有結果。美國財團在諾克斯國務卿的鼓勵下，加入借款銀行團。財團以摩根公司為首，包括第一國家銀行（The First National Bank）、紐約花旗銀行（The National City Bank of New York）和庫恩—洛布公司。他們與英、法、德三國財團一同向中國放貸。借款最初設定為三億美元，用於中國改革幣制、軍隊及內政發展。上述四國每國提供四分之一款項。

司戴德曾任美國駐奉天領事，現供職摩根公司。他與公司同事亨利・戴維森代表美國財團全程參與借款談判。戴維森昨晚生病缺席，司戴德認真閱讀了威爾遜總統的聲明，但並未發表意見。有其他方面消息稱，美國財團非常願意退出銀行團借款計劃，至少在國際局勢明朗化之前是這樣。歐洲現在財政緊張，銀行團的外國銀行家們正期望借款談判被無限期擱置。

借款談判已達成過幾次協定，但其後又數度重啟。原因是各國之間無法形成共識，以及中國各界的反對。當談判最終達成總額為三億美元的借款時，俄日又要求加入銀行團，於是談判又繼續進行。最終各方就參與國和借款財團達成一致，形成所謂「六國銀行團」。

在很長一段時期內，中國政府都拒絕簽訂借款協定，因為中國經過認真研究，認為六國銀行團無權要求監督鹽務官營。中方認為銀行團也無權要求監管中國使用借款的方式。正當各方就此進行爭論時，一位熟知中國事務的美國大學教授兼工程師溫德爾・傑克遜（A. Wendell Jackson）籌措了一筆獨立借款，總額為五千萬美元，貸款由以克里斯浦公司（C. Birch Crisp & Co.）為首的倫敦銀行提供，其中一半將提供給中國政府。儘管英國民眾並未購買這些債券，傑克遜對華借款以失敗告終，但這一事件仍在中國與六國銀行團之間掀起了新的風浪。隨著中國開始賠償外國在義和團運動中的損失，借款協定中的平衡條款被取消了。

傑克遜借款風波後，中國再次向六國銀行團提出一億二千五百萬美元的借款請求，並暫時放棄了相對不太緊迫的自身發展計劃。六國要求中國將大部分借款用來支付軍餉和賠償列強在義和團運動中的損失。中國迫切需要安撫久未發餉的士兵，同時期望四月召開的國會大會能同意政府的巨額借款。

美國銀行家們在借款問題上一直與歐洲站在一起，因為美國政府要求他們這樣做。而銀行家們也非常樂意被允許分享借款的收益。

注釋

❶司戴德（Willard Dickerman Straight, 1880-1918），生於美國紐約州歐斯維格（Oswego），康乃爾大學建築系畢業。一九〇二年考入中國海關，在南京學習漢語，後任總稅務司署學習祕書。一九〇四年日俄戰爭時充路

透社記者，次年任美國駐朝鮮漢城副領事。一九〇六年調任駐中國奉天總領事。一九〇八年加入摩根財團，先後插手新法鐵路、錦瑷鐵路、湖廣鐵路借款、幣制實業借款及善後大借款等交涉和談判。一九一二年返美，創辦《新共和周刊》（*The New Republic*），自任總主筆。一九一七年美國參加歐戰後，參軍赴法為聯絡官，次年在巴黎死於西班牙流感。司戴德留居中國十餘年，是本世紀初美國壟斷資本在華經濟擴張的代表人物

【善後大借款系列報導之三】

威爾遜總統希望與中國進行友好貿易往來

一九一三年三月二十三日

題記：總統反對參與六國銀行團的強制性協定，對華貿易應對所有美國人敞開大門。有消息稱，總統將發表新聲明闡述其立場。

華盛頓三月二十二日電：威爾遜總統近日發表退出六國銀行團的聲明，但並不意味著美國將不再參與遠東事務。

威爾遜總統今天接見了中國臨時政府任命的負責在華建造一千英里貨運鐵路的鐵路委員會技術祕書李亞[1]等人，非正式地談及對華政策。

李亞先生對威爾遜總統表示，在沒有美國政府支持的情況下，美國資本已參與到對華鐵路投資當中。他非常希望知道，不依賴政治關係，美國政府能在多大程度上保護所謂「美國企業家和民國政府之間了不起的合同」。

美國對華政策要循序漸進

威爾遜總統表示，美國對華政策將在經過認真的考量後逐步實施。受到接見的人士們認為，威爾遜政府不會停止對美國在華商業利益的保護，並將採取積極措施，推動美國在華商業利益。

威爾遜總統認為，美國不參與任何對華特別協定，反而能使美國對中國政治前途擁有發言權，並更好地幫助中國維持主權獨立。美國不參加那些野心勃勃的多國銀行團，才可能作為中國政府公正無私的朋友，贏得中國人民的信任，更好地幫助中國。如果參加多國貸款，美國將被禁錮在列強的共同協定之中。

美國只部分闡明了其對華政策，迄今只表示反對干涉中國內部事務。官方暗示，威爾遜總統很快將發表一個新的聲明，表明美國政府希望與新生的中華民國發展更為公平合理的商業和貿易關係。

注釋

❶李亞（George Bronson Rea, 1869-1936），機械工程師出身，一八九八年美西戰爭及一九〇四～一九〇五年日俄戰爭中任隨軍記者。一九〇四年在馬尼拉創辦《遠東時報》（*The Far Eastern Review*）月刊，不久該報遷上海出版。一九一二年任孫中山臨時大總統的顧問。次年任中國鐵路總公司祕書。一九一四年任北洋政府交通部技術祕書。一九一八年冬任交通部次長葉恭綽的祕書，隨之赴歐洲考察實業與交通。一九三二年偽滿洲國成立之後，任偽滿外交部參議。著有《滿洲國真相》（*The Case for Manchoukuo*）等書，後逝世於美國。

【善後大借款系列報導之四】

中國簽署借款合同可能引發起義

一九一三年四月二十八日

題記：儘管遭到國會反對，民國政府今天清晨還是簽署了借款合同，借款總額為一億二千五百萬美元。國民黨反對袁世凱與五國銀行團借款合同。

北京四月二十七日電：由於五國借款紛爭，中國的「國家祈禱日」❶並不平靜。中國與列強五國剛剛在黎明前簽署總額為一億二千五百萬美元的借款合同，雙方將在今晚討論合同細節。民國國會參、眾兩院議員聚集在袁世凱政府與五國銀行團談判地點英國滙豐銀行門前。參議院副議長（譯注：指王正廷）是議會召集人，他將與簽約各方會面商談。副議長稱，大多數國會議員認為借款合同不合法。

從清末開始，各方就借款問題已經進行了各種形式的爭論。人們擔心此次借款會像當年湖廣鐵路借款一樣，激發新一輪革命。

現在的情況是：五國銀行團與中國的借款合同實際上是五國與袁世凱的內閣簽署的，而內閣完全掌控在袁世凱手中。內閣堅稱，由於國會的常設大會尚未成立，因此政府有權簽署這一合同，由省議會通過借款合同是合法的。在美國退出銀行團後，合同在經省議會批准後又進行了一些修改。

國民黨作為國會第一大黨❷，準備通過議會程序或用武力推翻袁世凱，但袁世凱總統牢牢地控制著北洋軍隊，這兩種做法皆不可行。國民黨人也不願意退回南京另建國會，因為那樣只會造成南北分裂局面。

中國僵局已成定局。國民黨方面擔心，既然借款合同已簽署，參與借款的英、法、德、俄、日中的一些國家會考慮儘早承認中華民國政府，這樣袁世凱的地位將得到進一步鞏固。儘管民國國會議長尚未選出，一個令人關注的問題是美國政府會不會搶在其他各國之前承認中國政府。

國民黨有可能試圖否決借款合同，以此試驗其與袁世凱抗爭的實力。

注釋

❶民國初期，基督教在中國發展到相當規模。據統計，一九一五年中國大陸建立的教會學校包括三十六所大學、二千所中學、五千所小學，學生總數超過四十萬，約佔當時全國學生總數的四分之一。教會醫院遍佈全國各地。民初國會議員中有六十多位是基督徒。民國政府正式承認基督教與佛教、道教、伊斯蘭教同為合法宗教。一九一三年四月二十七日，中國基督徒推動全國教會共同為國家祈禱，是為「國家祈禱日」。一九一四年十月十八日，又共同為歐洲和平祈禱，是為「歐戰和平祈禱日」。

❷武昌起義成功後，革命救國組織「同盟會」成為合法組織。一九一二年八月二十五日，同盟會在北京安慶會館

聯合數個小型政黨組成國民黨。一九一三年初，國民黨在代理理事長宋教仁領導下，於全國選舉中在參議院與眾議院皆獲得最多席次，成為國會最大黨。同年三月二十日，宋教仁被暗殺。七月十二日，孫中山等人發動二次革命失敗，國民黨於十一月四日被袁世凱宣佈解散。一九一四年七月，孫中山等人於東京另組中華革命黨，重新成為革命政黨。

【二十一條系列報導之一】

美國獲得日本對華索價要點

一九一五年一月二十七日

華盛頓一月二十六日電：國務院接獲美國駐華公使、前威斯康辛大學教授芮恩施的電報，談及日本要求中國廢除一些外國租界並劃分新租界一事❶。芮恩施稱，中日正就此進行談判，他分析了談判情況並提出建議。電報引起國務院高度重視。

芮恩施認為，目前最需要弄清楚的是，如果中國滿足日本要求，其主權是否會受到侵害，美國是否能堅持維護門戶開放的政策。國務院迄今未向《紐約時報》透露日本對華要求的內容、性質、談判進展等情況。

日本為取得滿蒙鐵路的修建權，曾提出劃分從長春和洮南府❷至膠州灣一線為日租界。滿蒙鐵路將橫跨整個租界，連接膠州灣至西伯利亞。這條鐵路最初引起了英美貸款的興趣，後來演變成四國貸款，進而變成六國貸款，但最終未能成事。鑒於不認同鐵路運作條款和列強對鐵路的不同態度，威爾遜總統拒絕了美國銀行參與這項總值為一億二千五百萬美元的貸款。

威爾遜總統對於門戶開放的態度，在一九一三年三月他拒絕要求美國銀行團參加六國貸款的文告結語中有扼要說明。他說，「我們的利益在於門戶開放——這是友誼和互利之門。這是我們唯一願意通行的門。」

注釋

❶指日本政府於一九一五年一月十八日向袁世凱提出二十一條要求。

❶清代行政區名，轄境約當今吉林省洮安、通榆、大安、鎮賚、白城等縣市和內蒙古自治區突泉縣，一九一八年廢。

【二十一條系列報導之二】

日本對中國進行威脅

一九一五年二月八日

北京二月七日電：中國駐日公使❶在電報中稱，日本政府威脅將使用武力迫使中國接受其對華要求。然而，中國官方並沒有認真看待這一消息。

公眾人物和媒體都呼籲袁世凱總統任由日本透過武力獲得其要求的條款，因為中國無力反抗，但他們同時要求袁拒絕接受屈辱的租界條款。有報導稱袁世凱總統準備接受日本要求劃分租界的部分條款，因為這些租界不劃給日本，也可能給其他任何國家。但袁堅決拒絕接受任何有損中國主權的要求。民國政府按日本要求，在談判中不向外界洩露條款內容。中國仍對日本修改有關條款抱有希望。

注釋

❶指陸宗輿。陸宗輿，字潤生，一八七六年生，浙江海寧人。日本早稻田大學畢業。一九〇二年回國後，歷任奉天洋務局總辦兼管東三省鹽務、憲政考察團參贊、資政院議員、印鑄局局長、交通銀行協理等職。一九一一年

冬，任袁世凱內閣度支部右丞，次年任總統府財政顧問。一九一三年冬至一九一六年六月，出任駐日公使。一九一七年任中日合辦的中華匯業銀行總經理，多次向日本借款。一九一八年秋改任幣制局總裁。一九一九年五四運動爆發，被愛國學生斥為賣國賊，後被免職。一九二五年春任臨時參政院參政，後移居天津日租界。一九二七年任張作霖安國軍外交討論會委員。一九四〇年任汪精衛偽政府行政院顧問。一九四一年病逝於北平。

【二十一條系列報導之三】

日本對華要求全部內容曝光

一九一五年二月十九日

芝加哥二月十八日電：《芝加哥先驅報》（*Chicago Herald*）從中國方面拿到了日本對華要求的全部內容，對比來看，日方提供給美國國務院的條款中刪除了最關鍵的幾項內容。

日本對華要求的主要內容包括：中國政府允諾，凡山東省內並其沿海一帶土地及各島嶼不得租借給別國，中國中央政府須聘用日本人，充為財政、軍事等各顧問。

條款全文翻譯如下：

第一號

為維持東亞和平，加強兩國友好關係，茲議定條款如下：

第一款　中國政府允諾，日後日本國政府擬向德國政府協定之所有德國關於山東省依據條約，或其他關係，對中國政府享有一切權利讓與等項處分，概行承認。

第二款　中國政府允諾，凡山東省沿海一帶土地及各島嶼，概不租與別國。

第三款　中國政府允准，日本國建造由煙臺或龍口接連膠濟路線之鐵路。

第四款　中國政府允諾，從速自開山東省內各主要城市作為商埠。

第二號

為確保日本國在南滿及東蒙享有優越地位，茲議定條款如下：

第一款　將旅順、大連租借期限並南滿及安奉兩鐵路期限，均展至九十九年為期。

第二款　日本國臣民在南滿及東蒙，為商工業，或為耕作，可得其需要土地之租借權或所有權。

第三款　日本國臣民得在南滿及東蒙，任便居住往來，並經營商工業。

第四款　中國政府允將南滿及東蒙各礦開採權，許與日本國臣民。

第五款　中國政府應允，關於左開各項，先經日本國政府同意而後辦理：

一、在南滿及東蒙允准他國人建造鐵路，或向他國借用款項之時。

二、將南滿及東蒙各項稅課作抵，由他國借款之時。

第六款　中國政府在南滿及東蒙聘用政治、財政、軍事各顧問教習，必須先向日本國政府商議。

第七款　日本國政府掌控吉長鐵路，以九十九年為期。

第三號

第一款　中日同意俟將來相當機會，將漢冶萍公司作為兩國合辦事業。

第二款　所有屬於漢冶萍公司各礦之附近礦山，如未經中日兩國同意，一概不准該公司以外之人開採；凡欲措辦無論直接間接對該公司恐有影響之舉，必須先經中日兩國同意。

第四號

為切實保全中國領土之目的，茲議定條款如下：

所有中國沿岸港灣及島嶼，一概不讓與或租與他國。

第五號

第一款　在中國中央政府，須聘用日本人，充為政治、財政、軍事等各顧問。

第二款　所有中國內地所設日本醫院、寺院、學校等，概允其土地所有權。

第三款　日中合辦必要地方之警察，或在此等地方之警察署，須聘用多數日本人。

第四款　中國向日本採辦所需軍械半數以上，或在中國設立中日合辦之軍械廠。

第五款　中國允將接連武昌與九江、南昌路線之鐵路，及南昌、杭州，南昌、潮州各路線鐵路之建造權許與日本國。

第六款　在福建省內籌辦鐵路、礦山及整頓海口、船廠，如需外國資本之時，先向日本國協定。

第七款 日本國人在中國有布教之權。❶

《芝加哥先驅報》從美國官方獲得消息稱，威爾遜總統已決定就日本政府對華要求向日本提出抗議，明天的內閣會議將商討抗議措辭。

注釋

❶對比發現，《紐約時報》刊出二十一條要求的內容，除數處細節缺失或文意省略，幾與真實版本一致。《二十一條》全本附後：

第一號

日本國政府及中國政府，互願維持東亞全局之和平，並期將現存兩國友好善鄰之關係益加鞏固，茲議定條款如下：

第一款 中國政府允諾，日後日本國政府擬向德國政府協定之所有德國關於山東省依據條約，或其他關係，對中國政府享有一切權利、利益讓與等項處分，概行承認。

第二款 中國政府允諾，凡山東省內並其沿海一帶土地及各島嶼，無論何項名目，概不讓與或租與別國。

第三款 中國政府允准，日本國建造由煙臺或龍口接連膠濟路線之鐵路。

第四款 中國政府允諾，為外國人居住貿易起見，從速自開山東省內各主要城市作為商埠；其應開地方另行協定。

第二號

日本國政府及中國政府，因中國承認日本國在南滿洲及東部內蒙古享有優越地位，茲議定條款如下：

第一款　兩訂約國互相約定，將旅順、大連租借期限並南滿洲及安奉兩鐵路期限，均展至九十九年為期。

第二款　日本國臣民在南滿洲及東部內蒙古，為蓋造商工業應用之房廠，或為耕作，可得其需要土地之租借權或所有權。

第三款　日本國臣民得在南滿洲及東部內蒙古，任便居住往來，並經營商工業等各項生意。

第四款　中國政府允將在南滿洲及東部內蒙古各礦開採權，許與日本國臣民。至於擬開各礦，另行商訂。

第五款　中國政府應允，關於左開各項，先經日本國政府同意而後辦理：

一、在南滿洲及東部內蒙古允准他國人建造鐵路，或為建造鐵路向他國借用款項之時。

二、將南滿洲及東部內蒙古各項稅課作抵，由他國借款之時。

第六款　中國政府允諾，如中國政府在南滿洲及東部內蒙古聘用政治、財政、軍事各顧問教習，必須先向日本國政府商議。

第七款　中國政府允將吉長鐵路管理經營事宜，委任日本國政府，其年限自本約畫押之日起，以九十九年為期。

第三號

日本國政府及中國政府，顧於日本國資本家與漢冶萍公司現有密切關係，且願增進兩國共通利益，茲議定條款如左：

第一款　兩締約國互相約定，俟將來相當機會，將漢冶萍公司作為兩國合辦事業；並允如未經日本國政府之同意，所有屬於該公司一切權利產業，中國政府不得自行處分，亦不得使該公司任意處分。

第二款　中國政府允准，所有屬於漢冶萍公司各礦之附近礦山，如未經該公司同意，一概不准該公司以外之人開採；並允此外凡欲措辦無論直接間接對該公司恐有影響之舉，必須先經該公司同意。

第四號

日本政府及中國政府為切實保全中國領土之目的，茲定立專條如下：

中國政府允准所有中國沿岸港灣及島嶼，一概不讓與或租與他國。

第五號

第一款　在中國中央政府，須聘用日本人，充為政治、財政、軍事等各顧問。

第二款　所有中國內地所設日本病院、寺院、學校等，概允其土地所有權。

第三款　向來日中兩國，屢起警察案件，以致釀成轇輵之事不少，因此須將必要地方之警察，作為日中合辦，或在此等地方之警察署，須聘用多數日本人，以資全面籌劃改良中國警察機關。

第四款　中國向日本採辦一定數量之軍械（譬如在中國政府所需軍械之半數以上），或在中國設立中日合辦之軍械廠聘用日本技師，並採買日本材料。

第五款　中國允將接連武昌與九江、南昌路線之鐵路，及南昌、杭州，南昌、潮州各路線鐵路之建造權許與日本國。

第六款　在福建省內籌辦鐵路，礦山及整頓海口（船廠在內），如需外國資本之時，先向日本國協定。

第七款　中國允認日本國人在中國有布教之權。

【二十一條系列報導之四】

國會授權威爾遜全權處理對日政策

一九一五年二月十九日

華盛頓二月十八日電：民國政府命令其駐美、英、法、俄各國公使向駐在國政府轉交日本要求在華租界和特權的備忘錄，希望各國協助恢復中國在山東主權。

中國駐美公使夏偕復❶剛向美國國務院提交了這一備忘錄。對比這份備忘錄與日本外務省二月九日向美、英、法、俄等國駐日使節提供的版本可以看出，中方版本包括了七八條日方未向美通報的內容。

美國政府正在考慮指示美駐日大使和駐北京公使通過非正式管道了解中日正就哪個版本進行談判。但事實上也許沒有必要。因為日本的對華要求條款已經引起公眾注意，很快我們就能看到對於兩個不同版本的解釋。

美國政府高官拒絕評論日本提出的各項要求條款，國務卿布萊恩宣稱，國務院正在考慮這一問題，對此暫時不發表看法。布萊恩否認之前有消息稱美國已向日本發去外交照會。但他表示，自中日談判開始以來，美國與其他各國一樣，保持對此事的知情權。除此之外，美國並未發表任何看法或採取外交行動。

美國官方認為，中國提交的備忘錄比日方提出的早了許多，因此後者的版本可能才是中日談判的基礎。要麼之前提出的條款是臨時性的或是口頭上的，要麼就是日本已經放棄了這些條款要求。

日本提供的備忘錄版本昨天被公之於眾。在美國分析人士看來，在這一版本中，日本要求獲得在南滿、內蒙和山東的租界和特權，與美國提出的維護中國主權和對於商業機會的「門戶開放」等原則並不相悖。

中日政府和外交官員將日對華條款視為最高機密。但據消息靈通人士稱，日本還要求獲得中國福建省和江西省的特權，包括新的鐵路建造權和採礦權，任命政治、財政和軍事顧問或貸款時必須徵得日本同意等。據稱這幾項要求僅限於福建、江西二省，而非整個中國。但又有報導認為，日本對華的第一號條款就已經損害到了整個中國的利益。

在日本提供給各國的備忘錄版本中，日本嚴格將其要求的特權限制在其在華「勢力範圍」內，條款主要有如下內容：

在山東，中國不得將山東沿海一帶及各島嶼讓與或租與別國。日本將建造膠州至芝罘（譯注：煙臺）的鐵路，作為連接膠濟鐵路的支線。

在滿洲和蒙古，日本延長租借南滿鐵路和安奉鐵路的期限。另有關於日本顧問、投資、租界等四項要求。

在福建，中國不得讓與或租借任何福建沿岸港灣及島嶼。

今天，美國政府指出，美國促成列強之間的「門戶開放」協定，是為了防止在各國勢力範圍內出現對外國人的差別待遇。

眾議院議員赫布森（Hobson）今天試圖通過一項決議，請國務院提供此事相關信息。而眾議院外事委員會主席弗拉德（譯注：Henry De La Warr Flood, 1865-1921）及眾議院議員、同時也是共和黨領袖的曼因（譯注：James R. Mann, 1856-1922）都表示，威爾遜總統應有全權獨立處理此事。

眾議院議員曼因說，「此時此刻，眾議院和國民都應該完全信賴美利堅合眾國總統。國會不應在未掌握完全信息的情況下干預外交事務。伍德羅・威爾遜是美國人民選舉出來的總統，我相信他急於維護本國權益，並且維護和平。我們現在要做的就是信任政府。」

注釋

❶夏偕復，字棣三（地三），一八七四年生，浙江杭縣（今杭州市）人。清末歷任工部主事、中國留日學生總監督、駐美國紐約總領事、外交部雲南交涉使、天津造幣總廠總辦。一九一二年底任山海關監督兼駐營口交涉員。一九一三～一九一五年任駐美國兼古巴公使。後轉入商界，歷任中國實業銀行監察人兼梅林罐頭食品公司監察人，漢冶萍公司董事、總經理等職。卒年不詳。

【二十一條系列報導之五】

威爾遜總統將遞交對日照會

一九一五年二月二十日

題記：美國擔心日本對華《二十一條》破壞「門戶開放」原則，希望英國對日本施加影響，確保日本遵守這一原則。

華盛頓二月十九日電：今天，威爾遜總統與內閣召開會議，討論日本政府對華要求。結果，據說會議今晚決定向日本遞交照會，就日本違反「門戶開放」原則提出交涉。一九〇八年，魯特國務卿與日本駐美大使高平小五郎曾互換照會❶，日、美兩國政府就「門戶開放」原則達成諒解。

《紐約時報》晚間得到消息，英國政府對日本對華提出要求、中日談判對中日關係和中國未來發展產生的影響表示關注。英國政府極可能與日本就對華政策進行磋商，其結果將對日本政府產生巨大影響。

今天內閣會議上公佈的日本對華要求有二十一項條款，而早前日本提供給美、英、法、俄等國駐日使節的備忘錄僅十一項。《紐約時報》今早公佈了全文版本。日本要求獲得在中國南滿、東蒙和其他地區的特權，這些特權超出了商業利益範疇，還包括控制中國政治事務的要求。這不僅違背了美國「門戶開放」原則，也侵犯了中國的主權。

注釋

❶即《魯特—高平協定》（*Root-Takahira Agreement*），一九〇八年十一月三十日簽署。

【二十一條系列報導之六】

美國推遲對日本《二十一條》表態

一九一五年二月二十一日

題記：日本方面宣稱其要減少駐滿洲部隊，而非增兵。美國須等戰爭形勢明朗後再對日表態。

華盛頓二月二十日電：迫於歐洲戰事壓力❶，美國政府推遲了對中日《二十一條》談判的官方表態，迄今未對中國、日本或其他列強進行交涉或遞交照會。美國國務院仍在確認雙方談判的文本，尚未指示其駐外使節正式與中國或日本政府談論此事。

政府官員對中日分別向美國提供的備忘錄進行了對比。中方版本有二十一項條款，其核心內容與近日被公之於眾的文本一致，對華權益要求遠高於日方版本。日本提供的版本僅有十一條，並未損害到美國「門戶開放」原則。仍有官員認為中方備忘錄不是最終版本。美國對此高度關注，並希望獲得更多信息。中日談判可能曠日持久，日後也可再近距離進行審視。歐洲當前局勢幾乎牽制了美國的全部注意力。

注釋

❶ 一九一四年，德軍在夏季攻勢中先後在盧森堡和比利時得手，並於九月三日攻至巴黎城下。但經過馬恩河戰役（Battle of the Marne）、佛蘭德會戰（Battle of Flanders）後，雙方戰線基本上穩定了下來。一九一五年春，英法聯軍發動香巴尼戰役（Battle of Champagne）和阿杜瓦戰役（Battle of Aldowa），被德軍擊敗，德軍更於四月在世界戰爭史上首次施放毒氣，雙方損失極為慘重。戰事僵持，處於膠著對峙狀態。

【二十一條系列報導之七】

讀者來信：日本人的辯解

一九一五年二月二十六日

題記：高峰讓吉[1]二月二十三日致信《紐約時報》，辯稱日本對華要求並未違背「門戶開放」原則。

致《紐約時報》編輯：

貴報評論員文章〈關於日本對華要求〉（Japan's Demands on China）質疑日本的對華態度，聲稱日本損害了歐美各國的在華利益。這是對事實的嚴重歪曲，而且得出了不公正的結論。我希望我的言論沒有冒犯誰。不容忽視的是，日本在與中國談判中提出的任何一項主張都沒有損害中國的主權，沒有違背「門戶開放」原則。

首先，是德國以武力奪取膠州灣，利用中國的軟弱強行確定租借期為九十九年。而後，德國完善了膠州灣的軍事建設，在中國海岸建立了一個面向亞洲的強大的德國軍事堡壘。

其次，這並非德國第一次損害中國主權和日本在華利益。早在日清戰爭結束後，德國就與法、俄合謀，迫使日本放棄旅順港。日清戰爭粉碎了中國「夜郎自大」的神話，結束了中國對朝鮮的宗主權。日本這樣做，只是為了在朝鮮建立一個安全屏障，防止中國今後利用她在朝鮮的宗主權來進犯日本。

第三，日本迫於德、法、俄三國壓力從旅順港恥辱地撤退，但僅僅過了很短時間，俄國就在德國支持下搶佔了旅順港，進而佔領大連，並開始在朝鮮採伐森林，面對日本建立了一個更強大的俄國軍事堡壘。德、俄的欺騙行徑不僅玩弄了中國，而且直接威脅到日本，致使日俄戰爭爆發，由日本將俄國驅逐出滿洲。

日本在這個過程中做錯了什麼？日本有什麼損害中國的行為，或是從中國搶佔了一寸土地嗎？日本違反了什麼國際條約嗎？日本接管俄國的滿洲鐵路權益，只是為了自衛，並且保護日本貿易通向世界的商業道路。中國對膠洲灣和滿洲領土的主權沒有受到破壞，日本只是在履行她對協約國的戰爭責任，只可能在戰爭結束以後[2]才討論膠州灣的歸還事宜，因為現在日本正會同英國等盟國共同對德作戰，日本決不可能讓德國重佔膠州灣。同樣的道理，膠濟鐵路也不能再由德國控制。

對於日本對華提出的其他條款，任何支持「門戶開放」政策的人都會同意，中國應該宣佈其沿岸港灣及島嶼一概不讓與或租與他國。所有秉持公平理念的人都應為此給予掌聲。中國有理由拒絕誘惑，不可為換取商業貸款而出讓或典當國家經濟命脈或軍事戰略要地。

注釋

❶高峰讓吉（一八五四～一九二二），日本旅美化學家，荷爾蒙腎上腺素的發現者。一九一二年三月二十六日，他曾與東京市長尾崎幸雄共同向美國華盛頓特區贈送三千多棵櫻花樹。後逝世於紐約。

❷指第一次世界大戰，日本與德國處於交戰地位。

【二十一條系列報導之八】

讀者來信：蔡先生的反駁

一九一五年二月二十八日

題記：哥倫比亞大學蔡先生（J. K. Choy，音譯）聲援〈關於日本對華要求〉一文。

日本高峰讓吉先生致《紐約時報》的信誤導了美國人民，從中也無法看出日本侵犯中國主權的正義性。高峰讓吉先生認為俄、德兩國侵犯中國主權在先，這並不能作為日本提出對華侵略要求的藉口，因為它完全侵犯了中國的神聖主權。日本的強辭奪理，就如同德國宣稱打破比利時的中立是因為英國人正準備這樣做，這改變不了德國侵犯比利時的違法事實。顯然，日本的要求不僅破壞了「門戶開放」原則，更是對中國獨立和主權的粗暴侵犯。

【二十一條系列報導之九】

日本首相就《二十一條》發表談話

一九一五年二月二十八日

題記：日本首相表示日本尊重中國主權，無意破壞「門户開放」原則並希望與美國發展友好關係。

東京二月二十七日電：日本首相大隈重信今天在與兩位訪日美國學者——芝加哥大學的馬修斯教授（Prof. Shailer Mathews）及紐約的古立克博士（Dr. Sidney L. Gulick）談話時表示，日本對華提出的各項要求並無意侵犯中國權益，無意損害「門戶開放」原則。日本希望中國保持真正有尊嚴的獨立，不要成為其他任何國家的獵物。

大隈首相說，中國的獨立自主與繁榮有益於日本和亞洲的和平。日本外交政策的優先目標就是維持亞洲的和平。日本無意侵犯別國權益。即使中國接受了日本的要求，也不會損害到各國在華利益。近來有人蓄意製造事端，妄圖挑撥日、美兩國關係，引發衝突，這是完全不可能實現的。

大隈首相稱，日本與英國對在華機會均等和維護中國主權方面有深刻共識，這與美國「門戶開放」原則是一致的。相信美國的企業家們會發現，中國市場對他們是完全開放的。日本絕對無意運用不公平的手段來壟斷中國市場。

【二十一條系列報導之十】

中華會所宣佈聯合抵制日貨

一九一五年二月二十八日

舊金山二月二十七日電：中華會所❶特聘律師麥克納布（John L. McNab）今天發表聲明稱，為抗議日本對華提出侵略要求，舊金山華人宣佈聯合抵制所有日本企業和商店，拒絕購買日貨。

麥克納布稱，《聯合行動宣言》已通過廣播傳達到所有中華會所，居住在包括落磯山脈以西和墨西哥邊境以南所有州的華僑，將響應會所的號召。

注釋

❶中華會所，英文註冊為"Chinese Six Companies"。一八六二年，舊金山各華裔會館聯合起來，在加州註冊成立，約定協調彼此利益，共同團結對外。

【關於巴黎和約的讀者來信系列之一】

日本把什麼福音送給中國?

一九一九年五月二十日

題記：一九一九年五月十六日，紐約市的王先生（K. P. Wang，音譯）發了讀者來信，對波爾特尼・比格羅（Poultney Bigelow）進行駁斥。

致《紐約時報》編輯：

貴報在專欄中刊登了比格羅先生對我五月九日刊於貴報文章的回覆。我懷著驚奇和詫異的心情讀完該文。感到驚奇的是，我深信具有美國精神、秉持美國建國原則和遵循自由傳統的美國人不可能支持日本的對華政策，因為它們之間是大相徑庭的；感到詫異的是，比格羅先生的論據前後不一，而且缺乏邏輯聯繫。

比格羅先生說，「日本解放了中國。她在解除了俄國對華威脅後，又以同樣的勇氣解除了德國對華威脅。每個真正的中國人如今都在讚頌日本，因為日本把天皇版門羅主義（Mikado-Monroe Doctrine）傳播到孔教之邦，歐洲白人不能再將遠東當作他們耀武揚威的舞臺了。」

比格羅先生的這番言論忘記了中國現正處於日本的威脅之中，這種威脅遠比先前俄國和德國加之於中國的威脅更加危險、更加可怕。日本絕非為維護中國的利益與德、俄交戰，而只是為她自己。朝鮮、滿洲和山東的事實無不證明，日本妄圖取代德、俄，而且其對華侵略政策的範圍更廣泛、目標更遠大。

如果比格羅先生真是一名歷史和國際法學者，那麼他應該認真反省自己對門羅主義這一美國原則的理解。門羅總統❶的主張是要警告歐洲帝國主義國家不要干涉美洲新生共和國家的內政與發展。門羅主義的要旨，在過去和現在都是歐洲國家和美國自身必須對中南美洲小國和弱國採取不干涉政策，不破壞那裡正在興起的民主思潮。這一美國原則近年來卻被日本歪曲濫用。日本宣稱的亞洲版門羅主義是不允許其他任何國家侵犯中國主權，而應由日本獨佔中國。如此濫用門羅主義應激起每個真正美國人的義憤，而比格羅先生卻居然與日本人持同一觀點！

令人最感詫異的是，比格羅先生說，「從北極到赤道附近，日本帶著太陽旗百戰百勝；旗幟四處飄揚，無論在薩哈林島（Sakhalin，譯注：即庫頁島）或臺灣、朝鮮或滿洲，當地人民都會迅速發現，這代表了有秩序的管理、警察、學校。……簡而言之，這是文明的福音。」

比格羅先生的「有秩序的管理」指的是強加於佔領區人民頭上的強制性法律；「警察」指的是殘暴鎮壓佔領區人民的軍事統治；「學校」指的是禁止當地人民學習母語、禁止接受高等教育和毫不留情的文化滅絕；而所謂「文明的福音」指的是血腥屠殺當地人民的無恥暴行。日本人對朝鮮人民實行的恐怖統治，連德國人也不敢恭維。

我且把比格羅先生情緒化的論調留給他自己判斷好了。我們中國人只向這個國家珍視美國憲法精神的人民發出呼籲。對於那些試圖為日本辯護但又毫不了解中日矛盾真相的人們，我建議他們閉嘴。他們如果真正具備現代意識、呼吸過自由空氣，就應認識到自己目前所持的立場是完全錯誤而且過時的。

注釋

❶門羅（James Monroe, 1758-1831），生於維吉尼亞州西莫蘭郡（Westmoreland County），曾參加獨立戰爭，後來從政。歷任參議員、駐法國公使、維吉尼亞州州長、駐倫敦公使、駐馬德里公使，一八一一～一八一七年任麥迪遜總統（James Madison）的國務卿。一八一七年當選美國第五任總統，一八二五年卸任。後逝世於紐約市。他是第一位曾擔任美國參議員的總統，任內最得人心的措施是承認西班牙美洲的各共和國，並宣布了「門羅主義」的外交政策。

【關於巴黎和約的讀者來信系列之二】

門羅主義奠定美國領土擴張基礎

一九一九年五月二十三日

題記：波爾特尼·比格羅回給王先生的答覆，稱中國將會讚頌日本。

致《紐約時報》編輯：

王先生不同意我的說法。但是，王先生為人誠實寬容，就像我遇到的所有中國人一樣。對於貴報五月二十日社論，王先生是這樣說的，「我且把比格羅先生情緒化的論調留給他自己判斷好了。」這讓我如釋重負。因為當我堅決表示美國應給予旅美華人和他們的賢妻完全公民權時，我毫無怨言地接受了我的同胞們的謾罵。中國人在許多方面領先我們，尤其是在宗教信仰和道德觀方面。來自佛陀之國的數百萬僧侶可以給予我們奇跡般的幫助，尤其是可以為我們在飲食衛生方面樹立榜樣。我們必須將海外布道會（Foreign Missionary Society）所擁有的全部款項立刻轉交北京政府，並讓他們樹起「淨化紐約」的標語來！

王先生能否允許我糾正一下他關於「門羅主義」的說法呢？我們美國人知道自己的教科書上對此說了些什麼，我們也知道這一政治信條暗含的主要意思是「山姆大叔」是唯一有權在西半球實現擴張的國家，他可以從容而為之。從門羅先生明確宣佈他的著名訓令後，美國領土迅速擴張，包括了西印度群島、巴拿馬地峽和一大片古墨西哥的寶貴土地，更不必說阿拉斯加了。整個拉丁美洲的人民都誠心誠意地憎惡我們，只是我們不知道罷了。其實，我們也不在乎。

那麼，親愛的王先生，請與一位僅因為高壽就足以贏得孔教之邦尊敬的老人一起虔誠祈禱吧。您向德皇的政府提出了一個高貴的請求，您讓我們以為這個劫掠了比利時的國家會對山東大發善心。我親愛的王先生，請您耐心些。中國現在需要好的道路和內部發展。她需要通訊的電線杆——每根都以一個靠壓榨農民為生的舊式官僚的首級作為裝飾。日本現在已同意不再向德國皇帝和幫助過他的布爾什維克盟友們施加壓力。而眾人皆知的是，所有政治轉型都會為眾多的人帶來傷害，尤其是那些失去權勢和既得利益的人。讓我誠實小心地對中國人說一句悄悄話，將來有一天，你們將讚頌大日本，如果不是讚頌那個希望中、日兩國都好的美國的話。

波爾特尼・比格羅

一九一九年五月二十日寫於紐約州哈得遜河畔莫爾登（Malden-on-Hudson）

【關於巴黎和約的讀者來信系列之三】

建議比格羅先生去中國看看

一九一九年六月一日

題記：弗雷德里克・麥考密克致信《紐約時報》，對波爾特尼・比格羅進行回覆。

致《紐約時報》編輯：

住在紐約哈得遜河畔莫爾登的人說話了。這位先生名叫波爾特尼・比格羅，他的言論刊登在《紐約時報》上，讓住在美國大陸另一端的我有幸拜讀到了。

比格羅先生濃墨重彩，聲音洪亮。他在五月十二日的文章中說，「王先生說日本像怪獸一樣捕食偉大的中華帝國時，不曾擔心會傷害到我們的感情。」沉睡在哈得遜河畔莫爾登的巨人從夢中驚醒了。

比格羅先生說，「每個真正的中國人如今都在讚頌日本，因為日本把天皇版門羅主義傳播到孔教之邦，歐洲白人不能再將遠東當作他們耀武揚威的舞臺了。」他接著說，「過去四十年中，我從個人接觸中觀察到了中國的四次進步，她的進步令人充滿希望。」

他的意思是說，中國人讚頌日本是因為充滿希望嗎？我去過中國，也曾給《紐約時報》撰寫過稿件。但是，我從未見到有任何一個「中國人」因天皇版門羅主義的虛假道義而去讚頌日本。而且，據我所知，膠州灣被日本軍事佔領。朝鮮也是這樣一個地方，她因為被軍事佔領而淪落為日本的附庸國。

願上帝保佑我的靈魂！豐臣秀吉一定會非常樂意聽到有人說中國人讚頌日本！引清軍入關的吳三桂也一定願意聽到發自哈得遜河畔莫爾登的聲音。

比格羅先生說，「日本解放了中國。她解除了德國對華威脅。」我想到的是比利時、英國、法國、塞爾維亞、羅馬尼亞和俄國在興登堡防線（Hindenburg line）和皮亞韋河（Piave，譯注：位於義大利東北部）畔的戰鬥，更不提美國與義大利了。相較而言，日本不過是尋機趕跑了一小群駐紮在青島的可憐德國士兵而已。即使日本從未到過膠州灣，德國人也會像撤離比利時和其他地方一樣撤離膠州灣的，因為所有這些都已經明確寫進巴黎和約了。

比格羅先生接著說，到處都有太陽旗「飄揚，無論在薩哈林島或臺灣，朝鮮或滿洲，當地人民都會迅速發現，這代表了有秩序的管理、好的道路、警察與醫療衛生改善、學校、電話、港口、開墾荒地——簡而言之，這是文明的福音」。

這是什麼樣的文明呢？要中國人相信日本人傳播的福音，聽起來就像大律師不知弗知（Sergeant Buzfuz）要匹克威克（Samuel Pickwick）相信有一類人是怎樣地值得「完全的信賴」❶。按照這種邏輯，這說的難道不正是德皇威廉二世（Bill Hohenzollern）這樣的人嗎？威廉二世對「當地人民」所做的難道比日本人少嗎？

比格羅先生說，「中國需要這些東西，而日本可以提供它們。」這是可以肯定的。難道威廉二世沒有這樣說嗎？他說，「媽的，拿著，你需要它。」（Damn you, take it; you need it.）於是他們照辦，拿著了。毫無疑問，日本人太禮貌了，所以沒這樣說。他們僅僅這樣做就足夠了。

比格羅先生還發現，「日本作為擴張主義者和殖民者已經有長期歷史——幾乎已經有半個世紀之久了。從北極到赤道附近，等等。」其實，並沒有那麼久遠，而且日本佔領的都是一些不起眼的小國家，其他國家對此也沒有興趣，直到日本佔領朝鮮。於是比格羅先生說，「如果德國皇帝佔據膠州灣，那麼他將以山東為軍事基地，進而佔領整個中國。德國將會像對待波蘭、丹麥和法國一樣，以其慣有的非正義的方式統治中國。」

威廉二世肯定有擴張野心，他顯然是一個不折不扣的暴君。但是，與此同時，比格羅先生也不得不承認，如果威廉二世能夠從膠州灣出發去征服中國，那麼他一定知道，去侵犯美國、英國、法國、俄國、義大利、西班牙、斯堪地那維亞半島甚至非洲、南美、墨西哥、加拿大和古巴，都比繞半個地球到黃河（River Han）邊來撿銅錢更簡單有利。此外，威廉二世可能還應該操心西藏和巴格達公路吧。

比格羅先生有沒有看出，朝鮮人對日本的看法與「波蘭人、丹麥人和法國人」對德國的看法之間有什麼差別嗎？如果比格羅先生看出來了，我可以大膽地說，他看到了《紐約時報》的讀者們都沒發現的東西。比格羅先生有沒有聽說，朝鮮最近的反日抗爭達到了巔峰呢？日本的統治至今沒能讓朝鮮人像「波蘭人、丹麥人和法國人」一樣屈服投降。

比格羅先生似乎也注意到了，確實有人給薩哈林島帶去了醫療衛生系統，但卻不是日本人。日本人從來沒有給中國帶去醫療衛生系統，難道比格羅先生看到日本給薩哈林島或是臺灣帶去了什麼嗎？也許他看到醫療衛生系統的福音被傳到了千島群島（Kuriles）？

「所以，我親愛的王先生，」住在哈得遜河畔莫爾登的人下了結論，「請回中國吧，去旅遊考察一下。」比格羅先生甚至不是日本協會（The Japan Society）的成員，而我是！他也不是旭日勳章（Order of the Rising Sun）的佩戴者，我也不是。對於我而言，我希望「親愛的王先生」珍惜在美國的生活，繼續討論中國。當任何人準備根據他們自己的臆斷給予我們「需要」的東西時，王先生能第一個挺身而出，將「迷途大軍」（the Lost Battlion）指揮官的答案告訴他們，就像告訴波爾特尼・比格羅先生一樣。王先生也許出於禮貌沒有這樣說，但我非常樂意建議比格羅先生去中國走一走。

弗雷德里克・麥考密克

一九一九年五月二十日寫於聖莫尼卡（Santa Monica，譯注：加州西南部城市）

注釋

❶此句典故出自《匹克威克外傳》（*The Pickwick Papers*）。這是十九世紀英國最重要的作家狄更斯（Charles John Huffam Dickens, 1812-1870）的成名作，一八三六年出版，屬於流浪漢小說體裁。全書透過正直的老鄉紳匹克威克與自家俱樂部三位朋友外出旅行途中的一連串遭遇，描寫當時英國的社會生活與風土民情。

【關於巴黎和約的讀者來信系列之四】

中國拒簽《凡爾賽和約》是明智的

一九一九年八月三日

題記：一九一九年七月十一日，署名為伍德（G. Zay Wood）的讀者自麻州劍橋市（Cambridge, Mass.）哈佛大學向本報發來此信。

致《紐約時報》編輯：

六月二十八日，中國拒絕在《凡爾賽和約》上簽字。美國報刊近來對此密集報導，辯論激烈，讓人眼花撩亂。有報導稱，中國政府懷疑國際聯盟❶不能主持公道。即使不了解這個報導的消息來源，我也可以說，它們是無稽之談。中國和談代表根據首都的指示拒絕在和約上簽字，此舉獲得了全中國人民的支持。無論結果如何，中國採取這一行動都有法律和道義上的依據。

簽字還是不簽字，這是個問題。自從「三巨頭」❷會議決定將德國在山東的權益和租界轉讓給日本而非歸還中國那一天起，中國代表團就面臨這一問題。中國代表團當即請求會議修改這項決定，同時向北京政府發電報請示下一步行動方略。北京政府指示中國代表團在和約上簽字，但如果巴黎和會不同意修改山東條款，中國應對此項提出保留聲明。於是，《凡爾賽和約》在巴黎和會全會上周知各盟國並遞交德國代表團後，中國代表團團長陸徵祥宣讀如下保留聲明：「中國代表團請求表達對元首會議（Council of Prime Ministers）之決議的失望。中國代表團相信，全體中國國民也同樣對此表示失望。決議顯然沒有考慮到中國的權益、公正和國家安全。對此，中國代表團已經再三重申，並在元首會議的聽證會上闡明了中方的觀點，希望決議能修改有關條款。如果條款未能修改，那麼，中國代表團現在有義務對此提出保留。」

五月六日，中國代表團在全會上提出這一保留聲明後，又全力以赴爭取「三巨頭」能就此做出修改。當這一要求被拒絕後，中國代表團建議，在簽署和約時，在中方簽名前加上「有關山東問題的第一五六、一五七和一八八號條款，以五月六日全會保留聲明為準。」六月二十七日，法國外長畢勳（M. Pichon）代表元首會議正式通知中國代表團，否決這一建議。我們現在還不清楚到底是誰對這項否決負責，也不知道究竟他是根據哪一項國際法或外交公約的條款做出這一決定的。據報導，美國總統威爾遜是贊同中國代表團在簽名處附上保留聲明的，但巴黎和會的最終決定卻是：「中國代表團要麼毫無保留地在和約上簽字，要麼就不簽。」

中國代表團希望在中方簽名前加上保留聲明的建議未能得到元首會議的同意。中方也明白，如果不在和約上簽字就什麼也得不到。代表團在最後一刻仍試圖達成妥協，試圖做到既簽署和約，又捍衛國家的榮譽、尊嚴和主權。中國代表團請求，允許他們在簽署和約時發表一個公告。元首會議的裁決結果是：「中國可在和約簽署之後發表公告，但不能在此之前發表。」中國代表團認為，這一程序無法保護中國的權益。

六月二十八日，當這一個歷史性的時刻來到時，中國代表團集體缺席，場面十分引人注目。中國代表團發表的官方聲明中稱，「鑒於中方所有懇切的調解努力和所有真誠的退讓都以失敗告終，中國代表團除堅持國家權益，別無他路可選。和談無視中國在山東問題上的合法權益，今天又迫使中國無法在和約上簽字，因為簽字將使中方放棄權益、正義和愛國責任。中國代表團將此事提交給世界人民，請求公正裁決。」

中國代表團無數次希望達成妥協的努力都失敗了，最終以拒絕在《凡爾賽和約》上簽字而告終。這一決定是北京政府的特別指示，中國代表們經過最慎重的考慮後採取的。不可思議的是，中國拒絕在和約上簽字已成事實後，報紙上竟然稱中國官方對此舉存在意見分歧。

如果我們更深入地仔細思考一下，就很容易看出中國拒絕與德國簽署和約的政治智慧。必須承認，中國不簽署和約就幾乎得不到任何好處。然而，中國也沒有什麼可失去的了。

一方面，中國在法律上不會受山東條款制約，因為這一條款根本是巴黎和會幾個大國操控會議、違背正義原則的危險典範。無論日本以武力佔領山東一年或一百年，只要中國沒承認和約，日本在法律上就不能在山東獲得任何權益，如同英美在未經法國同意的情況下將阿爾薩斯—洛林（Alsace-Lorraine）地區奪走，同樣無法獲得該地區任何權益一樣。

另一方面，中國拒絕承認山東條款的同時，獲得了德國放棄的一切權益。中國顯然不受《凡爾賽和約》制約，但德國卻受此制約，因為德國簽署並批准了和約。一旦其他同盟國與德國一樣批准《凡爾賽和約》，和約中與中國相關的第一二八～一三四號條款❸就立即生效。因此，中國無須擔心漢口租界問題、義和團賠償問題以及所有德國必須承擔的責任。

有意思的是，關於山東條款，中國也不能指望從德國那裡得到更多好處了。德國簽署和批准和約後，顯然將履行各項條款。德國因此不能單獨與中國簽訂條約，也不能簽訂與和約條款相違背的條約。和約規定「德國放棄所有權益、地產和特權，讓與日本」，德國必須照辦。如果中國與德國單獨簽署和平條約，除非德國違背《凡爾賽和約》，否則也無法修改山東條款。換句話說，即使中國在外交上巧妙周旋可能獲得更多利益，但也改變不了和約中已經規定好的東西。這就是和約在法律方面最有意思的情況。

既然事實如此明顯，為什麼還有報導說中國各方對此存在意見分歧，認為北京政府害怕因拒簽帶來的危險後果呢？有一種說法是，由於中國政府未能在和約上簽字，因此中國與德國仍處於交戰狀態。但是，中國完全沒必要為此擔憂。因為德國出於經濟和商業利益上的考慮，將會比預想的更快恢復到和平狀態。

報導還稱，中國拒絕在《凡爾賽和約》上簽字，使得中國被排除在國際聯盟之外，無法從中獲得任何權益。這種說法也不對，因為正如中國代表團建議的那樣，如果中國在《奧地利和約》（*Austrian Peace Treaty*）上簽字，那麼她同樣可以成為國際聯盟成員。對中國而言，如果她能堅持尊嚴、維持主權和領土完整並拒絕承認《凡爾賽和約》中的山東條款，那麼她是否加入國際聯盟又有什麼區別呢？

即使中國現在或將來永遠都不是國際聯盟成員，中國也可根據《凡爾賽和約》第十七款尋求國際聯盟的支持，因為此款是關於解決聯盟成員與非聯盟成員之間糾紛的。中國向國際聯盟提出的第一個問題可能就是山東條款，我很懷疑山東條款是否能得到修改。綜上所述，對於中國來說，唯一安全的方法就是現在中國代表團所做的，拒絕在對德和約上簽字，由此拒絕承認和約中有關山東條款的合法性，通過中國現正廣泛使用的經濟手段來糾正這一錯誤。這可能需要花幾個月、甚至幾年的時間，但只要中國人學會「堅持」，他們將會贏得最後的勝利。

注釋

❶國際聯盟（League of Nations）是第一次世界大戰結束後建立的國際組織，簡稱國聯。一九一九年一月八日，巴黎和會通過建立國聯的決議，次年一月十日正式成立，總部設在瑞士日內瓦。其主要機構是大會、行政院和祕書廳。一九三七～一九三八年會員最多時達五十八國。第二次世界大戰爆發後，國聯名存實亡。一九四六年四月，國聯召開最後一次會議，十九日正式解散。

❷「三巨頭」（Big Three）指美國總統威爾遜、英國首相勞合喬治（David Lloyd-George, 1863-1945），以及法國總理克里蒙梭（Geroges Clemenceau, 1841-1929）。

❸《凡爾賽和約》草案第一二〇條、第一二九條、第一三一條、第一三二條、第一三三條、第一三四條、第八章第一附件等款項廢除了德國在華領事裁判權，取消了中國須向德國支付的《辛丑和約》賠款，而且要求德國歸還在庚子戰爭中掠走的天文儀器，歸還山東以外的租借地，賠償一戰期間給中國造成的人力、物力損失。

【關於巴黎和約的讀者來信系列之五】

日本人在誤導世界

一九一九年八月三日

題記：一九一九年七月二十五日，署名為H・H・C的讀者自紐約州伊薩卡市（Ithaca, N. Y.）康乃爾大學向本報發來此信。

致《紐約時報》編輯：

請允許我就今天《紐約時報》上刊出的社論發表意見，對社論中的一些敍述做出澄清。眾所周知，日本對華政治、經濟和商業往來中所謂的條約權力，實際上是日本對華進行殘酷掠奪的有力工具。毋庸多言，日本與鄰國打交道的全部歷史證明了她的虛偽。中國理想主義者過去對日本抱有的幻想已經破滅，中國最終學會在對日交往中保持警惕，因為日本從根本上講就是一個缺乏道德持續力的國家。

正因如此，對於日本最近宣佈「保證恢復中國在山東的完全管轄權。日本與各列強一樣，僅保留在此的一些商業特權」等花言巧語，中國人民非常警覺。中國人完全有理由相信，事實上，全世界都完全有理由相信，日本最近的說法與她過去跟中國打交道時慣用的伎倆沒什麼不同。

如果日本願意像她再三重申的那樣，將在十年或二十年後把她垂涎已久的山東權益歸還中國，那麼日本為什麼還要在巴黎和會上全力以赴、不顧廉恥地爭取山東權益呢？如果日本會最終放棄她在富庶的山東省的所有權益，那麼全世界都會奇怪，為什麼日本還要不斷把日本國民移居此地呢？山東省已經有四千萬龐大的人口，而日本移民數量僅在青島一個城市就從一九一三年的三百五十人增長到了今天的五萬人。日本還在膠濟鐵路沿線建立了各種民事和軍事行政機構，向山東市場大量投放日圓。簡而言之，就是要在這裡建造一個日本的殖民地。這又如何解釋呢？

日本提供的所有情況都自相矛盾。日本移民先驅們攜帶妻兒西行至此，他們在分配到的土地上耕作，難道沒有在新土地上永久紮根的想法嗎？說真的，如果這些人在很短時間裡又要重回故鄉，那麼他們在這片陌生的土地上費心費力、不知疲倦地勞作豈不是很荒唐嗎？

當我們了解到日本人在山東所作所為的真相後，就不難解釋她所謂的「保證」是什麼含義。事實再清楚不過了，日本是在誤導世界輿論。而且，日本在其「保證」中非常注意遣辭用句，僅僅表示將歸還中國的「政治管轄權」，而保留「某些商業特權」。即使日本以最大誠意提出「保證」，也可以繼續實際控制山東全省。日本人將仍然控制山東豐富的礦產、控制連接遼東半島及附近各戰略要塞的鐵路、控制工業和民生物資。日本人妄圖吞食掉果實，只把空空的果殼留給中國。一位中國代表團的代表說，即使日本人遵守這一保證，中國也只不過得到「一個幻影，而不是這個富足省分的任何實質價值」。這話說的一點都沒錯。

保證或不保證的結果都一樣。即使日本履行承諾，中國人民也完全有權利要求歸還德國在山東的權益，因為中國在對同盟國宣戰後已經廢除了有關條約。將本該屬於中國的權益轉讓給其他國家的做法，完全違背了一切關於權益和正義的法律條約。日本無論如何都無權這樣做。有辯解稱，只有將山東權益轉讓給日本，國際聯盟才能建立起來。這種說法毫無道理，與建立國際聯盟的基本原則完全背道而馳。

國家圖書館出版品預行編目（CIP）資料

共和十年：《紐約時報》民初觀察記(1911-1921)
/ 鄭曦原編；蔣書婉，劉知海，李方惠譯. --
初版. -- 臺北市：遠流，2011. 11
冊；　公分. -- (實用歷史叢書)
ISBN 978-957-32-6873-4(上冊；平裝). --
ISBN 978-957-32-6874-1(下冊；平裝). --
ISBN 978-957-32-6875-8(全套；平裝)

1.辛亥革命 2.民國史 3.新聞報導

628.1　　　100020257